अंग्रेजी-हिंदी
अभिव्यक्ति कोश

लेखक की अन्य पुस्तकें

- हिंदी-अंग्रेजी अभिव्यक्ति कोश
- हिंदी-अंग्रेजी मुहावरा-लोकोक्ति कोश
- अंग्रेजी हिंदी प्रशासनिक कोश
- अंग्रेजी-हिंदी शब्दों का ठीक प्रयोग
- हिंदी भाषा : स्वरूप और विकास
- हिंदी की मानक वर्तनी
- संक्षेपण और पल्लवन
- भारतीय भाषाएँ

अंग्रेजी-हिंदी अभिव्यक्ति कोश

कैलाशचंद्र भाटिया

प्रभात प्रकाशन

प्रकाशक • **प्रभात प्रकाशन प्रा. लि.**
4/19 आसफ अली रोड,
नई दिल्ली–110002

संस्करण • 2023
मूल्य • नौ सौ रुपए
मुद्रक • नरुला प्रिंटर्स, दिल्ली

ANGREZI-HINDI ABHIVYAKTI KOSH
(English-Hindi Dictionary of Phrases)
by Dr. Kailash Chandra Bhatia ₹ 900.00
Published by Prabhat Prakashan Pvt. Ltd., 4/19 Asaf Ali Road, New Delhi-2
e-mail: prabhatbooks@gmail.com ISBN 978-81-7315-032-6

अपनी बात

अब स्वतंत्र इकाई के रूप में शब्द से अधिक पद-बंध/प्रयोग का महत्व हो गया है। किसी अभिव्यक्ति को प्रकट करने के लिए किसी शब्द का दूसरे शब्दों से संयोजन होता है। इस प्रक्रिया से निर्मित विशिष्ट शब्द-समूह एक विशिष्ट अर्थ की अभिव्यक्ति करता है। भाषा में आवृत्ति के कारण कुछ प्रयोग रूढ़ हो जाते हैं। इस दृष्टि से अंग्रेज़ी में काफी एकरूपता विकसित हो चुकी है जबकि हिन्दी में प्रयोगों में भिन्नता है और एकरूपता का अभाव। एकरूपता की इस दिशा में ही प्रयोगों/पद-बंधों की प्रचुर मात्रा इस अभिव्यक्ति कोश में है।

विभिन्न स्थितियों व संदर्भों के अनुसार ही भाषा प्रयोग में आती है। भाषा-भेदों की संकल्पना को उचित संदर्भ में परिभाषित करने के लिए जिस शब्द का प्रयोग किया जाता है उसे प्रयुक्ति (रजिस्टर) कहते हैं। भाषायी प्रयोगगत विभिन्नता को रजिस्टर की संज्ञा दी गई है। सरकार में कार्यपालिका की अथवा प्रशासन की भाषा कार्यालयीन हिन्दी है। कार्यालयीन हिन्दी का भी अपना अलग रजिस्टर है। किसी भी क्षेत्र की प्रयुक्ति (रजिस्टर) का मुख्य आधार प्रयुक्ति विशेष की तकनीकी शब्दावली होती है। इसके साथ ही प्रयुक्ति की भाषागत संरचना और शाब्दिक अन्विति भी महत्वपूर्ण है। इनके आधार पर ही कार्यालयीन-हिन्दी का एक विशिष्ट रूप विकसित हो गया है जिसके आधार पर अभिव्यक्ति कोश की संकल्पना की गई है।

हमारे देश में राजभाषा के रूप में सदियों से अंग्रेजी चलती आ रही है। विधि, प्रशासन आदि क्षेत्रों में विभिन्न अर्थच्छटाओं की अभिव्यक्ति के लिए तथा सूक्ष्म से सूक्ष्म विचारों को प्रकट करने के लिए अंग्रेज़ी भाषा में शब्दों, पद-बंधों/प्रयोगों/प्रयुक्तियों का अपार भण्डार है। प्रयोग के माध्यम से ही भाषा की क्षमता में वृद्धि और विकास होता है। शब्द भण्डार की कमी हिन्दी में भी नहीं है लेकिन उसको व्यवस्थित कर प्रयोग में लाना है। भारत संघ में केन्द्रीय सरकार की प्रमुख राजभाषा हिन्दी है; उत्तर प्रदेश, बिहार, मध्य प्रदेश, राजस्थान, हरियाणा, हिमाचल प्रदेश, दिल्ली राज्यों की भाषा भी हिन्दी ही है; साथ ही पंजाब,

महाराष्ट्र, गुजरात तथा अण्डमान (केन्द्रशासित प्रदेश) ने सम्पर्क भाषा के रूप में हिन्दी को स्वीकार कर लिया है। इस विशाल क्षेत्र में हिन्दी के प्रगाभी प्रयोग को बढ़ाने में इस कोश से बड़ी सहायता मिलेगी।

इस कोश में व्यावहारिक पक्ष पर अधिक बल दिया गया है। इसमें कार्यालयीन हिन्दी से संबंधित रजिस्टर को संकलित किया गया है जिसमें अभिव्यक्तियों की संख्या पन्द्रह-सोलह हजार के लगभग है। इन बहुप्रयुक्त अभिव्यक्तियों के संकलन से प्रयोग-कर्ताओं को सुविधा होगी और जिस तरह अंग्रेज़ी की अभिव्यक्ति अपने विशिष्ट अर्थ प्रकट करने में समर्थ है उसी प्रकार ऐसे कोशों के बाद हिन्दी की अभिव्यक्तियाँ भी जल्दी ही निश्चित अर्थ में अपना रूप प्राप्त कर लेंगी।

अधिकांशतः चरित्र पंजी (केरेक्टर रोल) में गोपनीय अभ्युक्तियों (रिमार्क) की प्रविष्टियाँ अंग्रेज़ी में ही की जा रही हैं। इससे अंग्रेज़ी भाषा में इन अभ्युक्तियों का उल्लेख करने की भरपूर क्षमता विकसित हो गई है। हिन्दी में गोपनीय अभ्युक्तियों को लिखने में शब्दों/प्रयोगों का अभाव खटकता है। इस कोश में उन सभी फ्रेजेज़ को सम्मिलित कर लिया गया है जिनकी आवश्यकता आमतौर पर चरित्र-पंजी में गोपनीय अभ्युक्तियों को लिखने में पड़ती है।

कोश में कुछ ऐसी भी अभिव्यक्तियाँ हैं जिनसे एक से अधिक अर्थ प्रकट होते हैं। ऐसी स्थिति में बहुप्रयुक्त हिन्दी के दो या तीन समरूप ही दिए गये हैं। समरूपों का क्रम आवृत्ति के आधार पर निर्धारित किया गया है। उदाहरण के तौर पर Take into account को ही लें। इस अभिव्यक्ति के क्रमशः तीन समरूप दिए गए हैं—1. हिसाब में लेना 2. विचार करना, ध्यान देना 3. गिनना।

अंग्रेज़ी में ऐसे बहुत से शब्द हैं जिनके मूलरूपों में व्याकरणिक परिवर्तन होने के बाद ऐसी समस्या आती है कि पहले मूल रूप को रखा जाए अथवा व्युत्पन्न शब्द को। अक्सर देखा गया है कि मूल रूप पहले रखा जाता है और बाद में व्युत्पन्न। कोश में अकारादिक्रम को महत्व दिया गया है जिससे कोश देखने वाले को सुविधा हो और जल्दी से अभिव्यक्ति मिल जाए। कहीं-कहीं अकारादिक्रम का निर्वाह करने के कारण व्युत्पन्न शब्द मूल से पहले भी आ गया है, तो उसे नहीं रखा गया है, जैसे Carry मूल शब्द से पूर्व Carried व्युत्पन्न मिलेगा। अकारादिक्रम में Carried का स्थान Carry से पहले है, अतएव उसे पहले रखा गया है।

हिन्दी के प्रगामी प्रयोग के लिए राजभाषा विभाग (गृह मंत्रालय) बराबर जोर दे रहा है। इस प्रक्रिया को सुलभ व सरल बनाने के लिए और राजभाषा प्रेमियों की सुविधा के लिए केन्द्र तथा राज्य स्तर पर अनेक महत्वपूर्ण शब्द-कोशों

का निर्माण किया गया है। ये सभी कोश शब्दों पर ही अधिक बल देते हैं। वैसे इस प्रकार के कुछ बहुप्रयुक्त फ्रेजेज समेकित प्रशासन शब्दावली के अन्त में दिये गये हैं। मध्य प्रदेश सरकार ने भी इस दिशा में अच्छा कार्य किया है। कम्प्यूटर-युग में शब्द-कोश के साथ ही शब्द समूह/पद-बंध/प्रयोग और संबंधित क्षेत्र की प्रयुक्तियों को प्रमुखता मिलना स्वाभाविक है। अभी तक अंग्रेज़ी-हिन्दी का ऐसा कोई बृहत् कोश उपलब्ध नहीं है जिसमें प्रशासन/कार्यालय से संबंधित दैनिक व्यवहार में आने वाले शब्द-समूह तथा फ्रेजेज को संकलित किया गया हो। विधि, न्याय तथा प्रशासन से संबंधित पदाधिकारियों और अंग्रेज़ी-हिन्दी अनुवाद के क्षेत्र में जुटे अधिकारियों को ऐसे शब्दकोश का अभाव ज्यादा खटकता रहा है। इन कठिनाइयों को लेखक ने प्रत्यक्ष अनुभव किया और उसी का परिणाम है यह 'अंग्रेज़ी-हिन्दी अभिव्यक्ति कोश'।

A

Abandonment of claim	दावे का परित्याग, दावा छोड़ देना
Abatement of duty	शुल्क में कमी
Abbreviated address	संक्षिप्त पता
Abbreviation of above	उपर्युक्त का संक्षेप
Abbreviation of name	नाम का संक्षेप
Abide by the rules	नियमों का पालन करना
Abiding conviction	पक्की धारणा, दृढ़ विश्वास
Ability to elicit cooperation	सहयोग प्राप्त करने की योग्यता
Ability to pay	भुगतान-सामर्थ्य
Ability to plan and organise	योजना बनाने तथा संगठन करने की योग्यता
Ability to read and write	पढ़ने-लिखने की योग्यता
Ab initio	आरम्भ से, शुरू से
Able and willing	समर्थ और तत्पर
Able bodied unemployed	शरीर से समर्थ बेरोजगार
Able to get on well with	—के साथ मिल-जुलकर काम करने में समर्थ
Abnormal circumstances	असामान्य परिस्थितियाँ
Abnormal profit	असामान्य लाभ
Abolition of post	पद की समाप्ति
Abolition of untouchability	छुआछूत की समाप्ति
Aboriginal tribes	आदिम जनजातियाँ/कबीले
About to take steps	कदम उठानेवाला
Above all	सर्वोपरि, सबसे ऊपर
Above average	औसत से ऊपर
Above board	1. प्रकट रूप से 2. संशयातीत
Above cited	ऊपर दिया गया, ऊपर उद्धृत
Above defined	ऊपर परिभाषित

Above given	ऊपर दिया हुआ
Above mentioned	ऊपर लिखे हुए, ऊपर वर्णित
Above noted	ऊपर दिये हुए, ऊपर वर्णित
Above par	अधिक मूल्य पर, अधिमूल्य पर
Above procedure	ऊपर बताई गई प्रक्रिया
Above quoted	ऊपर उद्धृत, ऊपर कहा गया
Above quoted reference	ऊपर उद्धृत संदर्भ, उपर्युक्त हवाला
Above, referred to	ऊपर निर्दिष्ट
Above said	उपर्युक्त, पूर्वोक्त, ऊपर कहा गया
Abridged edition	संक्षिप्त संस्करण
A brief note is placed below	संक्षिप्त नोट नीचे रखा है।
Abrogation of agreement	करार रद्द करना
Abrupt fall	एकदम/अचानक गिरावट
Absconding offender	फरार अपराधी
Absence of authority	प्राधिकार का अभाव
Absence on—regularised as leave due	दिनांक—की अनुपस्थिति को देय छुट्टी के रूप में नियमित किया जाए।
Absence without leave	बिना छुट्टी की अनुपस्थिति
Absence without permission	बिना अनुमति अनुपस्थिति
Absentee statement	अनुपस्थिति विवरण
Absent in spite of service of summons	सम्मन तामील होने पर भी अनुपस्थित
Absent without leave	बिना छुट्टी अनुपस्थित
Absolute acceptance	पूर्ण स्वीकृति, अन्तिम स्वीकृति
Absolute and unconditional	निरुपाधि और बिना शर्त के
Absolute authority	परम प्राधिकारी
Absolute contraband	पूर्ण/सर्वथा निषिद्ध
Absolute discrection	पूर्ण विवेक, पूर्णतः विवेकाधीन
Absolute estate	अबाधित सम्पदा
Absolutely above	बिल्कुल अलग, बिल्कुल परे
Absolutely correct	बिल्कुल सही
Absolutely forbidden	सर्वथा निषिद्ध
Absolutely necessary	नितांत आवश्यक

Absolutely transfer	पूर्ण रूप से अन्तरण करना
Absolutely upright and sound	बिल्कुल खरा और ठोस
Absolutely vested	पूर्ण रूप से निहित
Absolute majority	पूर्ण बहुमत, स्पष्ट बहुमत
Absolute monopoly	पूर्ण एकाधिकार
Absolute necessities	1. अनिवार्य आवश्यकताएँ 2. अत्यावश्यक वस्तुएँ
Absolute occupancy right	पक्का मौरूसी हक/पूर्ण अधिभोग अधिकार
Absolute occupancy tenant	पक्का मौरूसी/अधिभोग काश्तकार
Absolute owner	पूर्ण स्वामी
Absolute ownership	पूर्ण स्वामित्व
Absolute power	1. निरंकुश शक्ति 2. परम सत्ता
Absolute right	पूर्ण अधिकार
Absolute rule	निरपवाद नियम
Absolute title	पूर्ण हक/स्वत्व
Absolute undertaking	स्पष्ट परिवचन
Absolved of the responsibility	जिम्मेदारी से बरी/उत्तरदायित्व से मुक्त
Absorbed wholly	पूर्ण दत्तचित्त
Absorb in increments	(वेतन) वृद्धियों में शामिल करना
Absorb in regular service	नियमित (रूप से) सेवा में आमेलित करना
Abstain from drinking	मदिरा/शराब न पीना
Abstention from voting	मतदान में भाग न लेना
Abstract book	सार पुस्तिका
Abstract, budget	संक्षिप्त बजट, बजट-सार
Abstract of accounts	लेखा-सार
Abstract of tender	निविदा/टेंडर का सार
Abstract statement of cases	मामलों का संक्षिप्त विवरण
Absurd argument	बेतुका तर्क
Abundant proof	प्रचुर प्रमाण
Abuse of official position	सरकारी पद का दुरुपयोग

Abuse of power	अधिकार/सत्ता का दुरुपयोग
Abusive language	गाली-गलौज, अपशब्द
Academic aptitude	शैक्षिक रुझान
Academic council	विद्या परिषद्
Academic discussion	बौद्धिक चर्चा, शास्त्रीय वादविवाद
Academic qualification	शैक्षणिक योग्यता
Academic year	शिक्षा-वर्ष
Academy of fine arts	ललित कला अकादमी
Acceded to	स्वीकार है
Accede to one's demand	माँग मान लेना
Accede to one's request	किसी की प्रार्थना मान लेना
Acceding states	सम्मिलित होने वाले राज्य
Accelerated promotions	त्वरित प्रोन्नति/पदोन्नतियाँ, तेजी से तरक्कियाँ
Acceptance in principle	सिद्धांत रूप से स्वीकृति
Acceptance is awaited	स्वीकृति की प्रतीक्षा है
Acceptance letter	स्वीकृति-पत्र
Acceptance of responsibility	उत्तरदायित्व की स्वीकृति
Acceptance of tender	निविदा/टेंडर की स्वीकृति
Acceptance resolution	स्वीकृति का संकल्प/प्रस्ताव
Accepted, allocated and passed for payment	स्वीकृत, विनिहित और भुगतान के लिए पास किया गया
Accepted as authentic	अधिप्रमाणित रूप में स्वीकृत
Accepted as correct	ठीक मानकर स्वीकृत
Accepted on trial basis	परीक्षण के आधार पर स्वीकृत
Accepted provisionally	अनन्तिम रूप से स्वीकृत
Accessible document	सुलभ दस्तावेज़
Accessible place	सुगम स्थान
Accession book/register	परिग्रहण रजिस्टर/पंजी
Accessory licence	अतिरिक्त लाइसेंस/अनुज्ञप्ति
Accessory product	सहायक उत्पाद
Access to records	अभिलेखों तक पहुँच
Accidental death benefit	दुर्घटनाजन्य मृत्यु लाभ
Accidental delay	आकस्मिक विलम्ब

Accidental fluctuation	आकस्मिक घट-बढ़
Accidental slip	आकस्मिक भूल/चूक
Accident and health insurance	दुर्घटना तथा स्वास्थ्य बीमा
Accident and sickness benefit	दुर्घटना तथा बीमारी लाभ
Accident spot	दुर्घटना स्थल
Accommodating terms	सुविधाजनक शर्तें
Accommodation charges	जगह का किराया/भाड़ा
Accompanied by	—के साथ, सहित
Accompanying letter	साथ का पत्र
Accomplished fact	सिद्ध बात
Accomplishment of purpose	प्रयोजन पूरा होना
Accord approval	कृपया———को अनुमोदित करें।
Accordance with, in	—के अनुसार
Accordingly it has been decided	तदनुसार यह निश्चय किया गया है
According to	—के अनुसार
According to convention	परिपाटी के अनुसार
According to facts	तथ्यों के अनुसार
According to his light	अपने दृष्टिबिन्दु के अनुसार
According to indication	संकेत/सूचना के अनुसार
According to law	विधि/कानून के अनुसार
According to merit	योग्यता के अनुसार
According to report	रिपोर्ट के अनुसार
According to rules in vogue	प्रचलित नियमों के अनुसार
According to seniority	वरिष्ठता के अनुसार
According to specification	विशिष्ट विवरण के अनुसार
According to speculation	अनुमान के अनुसार
According to stipulation	अनुबंध के अनुसार
According to the procedure prescribed	निहित प्रक्रिया के अनुसार
According to the terms of agreement	करार की शर्तों के अनुसार
Accord priority	प्राथमिकता देना
Accord sanction	मंजूरी देना

Accountable for	के लिए उत्तरदायी
Accountant General	महालेखाकार
Account book	लेखा बही, लेखा पुस्तक
Account, brought to the	लेखा में लिया जाना
Account for (To render accounts)	1. लेखा देना, हिसाब समझाना
(To answer for)	2. लेखा-जोखा देना, कैफियत देना
(To give a reason for)	3. कारण बताना, जवाबदार (उत्तरदायी) होना
Account for, to	लेखा-जोखा देना
Accounting and procedure	लेखा-पद्धति और कार्य प्रणाली
Accounting year	लेखा वर्ष
Account is being maintained	लेखा रखा जा रहा है
Account of activities	क्रिया-कलापों का विवरण
Account, on	उस लेखे में
Account rendered	1. दिया गया लेखा 2. लेखा दिया गया
Accounts code	लेखा संहिता
Accounts section	लेखा अनुभाग
Account, take into	1. हिसाब में लेना 2. विचार करना, ध्यान देना 3. गिनना
Accredited press correspondent	मान्यता प्राप्त संवाददाता
Accruing from	—से प्रोद्भूत/उत्पन्न
Accumulation of capital	पूंजी-संचयन
Accuracy of statement	कथन/विवरण का ठीक होना
Accurately and fully	ठीक-ठीक और पूरी तरह से
Accurately done	ठीक-ठीक किया गया
Accurate reporter	सही-सही रिपोर्टर
Accused to continue as before	मुलजिम/अभियुक्त पूर्ववत् रहे
Accused was bailed out	जमानत पर छोड़ दिया गया
Acid test	कठिन परीक्षा, अग्नि-परीक्षा
Acknowledgement card	पावती, प्राप्ति-पत्र, अभिस्वीकृति-पत्र
Acknowledgement due	पावती सहित, रसीदी

Acknowledgement in writing	लिखित अभिस्वीकृति/पावती
Acknowledgement may be obtained	इसकी पावती माँगी जाए
Acknowledgement of source	सूत्र का उल्लेख
Acknowledgement receipt	प्राप्ति स्वीकार कीजिए, पावती भेजिए
Acquainted with the facts of the case	मामले के तथ्यों से अवगत/परिचित
Acquired or requisitioned	अर्जित या अधिगृहीत
Acquisition of citizenship	नागरिकता प्राप्त करना
Acquisition of land	भूमि-अधिग्रहण/अर्जन
Acquisition of property	सम्पत्ति का अर्जन
Acquit one self	अपने कर्त्तव्य का पालन करना
Acquittance register	1. वेतन रजिस्टर/पंजी 2. रसीदी रजिस्टर
Acquittance roll	वेतन चिट्ठा, भुगतान चिट्ठा/पंजी
Acreage allotment	एकड़वार आवंटन
Across the board increase	सपाट वृद्धि
Act a dash	रंग बाँधना
Act, contrivance or device	कार्य, उपाय या युक्ति
Acted with restraint	संयम से काम लेना
Act in force	प्रवृत्त अधिनियम
Acting allowance	कार्यकारी भत्ता
Acting appointment	कार्यकारी नियुक्ति
Acting as	के रूप में कार्य करते हुए
Acting incumbent	कार्यवाहक पदाधारी
Acting in good faith	सद्भावपूर्वक कार्य करना, सद्भाव से कार्य करते हुए
Acting in his discretion	अपने विवेक से कार्य करते हुए
Acting in official capacity	अधिकारी के रूप में/ —की हैसियत से कार्य करते हुए
Acting on behalf of	—की ओर से कार्य करते हुए
Acting promotion	स्थानापन्न प्रोन्नति
Acting within the scope of his authority	अपने प्राधिकार की सीमा के अन्दर कार्य करते हुए

Actionable claim	वादयोग्य दावा
Actionable wrong	अनुयोज्य दोष/वादयोग्य दोष
Action as at 'A' above	ऊपर 'क' के अनुसार कार्रवाई कीजिए
Action at once please	कृपया फौरन कार्रवाई करें
Action, habits of	क्रियामूलक आदतें
Action has already taken accordingly	तदनुसार कार्रवाई की गई है
Action has not yet been initiated	कार्रवाई अभी शुरू नहीं हुई है
Action is under way	कार्रवाई की जा रही है
Action may be taken as proposed	यथा प्रस्तावित कार्रवाई की जाए
Action proposed to be taken	प्रस्तावित कार्रवाई की जाए
Action should be taken forthwith	तत्काल कार्रवाई की जाए
Action taken is valid	—की गई कार्रवाई विधिमान्य है
Action taken, thereon	उस पर की गई कार्रवाई
Action, will in	क्रियान्वित इच्छाशक्ति
Active capital	सक्रिय पूँजी
Active consideration	सक्रिय रूप से विचार
Active habits	क्रियाशील
Active officer	सक्रिय अधिकारी/अफसर
Active partner	सक्रिय भागीदार/साझेदार
Active population	अर्जक जनसंख्या
Active resistance	सक्रिय प्रतिरोध
Act of bad faith	असद्भावपूर्ण कार्य
Act of commission or omission	कार्य अथवा कार्यलोप/कृताकृत
Act of gallantry	साहसिक कार्य
Act of God	दैवी संकट/घटना
Act of hostility	शत्रुतापूर्ण कार्य
Act of indiscipline	अनुशासनहीनता का कार्य
Act of indiscretion	अविवेकपूर्ण कार्य
Act of insubordination	अनधीनता का कार्य
Act of justice	**न्याय कार्य**

Act of misconduct	अवचार, कदाचार
Act of sabotage	तोड़फोड़ का कार्य
Act of trespass	अनधिकार प्रवेश, अतिचार
Act of vandalism	गुंडागर्दी
Act of violence	हिंसात्मक कार्य
Acts and manuals	अधिनियम और नियम पुस्तिकाएँ
Actual and probable expenditure	वास्तविक और संभाव्य खर्च
Actual cost	वास्तविक लागत
Actual damage or loss	वास्तविक नुकसान या हानि
Actual expenses incurred may be paid	वास्तविक खर्च का भुगतान किया जाए
Actually and voluntarily	वास्तव में और स्वेच्छा से
Actually due	वस्तुतः पेय
Actually employed	वस्तुतः नियोजित/नौकरी में
Actually payable	वस्तुतः देय
Actually received	वस्तुतः प्राप्त, वास्तव में प्राप्त
Actual price	वास्तविक मूल्य
Actuals and targets	वास्तविक आंकड़े और लक्ष्य
Actual travelling expense	वास्तविक यात्रा व्यय/खर्च
Actual wages	वास्तविक मजदूरी
Actuated by conscientious motives	सद्भाव से प्रेरित
Act under authority (the)	प्राधिकार के अधीन कार्य करना
Act under instruction	अनुदेशों/हिदायतों के अनुसार कार्य करना
Act, undutiful	कर्त्तव्यविरुद्ध कार्य
Actus reus	दोषपूर्ण कार्य
Act within the scope	परिधि के भीतर कार्य करना
Acute congestion	अत्यधिक भीड़भाड़
Acute mind	तेज दिमाग, तीव्र बुद्धि
Acute shortage	नितान्त कमी, अत्यधिक कमी
Ad alium diem	किसी और दिन

Adaptation to the circumstances	परिस्थितियों के अनुकूल बनना
Adapted to our needs	अपनी आवश्यकतानुसार अनुकूलित
Ad audiendum	सुनने के लिए
Ad certum diem	निश्चित दिन
Additional assessment	अतिरिक्त कर-निर्धारण
Additional charge	अतिरिक्त प्रभार
Additional fee	अतिरिक्त फीस
Additional funds	अतिरिक्त निधि/रकम
Additional grant	अतिरिक्त अनुदान
Additional hands	अतिरिक्त कर्मचारी
Additional pay	अतिरिक्त वेतन
Additional profit	अतिरिक्त लाभ
Additional provision	1. अतिरिक्त व्यवस्था 2. अतिरिक्त उपबन्ध
Additional requirements should be indicated	अतिरिक्त माँगें बताई जाएँ
Addition, improvement or alteration	परिवर्धन, सुधार अथवा परिवर्तन
Additions and betterments	परिवर्धन और सुधार
Address all concerned	सर्वसंबंधित को लिखा जाए
Addresses and messages	अभिभाषण और सन्देश
Addressed to	के नाम, को सम्बोधित
Address of the Governor	राज्यपाल का अभिभाषण
Address of welcome	1. स्वागत भाषण 2. मान-पत्र, अभिनन्दन-पत्र
Addressograph machine	पतालेखी मशीन
Adequate accommodation	स्थानसंबंधी पर्याप्त सुविधा
Adequate compensation	पर्याप्त/यथायोग्य प्रतिकर
Adequate consideration	1. पर्याप्त/यथायोग्य प्रतिफल 2. समुचित विचार
Adequate data	समुचित आँकड़े/सामग्री
Adequate protection	यथोचित संरक्षा

Adequate provision	1. पर्याप्त उपबन्ध 2. पर्याप्त व्यवस्था
Adequate publicity	पर्याप्त/यथायोग्य प्रचार
Adequate reasons	पर्याप्त कारण
Adequate relief	पर्याप्त अनुतोष/सहायता
Adequate remuneration	पर्याप्त पारिश्रमिक
Adequate security	पर्याप्त प्रतिभूति
Adequate step	पर्याप्त कार्रवाई/कदम
Adequate wages	पर्याप्त मजदूरी
Adhere to a rule too rigidly	किसी नियम का अक्षरशः पालन करना
Adhere to earlier decision	पिछले निर्णय पर दृढ़ रहना
Ad hoc appointment	तदर्थ नियुक्ति
Ad hoc committee	तदर्थ समिति
Ad hoc indent	तदर्थ माँग-पत्र/इन्डेंट
Ad hoc offer	तदर्थ प्रस्थापना
Ad hominem	व्यक्ति विशेष के लिए
Ad infinitum	निरवधि, अनन्त तक
Ad interim injunction	अन्तरिम निषेधाज्ञा/व्यादेश
Adjourned sine die	अनिश्चित काल के लिए स्थगित
Adjournment motion	कार्यस्थगन प्रस्ताव, काम रोको प्रस
Adjournment of the House	सदन का स्थगन
Adjudication by arbitral award	विवाचन द्वारा अधिनिर्णय
Adjudication of dispute	विवाद का अधिनिर्णय
Adjust accounts	लेखाओं का समायोजन
Adjusted	समायोजित
Adjusted provisionally	अस्थायी रूप से समायोजित
Adjusted total income	समायोजित कुल आय
Adjusting operation	समायोजन संक्रिया
Adjusting the costs	खर्चों का समायोजन करना
Adjustment by transfer	अन्तरण द्वारा समायोजन
Adjustment, eventual	अन्तिम समायोजन
Adjustment of account	लेखा समायोजन
Adjustment of rights	अधिकारों का समायोजन

Adjustment of suits	वादों का समायोजन
Adjust progressively	धीरे-धीरे अभ्यस्त बनना
Ad litem	वाद के लिए
Administering authority	प्रशासी अधिकारी
Administer oath	शपथ दिलाना
Administer warning	चेतावनी देना
Administration and control	प्रबन्ध और नियन्त्रण
Administration of justice	1. न्यायकरण 2. न्याय प्रशासन
Administration of the affairs	कार्यकलाप का प्रशासन
Administrative ability	प्रशासनिक योग्यता
Administrative action	प्रशासनिक कार्रवाई, प्रशासनिक कार्य
Administrative approval may be obtained	प्रशासनिक अनुमोदन प्राप्त किया जाए
Administrative affairs	प्रशासनिक मामले
Administrative eadre	प्रशासनिक संवर्ग
Administrative capacity	प्रशासनिक हैसियत
Administrative charge	प्रशासनिक प्रभार
Administrative control	प्रशासनिक नियन्त्रण
Administrative convenience	प्रशासन की सुविधा
Administrative department	प्रशासनिक विभाग
Administrative expenses	प्रशासनिक व्यय
Administrative experience	प्रशासनिक अनुभव
Administrative framework	प्रशासनिक ढाँचा
Administrative functions	प्रशासनिक कार्य
Administrative head	प्रशासनिक/प्रशासी प्रधान
Administrative lapse	प्रशासनिक चूक/भूल
Administrative machinery	प्रशासन तंत्र
Administrative officer	प्रशासन अधिकारी
Administrative Reforms Commission	प्रशासन सुविधा आयोग
Administrative sanction	प्रशासनिक मंजूरी
Administrative set up	प्रशासन व्यवस्था

Administrative staff	प्रशासनिक कर्मचारी
Administrative unit	प्रशासनिक इकाई
Admissibile in proof	सबूत के लिए ग्राह्य
Admissibile under rules	नियमानुसार ग्राह्य
Admissibility of adjournment	कामरोकें प्रस्ताव/स्थगन प्रस्ताव की ग्राह्यता
Admissibility of allowance	भत्ते की स्वीकार्यता
Admissibility of claim	दावे की स्वीकार्यता/ग्राह्यता
Admissibility of questions	प्रश्नों की ग्राह्यता
Admission card	प्रवेश-पत्र
Admission fee	प्रवेश शुल्क, दाखिला फीस
Admission of fact	तथ्य की स्वीकृति
Admission register	प्रवेश रजिस्टर/पंजी
Admission with permission	आज्ञा लेकर भीतर आइए, आज्ञा लेकर अन्दर आएँ, अनुमति लेकर प्रवेश करें, अनुमति लेकर आइए
Admit an appeal	अपील ग्रहण करना
Admit an application	आवेदन ग्रहण करना
Admit one	एक को अन्दर आने दें
Admit ones' mistake	अपनी गलती मान लेना
Admitted claim	स्वीकृत दावा
Admitted in evidence	साक्ष्य से/में गृहीत
Admitted, may be	प्रविष्ट किया जा सकता है
Admit to bail	1. जमानत पर छोड़ना, जमानत मंजूर करना 2. जमानत लेना
Adopted minutes	स्वीकृत कार्यवृत्त
Adopted son	दत्तक पुत्र
A draft D.O. letter is put up	अ० स० पत्र का प्रारूप प्रस्तुत है
A draft reminder is put up	स्मरण पत्र का प्रारूप/मसौदा प्रस्तुत है
A draft reply is put up for approval	उत्तर का मसौदा अनुमोदन के लिए प्रस्तुत है
Ad referendum	अनुमोदनाधीन
Adulterated drugs	मिलावटी दवाएँ

Adult franchise	व्यस्क मताधिकार
Adult member	व्यस्क सदस्य
Ad valorem	मूल्यानुसार
Ad valorem duty	मूल्यानुसार शुल्क
Advance and its recovery	अग्रिम/पेशगी और उसकी वसूली
Advance arrangements are necessary	पहले से प्रबन्ध करना आवश्यक है
Advance copy	अग्रिम प्रति
Advanced countries	उन्नत देश, विकसित देश
Advanced training	उच्च प्रशिक्षण
Advance for purchase of stationary may be sanctioned	लेखन सामग्री की खरीद के लिए अग्रिम/पेशगी स्वीकृत किया जाए
Advance from pay/P.F. is permissible	वेतन/भविष्यनिधि से पेशगी दी जा सकती है
Advance guard	अग्रिम सैनिक टुकड़ी
Advance increment	अग्रिम वेतन वृद्धि
Advance money	अग्रिम धन, पेशगी
Advance notice	अग्रिम सूचना
Advance of pay	अग्रिम वेतन, पेशगी वेतन
Advance of T.A.	अग्रिम यात्रा-भत्ता
Advance party	अग्रिम दल/टुकड़ी
Advance payment	अग्रिम भुगतान
Advance tax	अग्रिम कर
Advancing of money	रुपया उधार देना
Advantage of, take	लाभ उठाना
Advantages obtained	प्राप्त किये गए लाभ
Adverse balance of trade	आयात का निर्यात से अधिक होना
Adverse claimant	प्रतिकूल दावेदार
Adverse entry	प्रतिकूल प्रविष्टि
Adverse party	प्रतिपक्षी
Adverse remark	प्रतिकूल टिप्पणी/अभ्युक्ति
Adverse report	प्रतिकूल रिपोर्ट
Adverse to the title	हक के प्रतिकूल
Adversly affected	क्षतिग्रस्त

Advertised for sale	विक्रय के लिए विज्ञापित
Advertised post	विज्ञापित पद
Advertised tender	विज्ञापित निविदा/टेंडर
Advertising media	विज्ञापन माध्यम
Advice note	सूचना-पत्र
Advice of despatch	प्रेषण की सूचना, भेजने की सूचना
Advice of payment	भुगतान की सूचना
Advice or concurrence	सलाह या सहमति
Advise accordingly	तदनुसार सूचित करें
Advise further development	आगे की प्रगति से अवगत कराएँ
Advise telegraphically	तार द्वारा सूचित करें
Advise the action taken	की गई कार्रवाई से अवगत कराएँ
Advise the party that	पार्टी को सूचित करें कि—
Advise this office of the result of the enquiry	इस कार्यालय को जाँच के परिणाम से अवगत कराएँ
Advise—that the transfer proposed would not be in order	—को सूचित करें कि प्रस्तावित स्थानान्तरण नियम के अनुकूल नहीं होगा
Advisory and coordinating function	सलाह और समन्वय विषयक कार्य
Advisory board	सलाहकार मंडल/बोर्ड
Advisory committee	सलाहकार समिति
Advisory council	सलाहकार परिषद्
Advisory council, central	सलाहकार परिषद्, केन्द्रीय
Advisory council of employment	रोजगार सलाहकार परिषद्
Advisory service	सलाहकार सेवा
Aerial survey	हवाई सर्वेक्षण, विमान से सर्वेक्षण
Affable manners	मधुर व्यवहार
Affairs of state	राज्य के कार्यकलाप
Affairs of undertaking	उपक्रम के कार्यकलाप
Affect adversely	प्रतिकूल प्रभाव डालना
Affected area	प्रभावित क्षेत्र
Affect materially	गहरा प्रभाव डालना

Affect shall be deemed	प्रभाव डालने वाली समझी जाएगी
Affidavit submitted by the employee is not in order	कर्मचारी द्वारा प्रस्तुत शपथपत्र नियमानुकूल नहीं है।
Affiliated with	से सम्बद्ध
Affirmative agreement	सकारात्मक करार
Affirmative reply	सकारात्मक उत्तर, हाँ करना
Affirm the decision	विनिश्चय/निर्णय की पुष्टि करना
Affix a seal	मोहर लगाना
Affix one's signature	अपने हस्ताक्षर करना
Afford opportunities/facilities to	—को अवसर/सुविधाएँ देना
Aforesaid rules	पूर्वोक्त नियम
After adequate consideration	समुचित विचार करने के बाद
After all	कुछ भी हो, बहरहाल
After careful consideration	सावधानी से विचार करने के बाद
After care programme	पश्चात्वर्ती देखरेख कार्यक्रम
After consulation with	—से परामर्श करने के बाद, —से परामर्श करके
After discussion	विचार-विमर्श के बाद
After due deliberation	उचित विचार-विमर्श के बाद
After great persuation	बहुत समझाने के बाद
After issue	जारी होने के बाद
After Minister-in-charge has seen	सम्बन्धित विभाग के मंत्री के देख लेने के बाद
After perusal	देख लेने के बाद
After proper examination	समुचित परीक्षण के बाद
After taking into account	(पर) विचार करने के बाद
After taking into consideration of all aspects	सभी पहलुओं पर विचार करने के बाद
After the expiry	—के बाद, —की समाप्ति पर
Against public interest	लोकहित के प्रतिकूल
Against the name	नाम के सामने
Against the rules	नियमों के विरुद्ध
Age certificate	उम्र-प्रमाणपत्र

Age entry	उम्र की प्रविष्टि
Age group	आयु वर्ग, उम्र वर्ग
Age limit	उम्र सीमा
Agency commission	एजेंसी कमीशन
Agenda is sent herewith	कार्यसूची साथ भेजी जा रही है
Agenda will follow	कार्यसूची बाद में भेजी जाएगी
Age of consent	(विवाह) अनुमति आयु
Age of retirement	सेवानिवृत्ति की आयु
Age of superannuation	निवर्तन/अधिवर्षिता की अवस्था
Age of relaxation	उम्र-सीमा में छूट
Aggravate the situation	स्थिति को गंभीर बनाना
Aggregate capacity	संकलित क्षमता
Aggregate income	कुल आय
Aggregate marks	अंकों का पूर्ण योग, पूर्णांक
Aggregate pay	कुल आय
Aggregate value	कुल समस्त मूल्य
Aggregate votes	कुल मत
Aggressive mob	आक्रामक भीड़
Aggrieved party	असन्तुष्ट पक्ष
Agitational approach	आंदोलनात्मक रवैया
Agrarian law	भूमि सम्बन्धी कानून
Agrarian reforms	कृषि भूमि सुधार
Agreeable personality	रुचिकर व्यक्तित्व
Agreeable proposal	मानने योग्य प्रस्ताव
Agreed by the meeting	समिति में मंजूर किया गया
Agreed to	सहमति है, सहमति तय पाई गई
Agreement bond	करारनामा
Agreement form	करारनामा, अनुबन्ध पत्र
Agreement in writing	लिखित करार
Agreement is entered	करार हो गया
Agreement of indeminity	क्षतिपूर्ति का करार
Agreement shall not be discharged	करार प्रभावोन्मुक्त नहीं होगा
Agreement to lease	पट्टे पर देने का करार

Agreement without consideration	प्रतिफल के बिना करार
Agricultural farm	कृषि फ़ार्म
Agricultural forecasting	खेती सम्बन्धी पूर्वानुमान
Agricultural holding	कृषि खाता, जोत क्षेत्र
Agricultural implements	कृषि उपकरण
Agricultural improvements	कृषि सम्बन्धी विकास
Agricultural income	कृषि आय
Agricultural indebtedness	कृषक ऋणिता/ऋण ग्रस्तता
Agricultural labour	खेतिहर मज़दूर
Agricultural land	कृषि-भूमि
Agricultural marketing	कृषि विपणन
Agricultural produce	कृपि उपज
Agricultural production	कृषि उत्पादन
Agricultural purpose	कृषि प्रयोजन
Agricultural statistics	कृषि सम्बन्धी आंकड़े
Agricultural technology	कृषि प्रौद्योगिकी
Aid and advice	सहायता और सलाह
Aid any title	किसी भी हक़ की सहायता करना
Aided institution	सहायता प्राप्त संस्था
Aided school	सहायता पाने वाला विद्यालय
Aims and objects	लक्ष्य और उद्देश्य
Air conditioned room	वातानुकूलित कमरा
Air lift	विमान द्वारा पहुँचना, विमान द्वारा ले जाना
Air mail service	हवाई डाक सेवा
Air-raid precaution	हवाई हमले से बचाव
Air-raid shelter	हवाई हमले से आश्रय स्थल
Air route	हवाई मार्ग
Alert and willing officer	चौकस और मन से काम करने वाला अधिकारी
Alien resident	विदेशी
Aliens solo	अन्य की भूमि पर
A list of cases disposed of	निपटाये गये मामलों की सूची

Alive to his duties	अपने कर्त्तव्यों के प्रति सजग
Alive to his responsibilities	अपने उत्तरदायित्वों के प्रति सजग
All along satisfactory	सदा सन्तोषजनक
All around	चारों तरफ
All clear signal	पूर्ण निर्बाधता संकेत
All concerned to note	सभी सम्बन्धित (व्यक्ति) इसे नोट कर लें, सभी सम्बन्धित इसे ध्यान में रखें
All correspondence relating to the matter should be placed on file	मामले से सम्बन्धित पूरा पत्र-व्यवहार फाइल में रखा जाए
Alleged inability	कथित असमर्थता
Alleged misconduct	कथित अवचार
Alleged offender	अभिकथित अपराधी
Alleged right	कथित अधिकार
Allied organisation	सहबद्ध संगठन
Allied subject	सहबद्ध विषय
All in all	सर्वेसर्वा, कर्त्ता-धर्त्ता
All inclusive price	सर्व समावेशी मूल्य
All inclusive rate	सर्व समावेशी दर
All India Service	अखिल भारतीय सेवा
All material circumstances	सब तात्त्विक परिस्थितियाँ
Allocation of business	कामकाज का बँटवारा
Allocation of funds	निधियों का आवंटन
Allocation of taxes	करों का आवंटन
Allocation of time	समय का बंटवारा/विभाजन
All of a sudden	अचानक
Allotment from the reserved quota	आरक्षित कोटे से आवंटन
Allotment of residence	निवास का आवंटन
Allotment of wagons	माल डिब्बों का आवंटन
Allotment order	आवंटन-आदेश
Allotment placed at your disposal	आपको सौंपी गई रक़म, आपको दी गई आवंटित राशि

All ostentations expenditure	सभी तड़क-भड़क वाले खर्चे
All out aid	चहुँमुखी सहायता
All out effort	भरसक प्रयत्न
Allow an appeal	अपील मंजूर करना
Allowances and honoraria	भत्ते तथा मानदेय
Allowed by law	विधि सम्मत
Allowed to pass	निकल जाने दिया गया
Allow for	गुँजाइश रखना
Allow to enter	प्रवेश करने देना
All persons so interested	ऐसे हितबद्ध सभी व्यक्ति
All reasonable despatch, with	युक्तियुक्त शीघ्रता से
All right able officer	सभी तरह से योग्य अधिकारी
All rights reserved	सर्वाधिकार सुरक्षित
All round economy in expenditure is needed	खर्चे में चौतरफ़ा किफ़ायत रखने की जरूरत है, व्यय में सभी प्रकार की मितव्ययिता अपेक्षित है
All rounder	सर्वगुण सम्पन्न
All round improvement	सर्वतोन्मुखी सुधार
All along	—के साथ
Alphabetical indexing	वर्णानुसार सूची बनाना
Alphabetical list of namcs	नामों की वर्णक्रमानुसार सूची
Already done	पहले ही किया जा चुका है
Alteration in draft	प्रारूप/मसौदे में परिवर्तन
Alternation of areas	क्षेत्रों में पविर्तन
Alternation of rights	अधिकारों में परिवर्तन
Alternative accommodation	वैकल्पिक निवास सुविधा
Alternative draft	वैकल्पिक मसौदा/प्रारूप
Alternative, in the	अनुकल्पतः
Alternative longer route	वैकल्पिक लम्बा मार्ग
Alternative method	वैकल्पिक रीति, कोई अन्य तरीका
Alternative provision	वैकल्पिक उपबन्ध
Alternative tariff	वैकल्पिक शुल्क-सूची/टैरिफ
Although it is known	यद्यपि यह विदित है

Altogether a very good officer	सब मिलाकर एक बहुत अच्छे अधिकारी
Altogether false	पूर्णतः/सर्वथा झूठ
Always ready to serve	सेवा के लिए सदा तैयार
Always well turned out	हमेशा चुस्त-दुरुस्त
Amalgamation of offices	कार्यालयों का एकीकरण/समामेलन
A matter of extreme urgency	अत्यन्त आवश्यक मामला
Ambiguous suggestion	अस्पष्ट सुझाव
Ambitious scheme	महत्त्वाकांक्षी योजना
Amenable to control	नियन्त्रण को मानने वाला
Amended claim has been received	संशोधित दावा मिल गया है
Amended draft put up	संशोधित मसौदा/प्रारूप प्रस्तुत है
Amenities fund	सुख-सुविधा निधि
Amenities provided	दी गई सुख-सुविधा
Amicable settlement	मैत्रीपूर्ण समझौता
Am I to presume that	क्या यह मान लूं कि
Amity and good relations	मैत्री और अच्छे सम्बन्ध
Amortization fund	परिशोधन निधि
Amortization of debt	ऋण परिशोधन
Amount due	देय रकम
Amount due for the quarter	तिमाही के लिए देय रक़म
Amount hereby sanctioned	इसके द्वारा मंजूर की गई रक़म
Amount may be written of	इस राशि को बट्टे-खाते डाल दिया जाए
Amount of decree	डिगरी की रक़म/राशि
Amount of punishment	दण्ड की मात्रा
Amount of royalty	रायल्टी की रक़म
Amount of work	काम की मात्रा
Amount overpaid may be calculated	अधिक भुगतान की गई रकम का हिसाब लगाया जाए
Amount payable	देय रकम
Amount prepaid	पूर्वदत्त राशि

Amount proposed earlier cannot be enhanced	पूर्व प्रस्तावित रकम में कोई वृद्धि नहीं की जा सकती ।
Amount realised	वसूल की गई रक़म
Analogous posts	एक से पद
Analysis of data	आँकड़ों का विश्लेषण
Analytical mind	विश्लेषणात्मक मस्तिष्क
Anarchical tendencies	अराजक प्रवृत्तियाँ
Ancestral property	पैतृक सम्पत्ति
Ancient document	प्राचीन दस्तावेज
Ancient monuments	प्राचीन स्मारक
Ancillary activities	आनुषंगिक क्रियाकलाप
Ancillary industry	सहायक उद्योग
Ancillary services	सहायक सेवाएँ
Animal disease	पशु-रोग
Animal husbandry	पशुपालन
Animal welfare	पशु-कल्याण
Animal, wild	वन्य जीवजन्तु
Animus dedicandi	समर्पण का आशय
Animus deserendi	अभित्यजन का आशय
Animus domini	अधिपत्य का आशय
Animus possidendi	कब्जे का आशय
Animus revertendi	प्रत्यागमन का आशय
Annexure to this letter	उस पत्र से संलग्न
Announce by beat of drums	डोंडी पीटकर घोषणा/मुनादी
Annual accounts	वार्षिक लेखे
Annual administrative report	वार्षिक प्रशासन विवरण/रिपोर्ट
Annual charge	वार्षिक प्रभार
Annual dividend	वार्षिक लाभांश
Annual enumeration	वार्षिक गणना
Annual equated instalments	सालाना समान किश्तें
Annual financial statement	वार्षिक वित्तीय विवरण
Annual general meeting	वार्षिक साधारण बैठक
Annual increment	वार्षिक वेतन वृद्धि
Annual indent	वार्षिक माँग-पत्र/इंडेंट

Annual repairs	वार्षिक मरम्मत
Annual report	वार्षिक विवरण/रिपोर्ट
Annual return	वार्षिकी विवरणी
Annual review	वार्षिक समीक्षा
Annual review in progress	वार्षिक समीक्षा की जा रही है
Annual verification on certificate	वार्षिक सत्यापन प्रमाण-पत्र
Annual yield	1. वार्षिक उपज 2. वार्षिक आय
Annuity deposit scheme	वार्षिक जमा योजना
Annuity guaranteed for life	आजीवन गारण्टीशुदा वार्षिकी
Anonymous complaint	गुमनाम शिकायत
Answerable to	—के प्रति उत्तरदायी
Answer all cases, generally	साधारणतः सभी मामलों के सम्बन्धों में होगी
Answer sheet	उत्तर पत्रक
Answer the charge	आरोप का उत्तर देना
Antagonistic attitute	विरोधी रवैया
Ante	पहले
Antedated cheque	पूर्व दिनांकित चैक
Anticipated cost	प्रत्याशित लागत
Anticipated expenditure	पूर्वानुमानित व्यय
Anticipated revenue	पूर्वानुमानित राजस्व
Anticipated short fall	पूर्वानुमानित कमी
Anticipatory bail	अग्रिम जमानत
Anticipatory pension	प्रत्याशित पेंशन
Anti-constitutional	संविधान विरुद्ध
Anti-corruption department	भ्रष्टाचार-विरोधी विभाग
Anti-corruption measure	भ्रष्टाचार-निरोधक उपाय
Anti-erosion measure	मिट्टी का कटाव रोकने के उपाय
Anti-Govt. propaganda	सरकार विरोधी प्रचार
Ani-inflationary measures	मुद्रास्फीति
Anti-national elements	समाज विरोधी तत्त्व
Anti-strike legislation	हड़ताल विरोधी कानून

Anxious to learn	सीखने को उत्सुक
Any contravention to this rule	इस नियम का कोई उल्लंघन
Any future delay	और कोई भविष्य में विलम्ब
Any law made	बनाया गया कोई कानून
Any other deduction	कोई अन्य कटौती
Any other law for the time being in force	तत्समय प्रवृत्त कोई अन्य विधि, फिलहाल लागू कोई अन्य विधि
Any other subject	कोई अन्य विषय
Any other sufficient reason	कोई अन्य पर्याप्त कारण
Apart from this	इसके अलावा
A posteriori	कार्य-कारण तर्क
Apparent cause	दृश्यमान कारण
Apparent error on the free of records	अभिलेखों से साफ दिखने वाली भूल
Apparent from the records	अभिलेख से प्रकट
Apparent on its face	उसके देखने से ही प्रकट
Apparent reason	प्रत्यक्ष कारण
Appealable decree	अपीलनीय डिक्री
Appeal allowed	अपील मंजूर
Appeal be dismissed	अपील खारिज की जाए
Appeal committee	अपील समिति
Appeal does not lie	अपील नहीं की जा सकती
Appeal has been rejected	अपील रद्द की गई है
Appeal is dismissed with costs	खर्च सहित अपील खारिज की जाती है
Appeal is filed by	—ने अपील दायर की है
Appeal is rejected	अपील खारिज कर दी गई है
Appeal is time barred	अपील समय बाधित है
Appeal lies	अपील हो सकती है
Appeal to the court	न्यायालय में अपील करना
Appeal was heard exparte	अपील की इकतरफ़ा सुनवाई हुई
Appear for interview	साक्षात्कार के लिए उपस्थित हों
Appear in person	स्वयं हाजिर/उपस्थित होना
Appears to be keen	उत्साही प्रतीत होता है

Appears to slow	अधिक मन्द प्रतीत होता है
Appellant has requested for a personal hearing	अपीलकर्त्ता ने निजी सुनवाई के लिए प्रार्थना की है
Appellate authority	अपील अधिकारी
Appellate board	अपीली बोर्ड
Appellate court	अपीली न्यायालय
Appellate decision	अपीली विनिश्चय
Appellate decree	अपीली डिक्री
Appellate functions	अपीली कृत्य
Appellate jurisdiction	अपीली अधिकार क्षेत्र/अधिकारिता
Appellate power(s)	अपीली अधिकार
Appellate tribunal	अपीली अधिकरण
Appended	से लगा हुआ, संलग्न
Appended herewith	संलग्न है, नत्थी है, अनुलग्न है
Appendix 'A'	परिशिष्ट 'क'
Appertaining thereto	तद्विषयक
Applicable to	को/पर लागू है, पर लागू होता है
Application for approval	अनुमोदन के लिए आवेदन-पत्र
Application for maintenance	भरणपोषण के लिए आवेदन-पत्र
Application for review	पुर्नविलोकन/पुनरीक्षा के लिए आवेदन-पत्र
Application made by a motion	प्रस्ताव द्वारा किया गया आवेदन
Application may be rejected	अर्ज़ी/आवेदन-पत्र नामंजूर किया जाए
Application of order	आदेश का लागू होना
Application of rules	नियमों का लागू होना
Application rejected	आवेदन-पत्र अस्वीकृत, अर्जी नामंजूर
Apply for sanction	मंजूरी के लिए आवेदन कीजिए
Apply for withdrawal from P.F.	निर्वाह निधि से रकम निकालने के लिए अर्जी दी
Apply in writing	लिखित आवेदन करना
Appointed as referee	रेफ़री के रूप में नियुक्ति
Appointed day	नियत दिन
Appointed destination	नियत गन्तव्य
Appointed place	नियत स्थान

Appointed time	नियत/निर्धारित समय
Appointing authority	नियुक्ति प्राधिकारी
Appointment, by way of	नियोजन के रूप में
Appointment is temporary and will not offer any title	नियुक्ति अस्थायी है और कोई हक़ प्रदान नहीं करेगी
Appointment of casual nature	आकस्मिक प्रकृति की नियुक्ति
Appointment of dates	तारीखों का नियत किया जाना
Appointment of receiver	रिसीवर/अदाता की नियुक्ति
Appointment, power of	नियोजन की शक्ति
Appointment of assets	सम्पत्ति/आस्तियों का बँटवारा
Apportionment of liabilities	दायित्वों का प्रभाजन
Apportionment of responsibilities	उत्तरदायित्व का प्रभाजन
Appreciation in prices	मूल्य/कीमतों में वृद्धि
Apprehended loss	आशंकित हानि
Apprehension of danger	संकट की आशंका
Approach, cooperative	सहयोग की भावना से संसर्ग
Approach road	पहुँच मार्ग
Appropriate action	उचित/उपयुक्त कार्रवाई
Appropriate authority	समुचित प्राधिकारी
Appropriate circulation	समुचित चलने वाले
Appropriate fraction	समुचित प्रभार
Appropriate head	उचित शीर्ष/लेखा शीर्ष
Appropriate proportion	समुचित अनुपति
Appropriate sense of urgeney	कार्य के महत्त्व की समुचित समझ
Appropriate step	समुचित कार्रवाई/कदम
Appropriation account	विनियोजन लेखा
Appropriation bill	विनियोग विधेयक
Appropriation funds	निधियों का विनियोजन
Appropriation of the revenue	आमदनी का विनियोजन
Approval is first sought	अनुमोदन पहली बार माँगा है
Approval may be accorded	अनुमोदन प्रदान कर दिया जाए
Approval, on	अनुमोदन पर, अनुमोदनार्थ

Approved as per remarks in the margin	हाशिये में दी गई अभ्युक्ति/टिप्पणी के अनुसार अनुमोदित
Approved as proposed	यथाप्रस्ताव अनुमोदित
Approved candidate	अनुमोदित उम्मीदवार
Approved contracter	अनुमोदित ठेकेदार
Approved service certificate	अनुमोदित सेवा प्रमाणपत्र
Approved standard	अनुमोदित स्तर
Approved subject to the objections at 'A'	'क' पर उल्लिखित आपत्तियों के अधीन अनुमोदित
Approximate cost	लगभग लागत
Apt to be careless occassionally	कभी-कभी लापरवाह हो जाते हैं
Apt to be loose about his utterances	बोलचाल में संयम खो देने की प्रवृत्ति है
Apt to get mixed up in local politics	स्थानीय राजंनीति में उलझ जाने की प्रवृत्ति है
Apt to loose his head	प्रायः बुद्धि नष्ट हो जाती है
Apt to—physical progress of the work	काम की अनुमानित स्थूल प्रगति की सूचना
Apt words	उपयुक्त शब्द
Arable land	कृषि योग्य भूमि
Arbitrary action	मनमानी कार्रवाई
Arbitrary price	मनमानी कीमत
Arbitrary power	मनमानी करने की शक्ति
Arbitration agreement	माध्यस्थम् करार
Arbitration board	विवाचन मंडल/बोर्ड
Arbitrator award	पंच-निर्णय, माध्यस्थम् पंचाट
Arbitrium est judicium	मध्यस्थ का फैसला
Arduous responsibility	दुष्कर उत्तरदायित्व
Area check register	क्षेत्रीय पड़ताल रजिस्टर
Area covered by previous application	पहले आवेदन में दिया गया क्षेत्र
Area development	क्षेत्रीय विकास
Area not cropped	वह क्षेत्र जिसमें फसल न बोई गई हो

Area of operation	कार्य-क्षेत्र
Area of supply	प्रदाय क्षेत्र
Area per capita	प्रति व्यक्ति क्षेत्र
Area under crops	फसली क्षेत्र
Area under cultivation	जोत भूमि
Arevised memo. is put up as desired	वांच्छित रूप से संशोधित ज्ञापन प्रस्तुत है
Argumentative matter	तार्किक बातें
Arguments advanced	प्रस्तुत तर्क, प्रस्तुत दलीलें
Arising in the course of	—के दौरान उत्पन्न होने वाला
Arising on a contract	संविदा से उद्भूत
Arising on a guarantee	प्रत्याभूति से उद्भूत
Arising on an enactment	अधिनियमिति से उद्भूत
Arising out of any proceedings	किन्हीं कार्यवाहियों से उद्भूत
Arising out of confidence	विश्वास से उद्भूत
Arising out of the administration of this act	इस अधिनियम के प्रशासन से पैदा होने वाला
Arising out of the same act	एक ही कार्य से पैदा होने वाला
Arising therefrom	—से उद्भूत/उत्पन्न/उठने वाला
Armed clash	सशस्त्र मुठभेड़
Armed forces	सशस्त्र सेनाएँ
Armed hostilities	सशस्त्र संघर्ष
Armed police	सशस्त्र पुलिस
Armed rebels	सशस्त्र बोगी
Armed vehicle	वक्तरबंद गाड़ी
Arms and ammunitions	शस्त्रास्त्र और गोली बारूद
Arranged in order of merit	योग्यानुसार/गुणानुक्रम में व्यवस्थित
Arrange early disposal of the case	मामले को जल्दी निपटाने की व्यवस्था करें
Arrangement may be made	प्रबंध किया जाए
Arrangement of files	फ़ाइलों का विन्यास
Arrange payment	भुगतान का प्रबंध करें
Arrange to regularise	नियमित करने का प्रबंध करें
Arrange to return	लौटाने का प्रबंध करें

Arrange to settle	निपटाने की व्यवस्था करें
Arrear claim	बकाया का दावा
Arrears, amount of	बकाया रकम
Arrears have been cleased off	बकाया कार्य पूरा किया गया
Arrears of interest	ब्याज का बकाया
Arrears of land revenue	भूराजस्व का बकाया
Arrears of rent	किराया/लगान का बकाया, बकाया लगान
Arrears of salary	वेतन का बकाया, बकाया वेतन
Arrears of Tax	कर का बकाया, बकाया कर
Arrear statement	बकाया विवरण
Arrival and departure	पहुँच और रवानगी, आगमन और प्रस्थान
Arrival report	पहुँचने की रिपोर्ट
Arrived at, by agreement	करार द्वारा किया गया परिनिर्धारण
Arrived at, no settlement is	कोई परिनिर्धारण/निपटारा/समझौता नहीं हुआ
Articles asked for	माँगी गई वस्तुएँ
Articles of association	संस्था की नियमावली
Articles of charges	आरोप की मदें
Articles of dead stock	अविक्रेय माल
Articles of stationery	लेखन-सामग्री
Artificial dearness	कृत्रिम महँगाई
Artificial pressure	कृत्रिम दबाव
Art objects	कलाकृतियाँ, कला-वस्तुएँ
As—1. In that way	1. प्रकार से
2. In the character or capacity of	2. के नाते, की हैसियत से
3. After the manner of	3. के तौर पर, के रूप में, यथा
As above	जैसा ऊपर दिया गया है
As a coincidence	संयोगवश
As a compromise	समझौते के रूप में
As aforesaid	जैसा पहले कहा गया है, यथा पूर्वोक्त

As against	की अपेक्षा, की तुलना में, के मुकाबले, के विरुद्ध
As against creditors	लेनदारों के विरुद्ध
As a general rule	सामान्यतः, सामान्य रूप से
As a gift	उपहारस्वरूप, भेंट के रूप में
As a last resort	अन्तिम उपाय के रूप में
As already pointed out	जैसा कि पहले बताया जा चुका है
As a matter of caution	सावधानी के तौर पर
As a matter of course	स्वाभाविक रूप से
As a matter of fact	यथार्थतः, वस्तुतः, दरअसल, वास्तविक रूप में
As a matter of right	अधिकार के रूप में, साधिकार
As amended	यथा संशोधित
As an adhoc measure	तदर्थ उपाय के रूप में
As and when	जैसे और जब, जब कभी, जब भी
As an exception	अपवादस्वरूप
As an exceptional case	अपवाद रूप में, अपवादतः
As an experiment	प्रयोग के तौर पर
As an illustration	उदाहरणस्वरूप
As approved	यथा अनुमोदित
As a precautionary measure	ऐहतियाती उपाय के रूप में
As a result of	—के परिणामस्वरूप, —के फलस्वरूप
As arrears of land revenue	भूराजस्व की बकाया के तौर पर
As a rule	नियमतः
As a safeguard	सुरक्षा उपाय के रूप में
As a special case	विशेष मामला मानकर
As a whole	समस्त रूप से, सारा का सारा, समग्रतः
As before	पूर्ववत्, यथापूर्व, पहले जैसा
As between him and them	जहाँ तक उसका और उनका संबंध है
As between third person	अन्य व्यक्तियों के बीच
As compared with	की तुलना में
As contained in the minutes above	जैसा कि ऊपर कार्यवृत्त में दिया हुआ है
As decided	जैसा कि निर्णय किया गया है

As defined	यथा परिभाषित
As described	यथा वर्णित, जैसा कहा गया है
As desired by	की इच्छानुसार
As determined	यथा निर्धारित, जैसा निश्चित किया है
As directed	यथा निर्देशित, निदेशानुसार
As discussed	विचार-विमर्श के अनुसार
As early as possible	यथासंभव शीघ्र, जितनी जल्दी हो सके
As enjoined	जैसा कि आदेश दिया गया है
As evidenced	यथा साक्ष्यित
As expeditiously as possible	यथा संभव शीघ्रता के साथ
As explained in the foregoing para	जैसा पूर्ववर्ती पैरा में स्पष्ट किया गया है
As explained in your letter	जैसा आपके पत्र में स्पष्ट किया गया है
As far as circumstances permit	परिस्थितियों के अनुसार जहाँ तक सम्भव है
As far as may be	यथाशक्य, जहाँ तक हो सके
As far as permissible	जहाँ तक अनुज्ञेय है
As far as possible	यथा सम्भव, जहाँ तक सम्भव हो
As far as practicable	यथा साध्य, जहाँ तक हो सके
As follows	निम्नलिखित, निम्नानुसार
As for instance	उदाहरणस्वरूप, जैसे, यथा
As from appointed date	नियत तारीख से
As from appointed day	नियत दिन से
As furnished below	जैसा कि नीचे दिया गया है
As hereinafter defined	जैसी इसमें उसके पश्चात् परिभाषा दी गई है
As hereinafter directed	जैसा इसमें इसके बाद निर्दिष्ट है
As hereinafter provided	इसमें इसके आगे दिये अनुसार
As he thinks fit	जैसा वह उचित समझे
As hinted	इशारे के अनुसार
As his own option	स्वयं अपने विकल्प पर
As if	जैसे कि
As incidental to	आनुषंगिक रूपी
As indicated above	जैसा ऊपर वताया गया है

As in force for the time being	जैसा उस समय लागू हो
As is (usually) done	जैसा कि (प्रायः) किया जाता है
As is mentioned in	—में जैसा वर्णित है
As is, where is	जैसा है और जहाँ है
As it involves legal complications, opinion of Law Ministry may be sought in the matter	इस मामले में कानूनी जटिलताएँ हैं, इसलिए इसमें विधि मंत्रालय की राय ली जाए
As it stands	जैसा है
As laid down	जैसा कि दिया हुआ है, यथा निर्धारित
As listed below	जैसा नीचे सूचीबद्ध किया गया है
As may be agreed upon	जैसा तय हो, जैसा करार पाया जाए
As may be deemed fit	जैसा ठीक समझा जाए
As may be just	जैसा कि न्याय संगत हो
As may be mutually agreed	जैसा आपस में तय हो
As may be necessary upon	जैसा आवश्यक हो, यथावश्यक
As may be prescribed	जैसा विहित किया जाए
As may be recognized	जिसे/जैसी मान्यता दी जाए
As may be specified	जैसा निर्दिष्ट किया जाए
As mentioned above	जैसा कि ऊपर कहा गया है
As mentioned below	जैसा कि नीचे कहा गया है
As modified	यथा आशोधित, यथा परिवर्तित, तरमीम के साथ, यथा संशोधित
As nearly as may be	यथा संभव निकट, निकटतम
As nearly as possible	यथा सभव निकटतम रूप से
As notified	जैसा कि अधिसूचित किया गया है
As occasion require	अवसर के अनुसार
As of right	अधिकार के रूप में, अधिकार पूर्वक, साधिकार
As ordered	आदेशानुसार
As originally enacted	जैसा मूलतः अधिनियमित हुआ, मूल रूप में
As part of the transaction	संव्यवहार के भाग रूप
As per	—के अनुरूप, —के अनुसार

As per advice	सूचना के अनुसार
As per concluding para	अन्तिम पैरा के अनुसार
As per conversation	बातचीत के अनुसार
As per details below	नीचे दिये ब्यौरों के अनुसार
As per extant orders	वर्त्तमान आदेशों के अनुसार
As per instruction	अनुदेश/हिदायत के अनुसार
As per item in the schedule	अनुसूची में दी गई मद के अनुसार
As per need	आवश्यकतानुसार
As per noting	टिप्पणी के अनुसार
As per opinion of	—के मतानुसार
As per orders on page	पृष्ठ—के आदेश के अनुसार
As per regulations	विनियमों के अनुसार
As per rules	नियमों के अनुसार
As per standard distribution list	मानक वितरण सूची के अनुसार
As per verbal order	मौखिक आदेश के अनुसार
As per your order	तुम्हारे/आपके आदेश के अनुसार
As pointed out above	जैसा ऊपर संकेत किया गया है
As precisely as possible	यथासम्भव ठीक-ठीक रूप में
As proposed	यथाप्रस्तावित
As provided by law	विधि के अनुसार यथाउपबन्धित
As recommended	जैसा संस्तुत किया गया/जैसी सिफारिश की गई
As recorded	जैसा दर्ज किया गया है
As regards	के विषय में, के बारे में
As required	यथा अपेक्षित, आवश्यकतानुसार
As required under rules	नियमों के अधीन यथाअपेक्षित
As respects	—के बारे में
As revised	यथा संशोधित, यथा पुनरीक्षित
As said by my predecessor	जैसा मेरे पूर्ववर्ती/पूर्वाधिकारी ने कहा है
Assembling of parts	पुर्जों का संयोजन
Assembly hall	सभा-भवन
Assembly of persons	व्यक्तियों का जमाव

Assembly, unlawful	विधि-विरुद्ध जमाव
Assertion of right	अधिकार का प्राख्यान
Assessed value	निर्धारित मूल्य
Assessing authority	कर निर्धारण अधिकारी
Assessment of damages	हर्जाना निर्धारण
Assessment of loss	हानि निर्धारण
Assessment of the instalment	किस्त का निर्धारण
Assessment order	निर्धारण आदेश
Assessment year	निर्धारण वर्ष, कर-निर्धारण वर्ष
Assets and liabilities	आस्तियाँ और दायित्व
As shown in diagram	जैसा आरेख में दिखाया गया
Assigning authority	समनुदेशन अधिकारी
Assign interest	हित का समनुदेशन करना
Assign in writing	लिखित समनुदेशन
Assignment of policy to G.P.F.	सामान्य भविष्य निधि लेखा की बीमा पालिसी सौंपना
Assistance board	सहायता बोर्ड/मंडल
Assistance in cash	नकद सहायता
Assistance in kind	निजन्स रूप में सहायता
As soon as	ज्यों ही
As soon as may be	जितनी जल्दी हो सके
As soon as may be convenient	यथाशीघ्र सुविधानुसार
As soon as possible	यथासम्भव शीघ्र
As soon as practicable	यथा साध्य शीघ्रता से
As stipulated	जैसा सोचा गया था, यथा कल्पित
As stood on—	जैसा—(तारीख) को था
As suggested above	जैसा कि ऊपर सुझाया गया है
Assumption of charge	कार्य-भार ग्रहण
Assumption of office	पद ग्रहण
Assurance given	आश्वासन दिया
As surmised	जैसा अनुमान था
As the case may be	1. यथा स्थिति, जैसी भी स्थिति हो 2. यथा प्रकरण

As the circumstances of the case may require	जैसा इस मामले की परिस्थितियों में जरूरी
As the matter stands	जैसी स्थिति है
As there is no clear vacancy	चूंकि कोई खाली जगह नहीं है
As to	—के बारे में, के विषय में
As to accounts	लेखाओं के विषय में
As substitute may be appointed as an interim arrangement	अन्तरिम प्रबन्ध के रूप में कोई एवजी नियुक्त किया जाए
As usual	सदा की भाँति, हमेशा की तरह
As usually done in such cases	जैसा कि इस प्रकार के मामलों में प्राय: किया जाता है
As verbally instructed	मौखिक/जबानी अनुदेश के अनुसार
As you are no doubt aware	जैसा कि आपको विदित ही होगा, जैसा आपको निस्संदेह विदित है
At a discount	बट्टे पर
At a higher rate	उच्चतर दर पर
At all	बिल्कुल, पूर्णतया
At all times	सभी समय पर
At an early date	जल्दी
At any time (hour)	किसी समय
At any rate	किसी भी दशा में, किसी भी तरह
At a premium	प्रीमियम/अधिमूल्य पर
At a stretch	एक साथ लगातार
At close quarters	नजदीक से
At consigner's expense	भेजने वाले के खर्च पर
As tentative proposal	अनन्तिम प्रस्ताव
At fair price	उचित कीमत पर, उचित दाम पर
At flag 'A'	'क' पर (चिह्नित)
At Govt. expenses	सरकारी खर्चे पर
At his cost	स्वयं अपने खर्चे पर
At his discretion	स्वविवेकानुसार
At his option	स्वयं अपनी इच्छा से
At his own request	उनकी निजी प्रार्थना पर

At his own risk	अपनी जिम्मेदारी पर
At intervals	समय-समय पर
At large	स्वच्छन्द
At least	कम से कम
At leisure	फुर्सत में
At liberty to withdraw	हरजाने के लिए स्वतन्त्र
At most	अधिक से अधिक
At once	तत्काल, तुरन्त, फौरन, तुरत
At or about any place	—स्थान पर या उसके आसपास पर
At par	सममूल्य पर
At public expense	सार्वजनिक व्यय से, सरकारी खर्च से
At random	यदृच्छ, चाहे जैसे
At site	1. मौके पर, स्थल पर, घटना-स्थल पर 2. दर्शनी
At source	स्रोत पर
Attachable proportion	कुर्की योग्य अनुपात
Attached herewith	साथ नत्थी है
Attached office	संलग्न कार्यालय
Attached to	—के संलग्न, के साथ लगा हुआ
Attachment of pay	वेतन की कुर्की
Attachment order	कुर्की आदेश
Attain majority	व्यस्क होना
Attainment of object	उद्देश्य की प्राप्ति
Attainment of qualification	अर्हता/योग्यता का प्राप्त करना
Attain the age of	—की उम्र पूरी कर लेना
Attendance register	हाजिरी रजिस्टर, उपस्थिति रजिस्टर
Attend diligently to duties	कर्त्तव्यों का तत्परता पूर्वक पालन करना
Attend in person	स्वयं हाजिर होना
Attend to	1. की परिचर्या करना, की देखभाल करना 2. की सेवा में उपस्थित रहना
Attend to duties, to	कर्त्तव्त करने के लिए उपस्थित रहना, काम पर हाजिर होना/रहना

Attention is invited to	—की ओर ध्यान आकर्षित किया जाता
Attention is invited to circular/office memo No.—dated —on the subject quoted above	उपर्युक्त विषय पर तारीख—के परिपत्र/कार्यालय ज्ञापन संख्या—की ओर ध्यान आकर्षित किया जाता है।
Attention ; Shri	श्री——ध्यान दें
Attested document	अनुप्रमाणित दस्तावेज़
Attested true copy	अनुप्रमाणित सही प्रतिलिपि
Attesting officer	तसदीक/अनुप्रमाणन अधिकारी
Attesting witness	अनुप्रमाणक साक्षी
At the close of	की समाप्ति पर, के बन्द होने पर
At the close of month	माह की समाप्ति पर
At the commencement of	के प्रारम्भ में
At the cost of	—के खर्च पर
At the disposal of	—के अधीन
At the end of	—के अन्त में
At the earliest oppertunity	शीघ्रतम अवसर पर
At the foot	पद भाग में
At the instance of	के अनुरोध पर, की प्रेरणा पर
At the maximum of the scale	वेतनमान के अधिकतम पर
At the option of	की इच्छानुसार
At the pleasure of	प्रसादानुसार
At the rate of	की दर से, के हिसाब से
At the request of	के अनुरोध पर
At the start	प्रारम्भ से
At the time mentioned above	उपर्युक्त समय पर
At this stage	इस अवस्था में
At times inclined to be rather sentimental	कभी-कभी कुछ भावुक हो जाने की प्रवृत्ति
At times used rather harsh words	कभी-कभी कुछ कड़े शब्दों का प्रयोग किया
Attributable causes	दिये जा सकने योग्य कारण
At variance with	से भिन्न, से विसंवादी

At your earliest convenience	आपकी सुविधानुसार जितनी जल्दी हो सके
At your end also	आपकी ओर से भी
At will	इच्छानुसार
Auctioneering agent	नीलामी एजेंट
Auctioneering agreement	नीलामी करारनामा
Auction notice	नीलाम की सूचना
Auction sale	नीलामी बिक्री
Auction the produce	उपज का नीलाम कीजिए
Audience hall	सभा-मंडप
Audio-visual aids	दृश्य-श्रव्य साधन
Audio-visual publicity	दृश्य-श्रव्य प्रचार
Audited accounts	परीक्षित लेखे
Audit notes	लेखा-परीक्षा टिप्पणियाँ
Audit objections	लेखा-परीक्षा आपत्तियाँ
Audit of accounts	लेखाओं की संपरीक्षा
Audit paragraph	लेखा-परीक्षा पैरा
Audit report	लेखा-परीक्षा रिपोर्ट
Austerity measures	मितव्ययिता उपाय
Auter droit	पराधिकार
Authenticated copy	अधिप्रमाणित प्रति
Authenticity of the orders	आदेशों की प्रामाणिकता
Authentic translation	प्राधिकृत अनुवाद
Authorisation letter with the specimen signature of the bearer	(पत्र) वाहक के नमूने के हस्ताक्षर से युक्त प्राधिकार-पत्र
Authorised agent	प्राधिकृत एजेंट
Authorised capital	प्राधिकृत पूँजी
Authorised dealer	प्राधिकृत व्यापारी
Authorised expenditure	प्राधिकृत व्यय/खर्च
Authorised leave	प्राधिकृत छुट्टी
Authorised person	प्राधिकृत व्यक्ति
Authority competent to decide the case	मामले का फ़ैसला करने के लिए समर्थ प्राधिकारी

Authority competent to make payment	भुगतान करने के लिए समर्थ प्राधिकारी
Authority competent to sanction	मंजूरी देने के लिए समर्थ प्राधिकारी
Authority letter	प्राधिकार पत्र
Author of the trust	न्यास कर्त्ता
Autonomous body	स्वशासी निकाय
Autonomous institutions	स्वायत्त संस्थाएँ
Auxiliary service	सहायक सेवा
Available capital	उपलब्ध पूंजी
Availability of funds	निधियों की उपलब्धता
Avail of leave	छुट्टी का उपभोग करना
Avail oneself of the opportunity	अवसर से लाभ उठाना
Average ability	औसत योग्यता
Average attendance	औसत उपस्थिति
Average both in quality and quantity	गुणवत्ता और मात्रा में औसत
Average calibre	औसत स्तर
Average competence	औसत क्षमता
Average intelligence	औसत मेधा/बुद्धि
Average merit	औसत गुण, औसत योग्यता
Average pay	औसत वेतन
Average revenue	औसत आय
Average type, of	औसत दर्जे का
Avoidable cause	परिहार्य हेतुक
Avoidable delay	परिहार्य विलंब/देरी
Avoidable extra expenditure	परिहार्य अतिरिक्त खर्च, अतिरिक्त खर्च जिससे बचा जा सके
Avoid being sentimental, should	भावावेश में न आया करें
Avoid responsibility	उत्तरदायित्व सें दूर-भागना
Avoid the risk of	की जोखिम से बचना
Avoid wastage	फ़िज़ूलखर्ची से बचिए

Await arrival	आगे की प्रतीक्षा करें
Await further report	आगे की रिपोर्ट की प्रतीक्षा की जाए
Awaiting decision	निर्णय की प्रतीक्षा है
Awaiting orders	आदेशों की प्रतीक्षा है
Await reply	उत्तर की प्रतीक्षा की जाए
Await return of the employee from leave	कर्मचारी के अवकाश से लौटकर आने की प्रतीक्षा की जाए
Award costs	खर्च दिलवाना
Awarding authority	पंचाट/अधिनिर्णय प्राधिकारी
Award, make	पंचाट/अधिनिर्णय देना
Award punishment	दण्ड देना
Aware of, be	का ज्ञान होना, की जानकारी होना, जिसका ज्ञान हो

B

Background of the case	मामले की पृष्ठभूमि
Back journey	वापसी यात्रा
Back out	मुकर जाना, पीछे हटना
Back page	पिछला पृष्ठ
Back reference (B.R.)	पिछला हवाला/संदर्भ, पूर्व निर्देश
Backward classes	पिछड़े वर्ग
Backward tribes	पिछड़ी जनजातियाँ
Bad and unwork manlike manner	बुरा और अकुशल/फूहड़
Bad blood	कटुता, बैर
Bad climate	बुरी जलवायु
Bad climate allowance	बुरी जलवायु का भत्ता
Bad conduct	दुराचरण
Bad debt	डूबा ऋण, अशोध्य ऋण
Bad faith	असद्भाव

Bad faith, in	असद्भावपूर्वक
Bad in law	विधितः अमान्य, विधि की दृष्टि से दोषपूर्ण
Badli workman	बदली कर्मकार
Badly infested	अत्यन्त दूषित
Badly neglected	अत्यन्त उपेक्षित
Bad reputation	कुख्याति
Bad security	बुरी प्रतिभूति
Bad temper	कटु स्वभाव
Bag and baggage	बोरिया बिस्तर
Baggage allowance	सामान भत्ता
Bailable offence	जमानत योग्य अपराध
Bail, anticipatory	अग्रिम जमानत
Bail bond	जमानतनामा, जमानत-पत्र
Balance at the credit	जमा रक़म
Balance brought forward	पिछला शेष
Balanced account	सन्तुलित लेखे
Balanced budget	सन्तुलित बजट
Balanced development	सन्तुलित विकास
Balance has been struck	हिसाब-किताब कर लिया गया
Balance in hand	अपने पास शेष
Balance of accounts, general	समस्त लेखाओं की बाकी/अतिशेष
Balance of convenience is in favour of	—की अधिक सुविधा होगी
Balance of payments	बकाया भुगतान, भुगतान शेष, अदायगी शेष
Balance of trade	व्यापार शेष
Balance sheet	बैलेंस शीट, तुलनपत्र
Balance to be completed	बकाया पूरा करना है
Balance to the credit	जमा रक़म
Ballot box	मतपेटी, मतपत्र पेटी
Ballot paper	मतपत्र, मत-पर्ची
Bank account	बैंक खाता
Bank discount	बैंक बट्टा

Bank guarantee	बैंक गारंटी
Banking account	बैंक में हिसाब
Banking facilities	बैंक सुविधाएँ
Bank institution	बैंककारी संस्था
Banking transaction	बैंक कार्य संचालन
Ban on creation of posts	नये पदों के सर्जन पर रोक
Ban on further promotion	आगे पदोन्नति पर रोक
Ban on further recruitment	आगे भरती पर रोक/प्रतिबन्ध
Ban on future promotion	भावी पदोन्नति पर रोक
Ban on future recruitment	भावी भरती पर रोक
Ban on the filling of posts	पद भरने पर रोक
Bar against	—का वर्णन
Bare denial	कोरा प्रत्याख्यान
Bare subsistence level	निर्वाह मात्र स्तर
Bar future employment	भविष्य में नियुक्ति में बाधक होना
Bargain money	बयाना
Barrage of questions	प्रश्नों की बौछार
Barred by any law	किसी भी विधि द्वारा वर्जित
Barred by law	विधि द्वारा वर्जित
Barred by limitation	परिसीमा द्वारा बाधित
Barred by time	समय बाधित, काल बाधित, मियाद आरिज
Barren land	ऊसर भूमि
Barrier clerk	नाका मुंशी
Barter system	वस्तु विनिमय पद्धति
Bar to interference	हस्तक्षेप पर रोक
Bar to proceedings	कार्यवाही पर रोक
Base coin	खोटा सिक्का
Based on actuals	वास्तविकताओं पर आधारित
Based on facts	तथ्यों पर आधारित
Based on figures	आँकड़ों पर आधारित
Base line	आधार रेखा
Base year	आधार-वर्ष
Basic components	आधारी घटक

Basic education	बुनियादी शिक्षा
Basic form	आधारी प्ररूप/फ़ार्म
Basic industry	मूल उद्योग
Basic necessities	बुनियादी जरूरतें
Basic needs	मूल/बुनियादी आवश्यकता
Basic pattern of education	शिक्षा का मूल ढाँचा
Basic pay	मूल वेतन
Basic scale of pay	मूल वेतनमान
Basic structure	आधारिक स्वरूप
Basic training	बुनियादी प्रशिक्षण
Basic wages	आधारिक मजदूरी
Basis of calculation	गणना का आधार
Basis of charge	प्रभार का आधार
Bearer cheque	वाहक चैक, बेयरर चैक
Bearer of Bond	वाहक बंधपत्र/बांड
Bearer security	वाहक प्रतिभूति
Bearing of question	प्रश्न से सम्बन्धित
Bearing on the subject	विषय से सम्बद्ध
Bear the cost	खर्च उठाना
Bear true faith	सच्ची श्रद्धा रखना
Bear upon	से सम्बन्धित
Beat about the bush	इधर-उधर की बातें करना
Beaten track	बंधी लीक
Beat guard	गश्ती गारद
Beat of drum	1. डोंडी पिटवाना 2. ढिंढोरा पीटकर
Because of	के कारण
Be cautions	सावधान रहिए
Become enforceable	प्रवर्तनीय बनना
Become inoperative	निष्क्रिय होना
Becomes liable to	का भागीदार होता है
Becomes subject to any disqualification	किसी भी निरर्हता/अयोग्यता से ग्रस्त हो जाना
Become vested	निहित होना

Before due date	नियत तारीख से पहले
Before hand	पहले से
Before his pay concurred in	उसके वेतन के सम्बन्ध में सहमति देने से पहले
Before said talk	उक्त बातचीत से पहले
Before such settlement	ऐसे स्थिरीकरण/समझौते से पहले
Before taking his seat	अपना स्थान ग्रहण करने से पहले/के पूर्व
Before the date of submission	पेश करने की तारीख से पहले
Before the end	खत्म होने से पहले
Before the expiry of	की समाप्ति से पहले
Begin well	प्रारम्भ अच्छा करना
Beg to be excused	क्षमाप्रार्थी हूँ, क्षमा कीजिए
Beg to state	निवेदन है
Behind schedule	अनुसूचित समय के पीछे
Be inaddition to	के अतिरिक्त होंगे
Be in force	लागू होना, प्रवृत्त होना
Being cognizant	संज्ञान रखते हुए
Being concerned in any quarrel	जब वह किसी झगड़े से सम्बन्धित हो
Being in command	समादेशन करते हुए
Be in (one's) bad books	(किसी की) अकृपा होना
Believing in good faith	सद्भावपूर्वक विश्वास करते हुए
Belonging to them in common	जो उनकी साझे की है
Belong to the service	सेवा का अंग होना
Below par	कम मूल्य पर
Below the mark	स्तर से नीचे
Below the standard	स्तर से नीचे
Bends and corners	मोड़ और कोने
Beneficial and healthy use	लाभप्रद और अच्छा उपयोग
Beneficial effect	हितकर प्रभाव
Beneficial enjoyment	हितकर उपभोग
Beneficial interest	फायदेमन्द हित
Beneficial to mankind	मानव के लिए हितकारी
Beneficial winding up	फायदे के लिए परिसमापन

Benefit assured by the rules	फायदे जिसका आश्वासन नियमों द्वारा दिया गया
Benefit ceiling	सुविधा की उच्चतम सीमा
Benefit, dependency	आश्रित सुविधा
Benefit directly, take	सीधा फ़ायदा लेना/उठाना
Benefit fund	प्रसुविधा निधि
Benefit of a class of persons	व्यक्तियों के किसी वर्ग का फायदा
Benefit of doubt	संदेह का लाभ
Benefit of exception	अपवाद का लाभ
Benefit of public	जनता का फ़ायदा
Benefit period	सुविधा का अवधि/कलावधि
Benefit show	सहायतार्थ प्रदर्शन
Benefit to the revenue	राजस्व का लाभ/फ़ायदा
Benevolent fund	हितकारी निधि
Be overcome	अभिभूत होना
Be sanctioned	मंजूर किया जाए
Besides this	इसके सिवाय, इसके अतिरिक्त,
Besides what has been stated above	जो ऊपर कहा गया है उसके अलावा
Best adapted	उपयुक्ततम
Best endeavour	सर्वोत्तम प्रयास
Best fitted	सर्वाधिक उपयुक्त
Best judgement assessment	सर्वोत्तम विवेक बुद्धि के अनुसार निर्धारण
Best of ability	पूरी सामर्थ्य
Best of information	पूरी जानकारी
Best of knowledge and belief	सर्वोत्तम जानकारी और विश्वास, जहाँ तक पता है और विश्वास है
Best of my judgement	अपनी सर्वोत्तम विवेक बुद्धि से
Best of still and ability	सर्वोत्तम कौशल और योग्यता
Best price obtainable	अधिकतम प्राप्य मूल्य
Best serve the interests of the public	जनता के हितों की सर्वोत्तम सेवा
Best terms	सर्वोत्तम शर्तें

Be that as it may	चाहे जैसी भी स्थिति हो
Better accept the proposal	बेहतर है कि इस प्रस्ताव को मान लिया जाए
Better appreciation.	समुचित आकलन
Better farming society	उन्नत कृषि समिति
Better government	सुशासन
Better implementation	बेहतर कार्यान्वयन
Betterment tax	समुन्नति/खुशहाली कर
Bettet organisation	अधिक अच्छी व्यवस्था
Better prevention	बेहतर रोकथाम
Better protection	अधिक अच्छा संरक्षण
Better statement	अधिक अच्छा कथन
Better security	बेहतर प्रतिभूति
Better title	बेहतर हक़
Be void	शून्य होना
Beyond a period of	—की कालावधि से परे
Beyond control	नियन्त्रण से परे
Beyond doubt	सन्देह से परे
Beyond midnight	मध्यरात्रि के बाद
Beyond reach	पहुँच के बाहर
Beyond reasonable doubt	उचित सन्देह से परे
Beyond reproach	निर्विवाद, अनिन्दनीय
Beyond the said period	उक्त अवधि के आगे/बाद
Beyond the scope of authority	उसके अधिकार के विस्तार से बाहर
Beyond the scope of the agreement	करार के प्रविषय से बाहर
Beyond the seas	सभुद्र पार
Biased opinion	पक्षपातपूर्ण राय/मत
Bidding sheet	बोली-पत्र
Biennial gathering	द्विवार्षिक समारोह
Big majority	भारी बहुमत
Bilakeral agreement	द्विपक्षीय समझौता/करार
Bilateral negotiations	द्विपक्षीय वार्ता/बातचीत
Bilateral pact	द्विपक्षीय समझौता

Bill cashed on—	तारीख———को बिल भुनाया
Bill disbursed on—	तारीख———को बिल का भुगतान किया
Bill has been paid	बिल का भुगतान हो गया है
Bill has been verified	बिल का सत्यापन कर लिया गया है
Bill(s) have been drawn	बिलों पर अदायगी ली जा चुकी है
Bill head	बिल-शीर्ष
Bill(s) may be passed for payment	बिलों को भुगतान के लिए पास किया जाए
Bill of costs	खर्चे का बिल
Bill of entry	आगम-पत्र, प्रवेश-पत्र
Bill of exchange	विनिमय पत्र
Bill of indemnity	क्षतिपूर्ति बिल
Bill of loading	1. लदान पत्र, लदान बिल, वहन पत्र 2. बिल्टी
Bill of parcels	पार्सलों का बिल
Bill of rights	अधिकार पत्र
Bill of sale	विक्रयाधिकार पत्र
Bill of simple receipt	सादा रसीद वाला बिल
Bill out standing	बकाया बिल
Bill payable on demand	माँग देय बिल
Bill pay order	बिल भुगतान आदेश
Bill passed	बिल पास कर दिए गए
Bills for signature	बिलों पर हस्ताक्षर कर दें
Bills payable	देय बिल
Bill then pending	1. उस समय रुका हुआ बिल 2. उस समय विचाराधीन विधेयक
Bill to be paid	बिल चुकाया जाए
Binding agreement	बंधनकारी करार
Binding on	के लिए आबद्धकर
Binding upon	पर आबद्धकर
Bi-parte agreement	उभयपक्षीय करार
Birth rate	जन्म-दर
Birth right	जन्मसिद्ध अधिकार

Bitterness, to cause any	कटुता पैदा करना
Biweekly statement	अर्ध साप्ताहिक विवरण
Black list	काली सूची
Black mailing	भयादोहन
Black marketing	चोर बाजारी, काला बाजारी
Blank cheque	कोरा चैक
Blanket price	एकमुश्त कीमत
Blighted area	गंदी बस्ती, झोंपड़पट्टी
Blind alley position	बेतरक्की पद, उन्नतहीन पद
Blocked account	निरुद्ध खाता
Blocked capital	निरुद्ध पूँजी
Blood and iron policy	कठोर नीति
Blood relationship	खून का रिश्ता
Blue book	सरकारी रिपोर्ट, ब्लू बुक
Blue print	रूपरेखा, ब्लू प्रिंट
Board of conciliation	सुलह बोर्ड
Board of control	नियन्त्रण बोर्ड
Board of Directors	निदेशक मंडल, संचालक मंडल
Board of Governors	शासक मंडल
Board of Revenue	राजस्व मंडल/बोर्ड
Board of studies	पाठ्य समिति
Board of trustees	न्यास मंडल/बोर्ड
Board, on	के फलक पर
Bodily injury	शारीरिक चोट
Bodily pain	शारीरिक पीड़ा
Bodily weakness	शारीरिक दुर्बलता
Body corporate	निगमित निकाय
Body guard	अंगरक्षक
Body, in	निकाय के रूप
Body of the letter	पत्र का मुख्य भाग
Body of the persons	व्यक्तियों का निकाय
Body of the suspicious character	संदिग्ध सील वाले लोगों का गिरोह
Body of the villagers	ग्रामीणों का समूह

Bogus transaction	मिथ्या संव्यवहार
Bogus voucher	फ़र्जी वाउचर
Bonafide	1. सद्भाव से, सद्भावपूर्वक 2. सद्भावपूर्ण 3. वास्तविक, वास्तव में/यथार्थ
Bonafide annual value	वास्तविक वार्षिक मूल्य
Bonafide employ	यथार्थ नियोजन
Bonafide employment	यथार्थ नियोजन
Bonafide error	सद्भाविक गलती
Bonafide payment	सद्भाव संदाय
Bonafide possession	वास्तविक कब्जा
Bonafide resident	वास्तविक निवासी
Bond holder	बंध पत्र/बांड धारक
Bond of indemnity	क्षतिपूर्ति बंध पत्र
Bond, personal	मुचलका
Bone of contention	झगड़े की जड़, कलह-कारण
Bonus share	बोनस अंश
Book adjustment	खाता समायोजन
Book asset	बही आस्ति
Book balance	खाता शेष
Book circular	पुस्तक परिपत्र
Book debt	बही ऋण
Booking office	टिकटघर, बुकिंग आफिस
Booking of seat	जगह सुरक्षित करना
Book memorandum	याददाश्त पुस्तक
Book of accounts	लेखा पुस्तक
Book of reference	संदर्भ पुस्तक
Book of transfer	अंतरण पुस्तक
Book of treasury receipts	खजाना रसीद बुक
Books of the firm	फ़र्म-खाते
Book transaction	खाता लेनदेन
Book transfer	खाता-अंतरण
Book value	अंकित मूल्य
Border Security Force	सीमा-सुरक्षा बल

Borne on the books	बहीखाते में दर्ज
Borne on the cadre	काडर में, काडर के
Borne on the muster roll	मस्टर रोल में दर्ज
Borrow and repay method	उधार अदायगी प्रणाली
Borrowed funds	उधार ली गई रकम
Both days inclusive	दोनों दिन मिलाकर
Bottle neck	अवरोध, रुकावट
Boundary dispute	सीमाविवाद
Bound by law	विधि द्वारा आबद्ध
Bound for	को जाने वाला
Bound to accept	स्वीकार करने के लिए बाध्य
Bound to do that act	उस कार्य को करने के लिए आबद्ध
Bound to furnish	देने के लिए आबद्ध
Bound to prove	साबित करने के लिए आबद्ध
Branch of learning	विद्या की शाखा
Brand name	ब्रांड नाम
Breach is continuing	भंग बराबर हो रहा है
Breach of agreemeni	करार-भंग
Breaah of canal	नहर की दरार
Breach of conditions	शर्तों को तोड़ना
Breach of contract	संविदा भंग, ठेके का उल्लंघन
Breach of discipline	अनुशासन भंग
Breach of duty	कर्त्तव्य भंग
Breach of law	विधि/कानून तोड़ना
Breach of partnership	भागीदारी के अनुच्छेदों का भंग
Breach of peace	शांति-भंग
Breach of privilege	विशेषाधिकार-भंग
Breach of promise	वचन भंग
Breach of trust	1. न्यास भंग 2. विश्वास भंग
Breakage in transit	मार्ग में टूट-फूट
Breakdown of administration	प्रशासन ठप्प पड़ जाना
Breakdown of machinery	मशीनरी का ठप्प पड़ जाना
Break in prices	कीमतों का टूटना

Break in service	सेवा-भंग, सेवा में व्यवधान
Break in service has been condoned	सेवाक्रम में भंग को क्षमा कर दिया गया है
Break into any—	—में अनधिकृत प्रवेश
Break of journey	यात्रा में बीच में रुकना
Break up	ब्यौरा
Bribery and corruption	घूसखोरी और भ्रष्टाचार
Brief for the meeting	बैठक के लिए विषय सार
Brief history of the case is as follows	मामले का संक्षिप्त इतिहास इस प्रकार है
Brief memorandum	संक्षिप्त ज्ञापन
Brief resume	सारांश, संक्षेप
Briefs for the meeting	बैठक के लिए पक्ष-सार
Brief statement	संक्षिप्त विवरण
Brief summary of the case is placed below	मामले का सारांश नीचे (साथ में) रखा है
Bring an action	अनुयोग लाना
Bring forward	प्रस्तुत करना
Bring into action	समर रत करना
Bring into commission	प्रवर्तन करना
Bring into force	प्रवर्तन में लाना
Bring round	मना लेना
Bring to book	1. जवाब-तलब करना 2. दण्ड/सज़ा देना
Bring to effect	कार्यान्वित करना
Bring to notice	ध्यान दिलाना
Broadcast crop	छिटका बोनी
Broad distinction	मोटा भेद/अन्तर
Broadly classified	स्थूल रूप से वर्गीकृत
Broadly speaking	मोटे तौर पर कहा जाए तो
Broad outline	मोटी/स्थूल रूपरेखा
Broad outlook	उदार दृष्टिकोण
Broad principles	सामान्य सिद्धान्त
Broad sheet	बड़ा चिट्ठा

Broken period in service	खण्डित सेवाकाल
Brought forward	पिछला जोड़, अग्रानीत
Brought over	आगे ले आया/जाया गया, अग्रानीत
Brusque manner	रूखा व्यवहार/बर्ताव
Budgetary allotment	बजट में आवंटन
Budgetary deficit	बजट में घाटा
Budgetary powers	बजट सम्बन्धी शक्तियाँ
Budgetary procedure	बजट सम्बन्धी प्रक्रिया
Budgetary surplus	बजटीय अधिशेष
Budget estimate	बजट अनुमान/प्राक्कलन
Budget grants	बजट अनुदान
Budget proposals	बजट प्रस्ताव
Budget provision	बजट व्यवस्था
Budget provision exists	बजट में व्यवस्था है
Budget provision is not adequate	बजट-व्यवस्था पर्याप्त नहीं है
Budget session	बजट सत्र
Budget speech	बजट भाषण
Buffer stock	सुरक्षित/बफ़र भंडार
Building division	निर्माण प्रभाग
Building grant	भवन अनुदान
Building material	भवन-निर्माण सामग्री
Built up area	निर्मित क्षेत्र
Built up reputation	ख्याति प्राप्त करना
Bulk cases	अधिकांश केस (मामले)
Bulk entry system	इकट्ठी इन्दराज व्यवस्था
Bulk indent	थोक माँग-पत्र
Bulk inspection	सामूहिक निरीक्षण
Bulk expenditure	अधिकांश व्यय
Bulk purchase	थोक खरीद
Bulk sale	थोक बिक्री
Bulk supplies	थोक प्रदाय
Bumper crop	जोरदार/अच्छी फसल
Burden of obligation	बाध्यता का बोझ

Burden of proof	सबूत का भार, प्रमाणित करने की जिम्मेदारी
Burden of taxation	कर-भार
Bureaucratic approach	नौकरशाही रवैया
Bureau of information	सूचना ब्यूरो
Business Advisory Committee	कार्य सलाहकार समिति
Business concern	व्यावसायिक प्रतिष्ठान
Business hours	कार्य समय, काम के घंटे
Business, list of	कार्य सूची
Business management	व्यवसाय प्रबन्ध
Business of Govt.	सरकारी काम
Business rules	कार्य-संचालन नियम
Business, sudden and urgent	अचानक और जरूरी कार्य
Business, to la dealt with at the meeting	कामकाज जिससे पर इस अधिवेशन में विचार होना है
Business transaction	कारबारी संव्यवहार
Busy season	व्यस्त रहने का समय
But for	न होता तो
But——nevertheless	किन्तु——तो भी
But not exceeding	किन्तु से अधिक नहीं
But not exceeding—in any case	किन्तु किसी भी स्थिति में—से अधिक नहीं
Buying and selling	क्रय-विक्रय
Buying committee (purchase)	क्रय-समिति
By a certain date	किसी नियत तारीख तक
By air mail	हवाई डाक से
By all means	अवश्यमेव
By and by	धीरे-धीरे, क्रमशः
By authority of	—के प्राधिकार से
By beat of drums	डौंडी पीटकर
By command of	—के समादेश से
By duly authorised agent	सम्यक् रूप से प्राधिकृत एजेंट द्वारा
Bye-election	उपचुनाव, उपनिर्वाचन
Bye-law	उपविधि, उपनियम

By express delivery	तुरत विचरण द्वारा
By far the best	कहीं अधिक श्रेष्ठ
By force	जबरदस्ती, बलपूर्वक
By general order	साधारण आदेश द्वारा
By habit	आदत से, आदतन
By hand	दस्ती
By instalment	किस्तों में
By law	विधि द्वारा, विधि अनुसार
By laws	उपविधि, उपनियम
By means of	के द्वारा
By mistake	गलती से
By name	नाम से
By necessary implications	आवश्यक विवक्षा से
By no means	कदापि नहीं
By order	—के आदेश से
By order of the Governor	राज्यपाल के आदेशानुसार
By ordinary telegram	साधारण तार द्वारा
By or on behalf of	के द्वारा या की ओर से
By post	डाक द्वारा
By product	उपोत्पाद
By proxy	परोक्षी/प्रोक्सी द्वारा
By reason of	के कारण, होने से
By regd. post	रजिस्ट्री डाक से
By return of post	वापिसी/लौटती डाक से
By road	सड़क मार्ग से
By rotation	बारी-बारी से
By special order	विशेष आदेश से
By subjecting	अध्यधीन करके
By suppression	दबाकर
By the action	की क्रिया से
By the order	आदेश से
By the variance	फेरफार के कारण
By virtue of	—के आधार पर, के नाते, की सामर्थ्य से

By virtue of office	पदेन, पद के नाते, पद की हैसियत से
By way of amendment	संशोधन के रूप में
By way of damages	नुकसानी के तौर पर
By way of etiquette	शिष्टाचार के. नाते
By way of exchange	विनिमय के रूप में
By way of penalty	दंडस्वरूप, शास्ति के रूप में
By whatever form of words	चाहे किन्हीं शब्दों में हो
By whatever name called	चाहे वह किसी भी नाम से पुकारा जाए
By word of mouth	वाचिक
By word or action	वाणी या कार्य से

C

Cabinet minister	केबिनेट मंत्री
Cabinet resolution	मंत्रिमंडल का संकल्प
Cabinet responsibility	मंत्रिमंडल का उत्तरदायित्व
Cabinet Secretariat	मंत्रिमंडल सचिवालय
Cabinet Secretary	मंत्रिमंडल सचिव
Cable gram	केबिल/समुद्री तार
Cadre authority	काडर/संवर्ग प्राधिकारी
Cadre strength	काडर सदस्य संख्या
Calculated to deceive	धोखा देने के ख्याल से
Calculated to deprive	वंचित करने की दृष्टि से
Calculated to embarrass	उलझन उत्पन्न करने के विचार से
Calculations and rates checked	हिसाब और दरों की जाँच की
Calculations cheked by me	हिसाब की जाँच मेरे द्वारा की गई
Calculations of means	साधनों की गणना
Calculations to the nearest of multiple of	निकटतम गुणज तक संगणन
Calendar month	कलेंडर मास

Calendar year	कलेंडर वर्ष
Call account	आह्वान खाता
Call a meeting	बैठक बुलाना
Call attention notice	ध्यानाकर्षण सूचना
Call back pay	1. विशेष कार्य वेतन 2. उपस्थिति वेतन
Call book	काल बुक, माँग बही
Call deposit (Demand deposit)	माँग जमा
Called by whatever name	उसके नाम चाहे जो भी हो
Call for explanation	स्पष्टीकरण माँगा गया
Called for information	जानकारी माँगी गयीं
Called on for hearing	सुनवाई के लिए पुकार हुई
Call evidence	साक्ष्य पेश करना, साक्ष्य पेश कराना
Call for	माँगना
Call for an explanation	स्पष्टीकरण माँगना, जवाब-तलब करना
Call for applications	आवेदन-पत्र माँगे जाएँ
Call for information	जानकारी माँगना
Call for inspection	निरीक्षण की माँग
Call for interview	साक्षात्कार के लिए बुलाना
Call for such recommendations as are deemed fit	ऐसी सिफ़ारिशें मँगवाई जाएँ जो उचित समझी जाएँ
Call for the file	फ़ाइल माँगना
Call for the record	अभिलेख माँगना
Call, heavy	भारी माँग
Call in	वापस लेना
Callings tax	आजीविका कर
Calling upon	अपेक्षा करने वाली
Call in pay	1. विशेष कार्य वेतन 2. उपस्थिति/हाजिरी वेतन
Call in question	1. पर आपत्ति करना 2. सन्देह करना
Call loan	माँग कर्ज, शीघ्रावधि कर्ज
Call off duty	काम बन्द करना, काम बन्द करवाना

Call out on duty	काम पर बुलाना
Call out on service	सेवा के लिए बुलाना
Calls in arrears	बकाया माँग
Calls unpaid	आदत्त माँग
Call up	बुलाना
Call up for training	प्रशिक्षण के लिए बुलाना
Call upon	—से अपेक्षा करना
Call upon to give evidence	साक्ष्य देने के लिए बुलाना
Call upon to show cause	कारण बताने के लिए आदेश देना, कारण बताने की अपेक्षा करना
Camera, in	बन्द कमरे में
Camera meeting	बन्द कमरे में मीटिंग/बैठक
Came to rescue	मदद की, रक्षा की
Camping ground/site	शिविर/कैम्प स्थल
Camp office	शिविर कार्यालय
Can act with balance and strength in emergency	संकट काल में संतुलन और दृढ़ता से कार्य कर सकते हैं
Cancellation clause	निरसन खंड
Cancellation of allotment	आवंटन रद्द करना
Cancellation of indent	इंडेंट/माँग पत्र रद्द करना
Cancellation of nomination	नाम निर्देशन का रद्द करना
Cancellation of registration	रजिस्ट्रीकरण को रद्द करना
Cancelled draft	रद्द ड्राफ्ट
Cancelled note	रद्द नोट
Cancelled, refund authorised	अधिकृत रक़म की वापसी रद्द की
Cancel the charge	आरोप को रद्द करना
Cancel the pardon	क्षमा को रद्द करना
Candidate at an election	किसी निर्वाचन में उम्मीदवार
Candidate, elected	चुना गया प्रत्याशी
Cannot be acceded to	स्वीकार नहीं किया जा सकता
Cannot be permitted	अनुमति/इज़ाजत नहीं दी जा सकती
Cannot stand together	साथ-साथ नहीं रह सकते
Canons of taxation	कराधान के अभिनियम
Capable but bit slow	समर्थ किन्तु कुछ मन्द

Capable by law	विधि अनुसार समर्थ
Capable in difficult job	कठिन कार्य में योग्य
Capable of correction	शुद्धि शक्य, ठीक करने में समर्थ
Capable of delivery	परिदान की जा सकने वाली
Capable of execution	निष्पादन योग्य
Capable of making defence	प्रतिरक्षा/बचाव करने में समर्थ
Capable of manual delivery	दस्ती (हाथ से) परिदान की जा सकने वाली
Capable of meeting the charge	प्रभार को पूरा करने के लिए समर्थ
Capacity for work	कार्य करने की क्षमता
Capacity, mental	मानसिक सामर्थ्य
Capacity, official	पदीय हैसियत
Capacity to pay wages	वेतन/मजदूरी देने की क्षमता
Capital account	पूंजी लेखे, पूंजीगत लेखा
Capital appropriation	पूंजी विनियोजन
Capital at charge	ब्याज देय पूंजी
Capital budget	पूंजी बजट
Capital cost	पूंजीगत लागत
Capital credited as paid	पूंजी जिसे समादत्त के रूप में जमा दिखा दिया गया है
Capital employed in business	कारबार में लगी पूंजी
Capital expenditure	पूंजीगत व्यय
Capital formation	पूंजी संचय
Capital gains	पूंजीगत लाभ
Capital goods	पूंजीगत माल
Capital improvement	पूंजीगत उन्नयन
Capital inputs	पूंजी निविष्टियाँ
Capitalisation of profits	लाभों का पूंजीकरण
Capitalised value	पूंजीकृत मूल्य
Capitalistic economy	पूंजीगत अर्थव्यवस्था
Capital outlay	लगी हुई पूंजी
Capital payment	पूंजीगत अदायगी
Capital plant	पूंजी संयंत्र
Capital punishment	मृत्यु दंड, फाँसी, प्राण दंड

Capital reserve	पूंजी रिजर्व
Capital stock	पूंजी स्टाक
Capital structure	पूंजी संरचना
Capital subcribed	प्रतिश्रुत पूंजी
Capital sum	मूलधन
Capital works	पूंजी संकर्म, पूंजी संकार्य
Capitation grant	प्रति व्यक्ति अनुदान
Capitation tax	प्रति व्यक्ति कर
Capricious partiality	अनुचित पक्षपात
Capturing force	पकड़ने वाला बल
Car advance	कार अग्रिम
Carbon copy	कारबन प्रति/कापी
Cardinal principle	मूल सिद्धान्त
Cad index	कार्ड सूची
Card, trade	व्यापार-कार्ड
Care and caution	सावधानी और सतर्कता
Care and custody for the goods	माल की देख-रेख और अभिरक्षा
Care and pains	सावधानी और परिश्रम
Care entrusted to him	देख-रेख के लिए उसे सौंपी गई
Career master	व्यवसाय परामर्शदाता
Careful observance	सावधानी से पालन
Careless and incorrect report	असावधानी पूर्वक लिखी गई और गलत रिपोर्ट
Carelessness, common	सामान्य असावधानी
Care of	मार्फ़त/के द्वारा
Carping criticism	तीखी आलोचना
Carried down	अधोनीत, तलशेष
Carried forward	अग्रेनीत
Carried over effects	पूर्वावशिष्ट प्रभाव
Carry back of losses	पिछले लाभ से घाटा-पूर्ति
Carry forward of losses	अगले लाभ से घाटा-पूर्ति
Carry forward rule	अग्रनयन सिद्धांत
Carrying forward	अग्रनयन

Carrying interest	ब्याज पर, जिस पर ब्याज लगे
Carrying into effect	कार्यान्वित करना
Carrying into execution	निष्पादन करना/कराना
Carrying on activity for profit	लाभ के लिए क्रियाकलाप का चलाया जाना
Carrying on the business of	—कारबार में लगा हुआ
Carrying out inquaries	जाँच करना
Carrying out the provisions	उपबन्धों को क्रियान्वित करना
Carrying over	1. आगे ले जाना, अग्रनीत करना 2. मिती बढ़ाना
Carry into effect	अमल में लाना, कार्यान्वित करना
Carry on business	कारबार चलाना, काम करना/कराना
Carry on business for profit	लाभ के लिए कारबार चलाना
Carry out	पालन करना, कार्यान्वित करना
Carry out instructions ungrudgingly	बिना उज्र अनदेशों का पालन करना
Carry out obligation	बाध्यता का पालन करना
Carry out orders	आदेश का पालन करें
Carry weight	का प्रभाव पड़ना/बल रखना
Car under repairs	कार की मरम्मत हो रही है
Case adjourned for	मामला—के लिए स्थगित
Case be remanded	मामला प्रतिपेषित किया जाए
Case diary	केस/प्रकरण डायरी
Case file is put up below for perusal	मामले की फाइल अवलोकनार्थ नीचे रखी है
Case fixed for—	मामला—के लिए नियत
Case for orders on—	तारीख—को आदेशों के लिए पेशी
Case has been badly delayed	मामले में बहुत देर लग गई है
Case has been closed	मामला समाप्त कर दिया गया है
Case is closed now	अब मामले पर कार्रवाई समाप्त हुई
Case is filed	मामला फाइल कर दिया गया
Case is not traceable	फाइल नहीं मिल रही है
Case is put up for orders	मामला आदेश के लिए प्रस्तुत है

Case is remanded for fresh disposal	फिर से कारंवाई करने के लिए मामला लौटाया जाता है
Case is resubmitted as directed on pre page	पिछले पृष्ठ पर दिये गये निदेश के अनुसार मामला फिर से प्रस्तुत किया जाता है
Case is to be reviewed	मामले पर फिर विचार होना/करना है
Case is under consideration	मामला पुर्नविचारणीय है
Case is under investigation	मामले की जाँच की जा रही है
Case may be heard and decided in his absence	उसकी गैरहाजिरी/अनुपस्थिति में मामले की सुनवाई की जाए और फैसला किया जाए
Case may be processed in accordance with the extant orders	वर्तमान आदेश के अनुसार मामले पर कारंवाई की जाए
Case should pend till—	—तक मामला रोका जाए/मुल्तबी रखा जाए
Cash account	रोकड़/नकदी लेखा
Cash advance	नकद अग्रिम
Cash balance in hand	हाथ में नकद/रोकड़ बाकी
Cash balance report	रोकड़ बाकी का विवरण
Cash book	कैश बुक, रोकड़ बही
Cash crop	नकदी फसल
Cash doles	नकद सहायता
Cash equivalent	नकद समतुल्य
Cash in hand	पास की नकद रक़म
Cash in transit account	मार्ग में रोकड़ लेखा
Cash on delivery	सुपुर्दगी पर अदायगी
Cash payment	नकद भुगतान
Cash price	नकद कीमत
Cash remmittance	रोकड़ प्रेषण
Cash transaction	नकद लेन-देन
Cash under double lock	दो कुंजी वाले ताले में रखी नकद रकम
Cash value	नकद मूल्य
Cash wage	नकद मजदूरी

Cast a vote	मत देना, वोट डालना
Cast away	संव्यक्त करना, फेंक देना
Casting vote	निर्णायक मत
Casual and nonrecurring nature	आकस्मिक तथा अनावर्ती प्रकृति
Casual employment	नैमक्तिक नियुक्ति
Casual labour	अनियत श्रमिक/मजदूर
Casual leave applied for	माँगी गई आकस्मिक छुट्टी
Casual leave granted	आकस्मिक छुट्टी स्वीकृत की गई
Casual vacancy	आकस्मिक रिक्त स्थान
Casual workman	आकस्मिक/अनियत कर्मकार
Catalogue of books	ग्रंथ-सूची
Catch crop	बीच की फसल
Catchment area	जलग्रहण क्षेत्र
Catch word	संकेत शब्द
Categorical terms	स्पष्ट शब्दों में
Category of amounts	रकम का प्रवर्ग
Category of employees	कर्मचारियों का वर्ग
Category of persons	कोटि के व्यक्ति, व्यक्तियों की कोटि
Category of securities	प्रवर्ग की प्रतिभूतियाँ
Category of staff	प्रवर्ग के कर्मचारी
Cause and effect	कार्य-कारण
Cause an election to be held	निर्वाचन कराना
Cause causans	निकटतम कारण
Caused by	के कारण हुई, से उत्पन्न
Cause disturbance of public tranquilty	लोक प्रशांति में विघ्न होना
Cause of action	वाद का कारण, वाद हेतुक
Cause of complaint	परिवाद करने का कारण/हेतुक
Cause of collision	टकराव का मामला
Cause of exceptional nature, by any	असाधारण प्रकृति के कारण
Cause of Hindi	हिन्दी का हित
Cause of salvage	उद्धारण का मामला

Causes (beyond the control of the employee)	(कर्मचारी के काबू के बाहर) कारण
Cause, showing	हेतुक दर्शित करना
Causes to be produced	कारण पेश करवाना
Cause to be laid down	रखवाया जाना
Causing grievous hurt	गम्भीर चोट पहुंचाना
Causing restraint	अवरोध पैदा करना
Causing the loss	हानि पहुँचाने वाली
Causing the mortgage to be merged	बन्धन का विलयन करना
Caveat emptor	क्रेता सावधान रहें
Cease fire	युद्ध-विराम, लड़ाई बन्दी
Cease to be	न रहना
Cease to be enforceable	प्रवर्तनीय न रहना
Cease to be levied	उद्गृहीत नहीं किया जाएगा
Cease to be member	सदस्य न रह जाना
Cease to be partner	भागीदार न रहना
Cease to continue in being	अस्तिव में न रहना
Cease to exercise jurisdiction	अधिकारिता का प्रयोग न करना
Cease to exist	अस्तित्वहीन होना
Cease to have effect	प्रभावहीन हो जाना
Cease to hold office	पद पर न रह जाना
Cease to operate	प्रवृत्त न रह जाना
Cease to reside	निवास करना छोड़ देना
Ceiling, fixation of	अधिकतम सीमा नियत करना
Ceiling price	उच्चतम निर्धारित मूल्य/कीमत
Ceiling rate	अधिकतम दर
Censured for his ommission and false statement	अपनी चूक और मिथ्या कथन के लिए परिनिन्दित
Censure motion	निन्दा प्रस्ताव
Census figures	जनगणना आंकड़े
Census report	जनगणना रिपोर्ट
Cent per cent	शत-प्रतिशत
Central act	केन्द्रीय अधिनियम

Central advisory board	केन्द्रीय सलाहकार बोर्ड
Central budget	केन्द्रीय बजट
Central Govt.	केन्द्रीय सरकार
Centralised arrangements	केन्द्रीकृत प्रबन्ध
Centralis(z)ation of administration	प्रशासन का केन्द्रीकरण
Central revenue	केन्द्रीय राजस्व
Central secretariate	केन्द्रीय सचिवालय
Central services	केन्द्रीय सेवाएं
Centre of study	अध्ययन केन्द्र
Centre, Primary Health	प्राथमिक स्वास्थ्य केन्द्र
Ceremonial matter	समारोह केन्द्र
Ceremonial parade	समारोह परेड
Cepi corpus	वह सशरीर पकड़ लिया गया है और अभिरक्षा में है
Certain cases	कुछ दशाएं, कुछ मामले
Certain classes of person	व्यक्तियों के कतिपय वर्ग
Certain parts of law	विधि के कतिपय भाग
Certificate be amended	प्रमाणपत्र संशोधित हो, प्रमाणपत्र संशोधित किया जाए
Certificate by the competent authority is required	समर्थ प्राधिकारी का प्रमाणपत्र अपेक्षित है
Certificate issued	1. दिया गया प्रमाणपत्र 2. प्रमाणपत्र दिया गया
Certificate of administration	प्रशासन का प्रमाणपत्र
Certificate of appeal	अपील का प्रमाणपत्र
Certificate of assumption of charge	भार-ग्रहण प्रमाणपत्र
Certificate of committal	सुपुर्दगी का प्रमाणपत्र
Certificate of fitness	1. योग्यता प्रमाणपत्र, उपयुक्तता का प्रमाणपत्र 2. आरोग्यता प्रमाणपत्र, स्वस्थता का प्रमाणपत्र
Certificate identity	पहचान प्रमाणपत्र

Certificate of naturalisation	देशीयकरण प्रमाणपत्र
Certificate of origin	मूल स्थान प्रमाणपत्र
Certificate of posting	डाक प्रमाणपत्र
Certificate of practice	व्यवसाय का प्रमाणपत्र
Certificate of recognition	मान्यता का प्रमाणपत्र
Certificate of registration	रजिस्ट्री का प्रमाणपत्र
Certificate of sale	विक्रय का प्रमाणपत्र, बिक्री प्रमाणपत्र
Certificate of service	सेवा-प्रमाणपत्र
Certificate of share	शेयर का प्रमाणपत्र
Certificate of sickness	बीमारी का प्रमाणपत्र
Certificate of survey	सर्वेक्षण-प्रमाणपत्र
Certificate of training	प्रशिक्षण का प्रमाणपत्र
Certificate of training (approved)	(मान्यता प्राप्त/अनुमोदित) प्रशिक्षण का प्रमाणपत्र
Certification mark	प्रमाणीकृत चिह्न
Certified copy	प्रमाणित प्रति
Certified extract	प्रमाणित उद्धरण
Certified in writing	लिखित रूप में प्रमाणित
Certified that	प्रमाणित किया जाता है कि
Certified that the amount of the bill has been disbursed to proper persons	प्रमाणित किया जाता है कि बिल की रकम का भुगतान सही व्यक्तियों को कर दिया गया है।
Certified that the purchases have been made at the lowest market rate	प्रमाणित किया जाता है कि खरीद सबसे कम बाजार-भाव पर की गई है
Cessation of act	कार्य का बन्द होना
Cessation of approval	अनुमोदन की समाप्ति
Cessation of force	बल-प्रयोग का बन्द होना
Cessation of membership	सदस्यता की समाप्ति
Cessation of motion	गतिहीनता
Cessation of profession	वृत्ति का बन्द होना
Cessation of work	कार्य-अवरोध
Chain of circumstances	घटना-क्रम, परिस्थिति क्रम
Challan No.——	चालान क्र० सं०——

Challenged officer	वह अफसर जिसके बारे में आक्षेप किया गया है
Challenged vote	आक्षेपित मत, चेलेंज किये गये वोट
Change in the name	नाम में परिवर्तन
Change of the employment	नौकरी में परिवर्तन
Change of title	नाम परिवर्तन
Change of venue	स्थान-परिवर्तन
Channel of communication	संचार माध्यम, संसूचना की प्रणाली
Character and antecedents	चरित्र और पूर्ववृत्त
Character certificate	चरित्र प्रमाणपत्र
Character of agent	अभिकर्त्ता/एजेंट की हैसियत
Character, official	पदीय हैसियत
Character roll	चरित्र पंजी, आचरण पंजी
Character roll warning	चरित्र पंजी चेतावनी
Charge allowance	कार्यभार भत्ता
Charge a property	संपत्ति को भारित करना
Charged erroneous	गलत आरोप
Charged expenditure	प्रभारित खर्च/व्यय
Charged rate	प्रभारित दर
Charged with	1. भार साधन करते हुए, भार रखते हुए 2. से आरोपित, के लिए आरोपित
Charged with liability	दायित्व से भारित
Charged with notice	सूचना आरोपित
Charge for service	सेवार्थ प्रभार
Charge handed over	कार्यभार सौंप दिया
Charge imperfect	अपूर्ण आरोप
Charge of impersonation	प्रतिरूपण का आरोप
Charge of insubordination	अवज्ञा करने का आरोप
Charge of like nature	समान प्रकृति का भार
Charge of office	पद भार
Charge of tax	कर प्रभारण
Charge report	कार्यभार रिपोर्ट
Charge sheet	आरोप-पत्र

Charge sheet has been read out and explained to the employee	आरोप-पत्र कर्मचारी को पढ़कर सुना और समझा दिया है
Charge to capital	पूंजी खर्च में डालना
Charge with liability	दायित्व से भारित करना
Charge with notice	सूचना आरोपित करना
Charitable allowance	पुण्यार्थ भत्ता
Charitable and religious endowments	पूर्त तथा धार्मिक अक्षय निधि
Charitable trust	पूर्त न्यास
Chartered aircraft	भाड़े पर लिया गया/चार्टरित वायुयान
Chase the case	मामले की प्रगति पर ध्यान रखें
Cheapest route	सबसे सस्ता रास्ता
Cheat by personation	प्रतिरूपण द्वारा छल, रूप धारण कर छलना
Check and give remarks	जाँच करें और कैफ़ियत दें
Checked and found correct	जाँच की गई और ठीक पाया
Check measurement	माप परीक्षण, जाँच के लिए पैमाइश
Check post	जाँच चौकी
Check register	जाँच रजिस्टर
Check weighment	पड़ताल के रूप में तौलना
Cheap popularity	सस्ती लोकप्रियता
Cheque is realised	चैक भुन गया है
Cheque system	चैक पद्धति
Chest money	तिजोरी रोकड़
Chief agent	मुख्य अभिकर्त्ता/एजेंट
Chief Auditor	मुख्य लेखा-परीक्षक
Chief Executive Officer	मुख्य कार्यपालक अधिकारी
Chief Minister	मुख्य मंत्री
Chief Protocol	नयाचार प्रमुख
Chief Rector	मुख्य कुलाधि सचिव/रेक्टर
Chief Secretary	मुख्य सचिव
Chief Whip	मुख्य सचेतक
Child mortality rate	बाल मृत्यु-दर

Children education allowance	सन्तान शिक्षा भत्ता
Child-welfare Centre	बाल-कल्याण केन्द्र
Chronological index	काल अनुक्रमणिका
Chronological order	कालक्रमानुसार
Circle office	सर्किल कार्यालय
Circuit house	विश्राम भवन, सर्किट हाउस
Circular in draft	प्रारूप परिचालित करना
Circular letter	परिपत्र, गश्ती चिट्ठी
Circular note	प्रत्यय धनपत्र
Circular will be issued to all concerned	सभी सम्बन्धित व्यक्तियों को परिपत्र भेजा जाएगा
Circulate and then file	सबके बीच घुमाकर फाइल कर दिया जाए
Circulated for public opinion	लोकमत/जनता की राय जानने के लिए प्रचारित
Circulate this information among all the employees	इस सूचना से सभी कर्मचारियों को अवगत कराएँ
Circulate this order among all the employees	इस आदेश को सभी कर्मचारियों के बीच घुमा दिया जाए
Circulate the precis	संक्षेपिका सबको भेजी जाए
Circulation of currency	मुद्रा/करेंसी संचालन
Circulation policy	1. प्रसार नीति 2. बिक्री नीति
Circumstances attending death	वे परिस्थितियाँ जिनमें मृत्यु हुई
Circumstances exist	परिस्थितियाँ जो विद्यमान हैं
Circumstances prevailing	विद्यमान परिस्थितियाँ
Circumstantial evidence	पारिस्थितिक साक्ष्य
Cited above	ऊपर उद्धृत, ऊपर दिया हुआ
City allowance	नगर भत्ता
City compensatory allowance	नगर प्रतिकर भत्ता
City improvement trust	नगर सुधार न्यास
City slums	नगर की गन्दी बस्तियां/स्लम्ज़
Civic interest	नागरिक हित
Civil action	सिविल कार्रवाई

Civil affairs	असैनिक कार्य
Civil area	असैनिक क्षेत्र
Civil Aviation	सिविल विमानन
Civil case	सिविल/दीवानी मुकदमा
Civil contempt	सिविल अवमान
Civil disobedience movement	सविनय अवज्ञा आंदोलन
Civil disturbance	सिविल उपद्रव
Civilized society	सभ्य समाज
Civil law	सिविल कानून/विधि
Civil liability	सिविल दायित्व
Civil liberty	नागरिक स्वतन्त्रता
Civil marriage	सिविल मैरिज/विवाह
Civil offence	सिविल अपराध
Civil proceedings	सिविल कार्यवाहियाँ
Civil process	सिविल प्रक्रिया
Civil rights	नागरिक अधिकार
Civil service	असैनिक/सिविल सेवा
Civil suit	दीवानी दावा
Civil supply	सिविल पूर्ति
Civil works	सिविल निर्माण-कार्य
Claim accepted	दावा स्वीकृत
Claim as right	अधिकार रूप में मांगना, दावा प्रस्तुत करना
Claim deduction	कटौती का दावा करना
Claim for refund	धन वापसी का दावा
Claim is time-barred	दावा समय बाधित है
Claim is excessive	दावा अत्यधिक है
Claim is unreasonable	दावा अत्यधिक है
Claims of privilege	विशेषाधिकार का दावा
Claims paid	भुगतान किये गये दावे, चुकाये दावे
Claims to be tried	विचारण किये जाने का दावा
Clandestine(ly) removal	छिपाकर हटाया जाना
Clarification sought	स्पष्टीकरण मांगा गया
Clarify of thought and vision	चिन्तन और दृष्टि की स्पष्टता

Classification of posts	पदों का वर्गीकरण
Classified account	वर्गीकृत लेखा
Classless society	वर्गहीन समाज
Class of agricultural produce	कृषि उपज का वर्ग
Class of persons	1. व्यक्तियों का वर्ग, वर्ग के व्यक्ति 2. वर्ग विशेष
Class of trade	व्यापार का प्रकार
Clause by clause	खण्डशः
Clean cultivation	घासपात रहित खेती
Cleaning parade	सफाई अभियान/परेड
Clearance memo	निकासी ज्ञापन
Clearance of goods	माल की निकासी
Clear and accurate accounts	स्पष्ट और सही लेखा
Clear and concise	स्पष्ट और संक्षिप्त
Clear days	पूरे/पूर्ण दिन
Clear evidence	स्पष्ट प्रमाण
Clearing a bill	बिल समाशोधन
Clearing agent	निकासी अभिकर्त्ता/एजेंट
Clearing house	समाशोधन गृह
Clearly unjust	स्पष्टतः अन्यायपूर्ण
Clearly worded proposal	स्पष्ट शब्दों में कहा गया प्रस्ताव
Clear notice of a week	पूरे एक सप्ताह का नोटिस
Clear thinker	स्पष्ट विचारक
Clear vacancy	स्पष्ट रिक्त स्थान/रिक्ति
Clerical error	लिखाई की भूल/गलती/त्रुटि
Clerical service	लिपिक सेवा
Clerical staff	लिपिक वर्ग
Clerk of court	न्यायालय का प्राधीक्षक
Close an account	खाता बन्द करना
Close and effective supervision	सूक्ष्म और कारगर पर्यवेक्षण
Close arrest	बन्दी गिरफ़्तारी
Close by	निकट ही
Close connections	निकट सम्बन्धी
Close cooperation	निकट/घनिष्ठ सहयोग

Closed account	बन्द लेखा
Closed holiday	बन्द अवकाश दिन
Close of evidence	साक्ष्य की समाप्ति
Close of investigation	अन्वेषण की समाप्ति
Close of year	वर्ष की समाप्ति
Closer supervision	निकटतर पर्यवेक्षण/निगरानी
Close watch	कड़ी निगरानी
Close watch is being kept on the case	मामले पर पूरी नज़र रखी जा रही है
Closing balance	अन्त शेष, रोकड़ बाकी
Closing date	अन्तिम तारीख
Closing of accounts	हिसाब बन्द करना
Closing speech	समापन भाषण
Closing stock	शेष माल
Closure motion	समापन प्रस्ताव
Coalition government	मिली-जुली सरकार, बहुदलीय सरकार
Code language	संकेत भाषा/कोड
Code of conduct	आचरण संहिता
Code of practice	व्यवहार संहिता
Code word	संकेत/कोड शब्द
Codification of rules	नियमों का संहिताकरण
Co-extensive with the duration of—	उसकी अवधि उतनी ही होगी जितनी कि—
Cognate expression	सजातीय पद/अभिव्यक्ति
Cognizable case	संज्ञेय मामला
Cognizable offence	संज्ञेय अपराध
Collaboration of, in	के सहयोग से
Collateral agreement	संपार्श्विक करार
Collateral credit	जमानती उधार
Collateral heir	कोलेटरल उत्तराधिकारी
Collateral security	संपार्श्विक प्रतिभूति
Collateral transaction	संपार्श्विक संव्यवहार
Collection charge	वसूली खर्च/प्रभार, संग्रह प्रभार
Collection of data	आंकड़ों का संग्रहण

Collection of dues	प्राप्य रकमों की वसूली
Collection of revenue	राजस्व का संग्रहण
Collective action	सामूहिक कार्रवाई
Collective farming	सामूहिक खेती
Collective fine	सामूहिक जुर्माना
Collectively responsible	सामूहिक रूप से उत्तरदायी
Collector of revenue	राजस्व कलक्टर
Colonies to be developed	बस्तियाँ जिनका विकास किया जाना है
Colour of office	पदाभास
Colour of process, under	उचित कार्रवाई के नाम पर
Colour of trust	न्यासाभास
Columns provided in the form	फ़ार्म में दिये गये कालम/खाने
Combination, acting in	मिलकर कार्य करते हुए
Combined finance and revenue accounts	सम्मिलित वित्त तथा राजस्व लेखे
Combined profits	सम्मिलित लाभ
Combined total	कुल योग
Come in the way of	के मार्ग में बाधक होना
Come into contact with	के सम्पर्क में आना
Come into effect	प्रभावी होना
Come into force	प्रवृत्त होना, लागू होना
Come into operation	चालू होना, प्रवृत्तन में आना
Come into position	स्थिति में आना
Come into possession	कब्जे में आना
Come to an end	समाप्त होना
Come to one's knowledge	पता लगाना
Command, being in	समादेशन करते हुए
Commanded area	1. प्रभावित क्षेत्र 2. नहरी क्षेत्र
Command greatest measure of intelligibility	अधिक से अधिक मात्रा में समझने योग्य हो
Command respect	सम्मान का अधिकारी होना
Commands and injunctions	समादेश और व्यादेश
Commencement of act	अधिनियम का प्रारम्भ

Commencement of service	सेवा का आरम्भ
Commencement of session	सत्रारम्भ, सत्र का आरम्भ
Commendable work	सराहनीय कार्य
Commended for doing good work	अच्छे कार्य के सम्पादन के लिए उनकी सराहना की गई
Commensurate with labour	मेहनत/परिश्रम के अनुरूप
Commercial crops	वाणिज्यिक फसलें
Commercial dealings	वाणिज्यिक व्यवहार
Commercial documents	वाणिज्यिक दस्तावेज़
Commercial intelligence	वाणिज्यिक आसूचना
Commercial transaction	वाणिज्यिक लेनदेन
Commercial undertaking	वाणिज्यिक उपक्रम
Commissioned officer	कमीशन प्राप्त अधिकारी
Commission for examination	परीक्षा/जांच के लिए कमीशन
Commission of an act	कार्य का किया जाना
Commission of an offence	अपराध करना
Commission of inquiry	जाँच आयोग/कमीशन
Commission of murder	हत्या करना
Commission of the act charged as an offence	ऐसा कार्य जिसे अपराध समझा जाता है
Commit default	व्यतिक्रम करना
Commit for trial	विचारण के लिए सुपुर्द करना
Commit indiscretions	अविवेकपूर्ण कार्य करना
Committal proceedings	अर्पण की कार्रवाइयाँ
Committed to the court of sessions	सेशन सुपुर्द
Committee, advisory	सलाहकार समिति
Committee of inquiry	जाँच समिति
Committee of inspection	निरीक्षण समिति
Committee on public undertakings	लोक उपक्रम समिति
Committee on ways and means	उपाय और साधन समिति
Commit to jail	कारागार को सुपुर्द करना
Commit to prison	कारागार/जेल भेजना

Common, belonging to them in	जो उनकी साझे की हैं
Common carelessness	सामान्य असावधानी
Common fund	सामान्य निधि
Common, in	1. सामान्यतः 2. साझे की
Common intention	सामान्य इरादा
Common interest	1. सामान्य हित 2. समान अभिरुचि
Common irregularities	सामान्य अनियमितताएँ
Common object	समान उद्देश्य
Common regulation	समान विनियम
Common sense	व्यवहार बुद्धि
Common to all	1. सब में 2. सब के लिए
Common understanding	सामान्य मति
Common use	सामान्य प्रयोग
Communal riot	साम्प्रदायिक दंगा
Communicated by telegram	तार द्वारा सूचित
Communicate, displeasure	अप्रसन्नता की सूचना देना
Communicate the message immediately	सन्देश तुरन्त भेजें
Communicate to all	सबको सूचित कीजिए
Communicate with press	प्रेस से सम्पर्क करना
Communication of acceptance	प्रतिग्रहण की संरचना
Communication of proposal	प्रस्ताव की संसूचना
Communication received	प्राप्त सूचना
Communication referred to in the P.U.C. does not appear to have been received in this office	ऐसा प्रतीत होता है कि विचाराधीन पत्र में उल्लिखित पत्र इस कार्यालय में प्राप्त नहीं हुआ
Communication referred to public	जनसाधारण को संसूचित करना
Community centre	सामूदायिक केन्द्र

Community development project	सामुदायिक विकास परियोजना
Commutation of pension	पेंशन का संराशिकरण
Commutation of rights	अधिकारों का रूपान्तरण/परिवर्तन
Commuted leave	परिवर्तित/रूपान्तरित छुट्टी
Commuted value of pension	पेंशन का संराशिकृत मूल्य
Comparable employment	सदृश नियोजन
Comparative figures	तुलनात्मक आँकड़े
Comparative rate schedule	तुलनात्मक दर अनुसूची
Comparative statement	तुलनात्मक विवरण
Compared by	—ने मिलान किया/तुलना की
Compare with the corresponding forecast	इसी जैसे पूर्वानुमान से तुलना की जाए
Compassionate allowance	अनुकम्पा भत्ता
Compassionate gratuity	अनुकम्पा उपदान
Compelled to do	करने के लिए विवश/मजबूर
Compel to perform	करने के लिए विवश करना
Compendium of standing orders	स्थायी आदेशों का सार-संग्रह
Compensation for damage	नुकसान करने के लिए मुआवजा, क्षति-पूर्ति
Compensation for wrong	दोष का प्रतिकर
Compensation in money	धन के रूप में मुआवजा
Compensation to workman	कामगारों को मुआवजा
Compensatory allowance	मुआवजा भत्ता
Compensatory holiday	एवजी छुट्टी
Competent and reliable person	सक्षम और विश्वसनीय व्यक्ति
Competent authority	सक्षम प्राधिकारी
Competent authority may kindly decide	सक्षम प्राधिकारी कृपया निर्णय दें
Competent authority to try	विचारणा के लिए सक्षम प्राधिकारी
Competitive rates	प्रतियोगी दरें
Compilation of accounts	लेखाओं का संकलन
Compilation of data	सामग्री/आँकड़ों का संकलन

Complaint book	परिवाद/शिकायत पुस्तिका
Complaint has been lodged by—	—ने शिकायत की है
Complementary to each other	एक-दूसरे के पूरक
Complementary work	पूरक काम
Completed accounting period	संपूरित लेखा कालावधि
Complete decontrol	पूर्ण विनियंत्रण
Completed previous year	संपूरित पूर्व वर्ष
Completed year of service	सेवा का संपूरित वर्ष
Complete information	पूरी जानकारी
Complete loss	पूर्ण हानि
Completely unjustified, complaint	शिकायत, सर्वथा अनुचित
Complete satisfaction	पूर्ण तुष्टि
Completion certificate	समापन प्रमाणपत्र
Complex matters	जटिल मामले
Compliance judgement	निर्णय का अनुपालन
Compliance report	अनुशासन रिपोर्ट
Compliance with orders is still awaited	आदेश के अनुपालन की अभी प्रतीक्षा है
Complicated nature	जटिल प्रकृति
Complicated problem	जटिल समस्या
Complimentary copy	उपहार/मानार्थ प्रति
Complimentary remark	प्रशंसात्मक उक्ति/उल्लेख
Compliment, as a	सम्मान स्वरूप
Comply with	—का अनुपालन करना
Comply with the order	आदेश का पालन कीजिए
Comply with the requirements	जरूरतें पूरी की जाएं
Composed of	से मिलकर बना
Composite culture	सामासिक संस्कृति
Composition deed	समझौता पत्र
Composition for duty	शुल्क के लिए प्रशमन
Composition of offences	अपराधों का आपसी निबटारा

Compoundable offence	समझौते योग्य अपराध, शमनीय अपराध
Compound a case	मुकदमे में समझौता करना
Comprehensive questionnaire	व्यापक प्रश्नावली
Comprehensive report	विस्तृत विवरण
Comprised in	में समाविष्ट
Compromise petition	समझौते की अर्जी
Compromise resolution	समझौता प्रस्ताव/संकल्प
Comptroller and Auditor General	नियंत्रक महालेखा परीक्षक
Compulsory acquisition	अनिवार्य अर्जन
Compulsory deposit	अनिवार्य जमा/निक्षेप
Compulsory grant	अनिवार्य अनुदान
Compulsory labour	अनिवार्य श्रम
Compulsory notification of vacancies	रिक्तियों की अनिवार्य अधिसूचना
Compulsory retirement	अनिवार्य सेवानिवृत्ति
Computation of net profits	शुद्ध लाभों की संगणना
Computation of time	समय की संगणना
Concealment of fact	तथ्य को/का छिपाना
Concentration of industries	उद्योगों का संकेन्द्रण
Concerned section	संबंधित अनुभाग
Concessional period	रियायत की अवधि
Concessional rate	रियायती दर
Concessional ticket	रियायती टिकट
Conciliation board	सुलह मंडल/बोर्ड
Conciliation proceeding	सुलह कार्यवाही
Concise form	संक्षिप्त रूप
Concise particulars	संक्षिप्त विशिष्टियाँ
Conclusions of the conference	सम्मेलन के निष्कर्ष
Conclusive and final	निश्चयात्मक और अन्तिम
Conclusive evidence	निर्णायक साक्ष्य
Conclusive proof	निर्णायक सबूत
Concrete example	ठोस उदाहरण

Concrete proposal | ठोस प्रस्ताव
Concurrence of a majority | बहुमत
Concurrence has been obtained | सहमति प्राप्त कर ली गई है
Concurrence for the creation of the following posts is required | निम्नलिखित पदों के सर्जन करने की सहमति अपेक्षित है
Concurrence for the extension of the following posts | निम्नलिखित पदों की अवधि बढ़ाने की सहमति
Concurrence of the Finance Branch is necessary | वित्त-शाखा की सहमति आवश्यक है
Concurrence of the—has been obtained | —की सहमति प्राप्त कर ली है
Concurrent finding | एक ही निष्कर्ष
Concurrent jurisdiction | समवर्ती क्षेत्राधिकार
Concurrent list | समवर्ती सूची
Concurrent subjects | समवर्ती विषय
Concurring vote | सहमति वोट
Condemned criminal | सिद्धदोष अपराधी
Condemned goods | अनुपयोगी घोषित मार्ग
Condition and contract of sale | विक्रय की शर्त और संविदा
Conditional acceptance | सशर्त स्वीकृति
Conditional attachment | सशर्त कुर्की
Conditional order | सशर्त आदेश
Conditional sale | सशर्त बिक्री
Condition for approval | अनुमोदन की शर्त
Condition governing | शासित करने वाली शर्त
Condition in life, his | उसकी सांसारिक स्थिति
Condition of eligibility | पात्रता की शर्त
Condition of enrolment | भर्ती की शर्त
Condition of previous publication | पूर्व प्रकाशन की शर्त
Condition of re-entry | पुनः प्रवेश करने की शर्त
Condition of the bond | बन्धन-पत्र की शर्त

Condition or limitation is void	शर्त या मर्यादा शून्य है
Condition precedent	पहले की जाने वाली शर्त
Condition prevailing	वर्तमान परिस्थिति
Condition restraining	अवरुद्ध करने वाली शर्त
Conditions expressed	अभिव्यक्त शर्तें
Conditions implied	ध्वनित शर्तें
Conditions imposed	अधिरोपित शर्तें
Condition subsequent	बाद में की जाने वाली/उत्तर भाग्य शर्तें
Condolence message	शोक संदेश
Condone the delay	विलम्ब के लिए माफ़ी देना
Conduct and behaviour	आचरण तथा व्यवहार
Conduct an enquiry	जाँच करना
Conduct is questionable	आचरण आपतिजनक है
Conduct meeting	बैठकों का संचालन करना
Conduct of business	कार्य-संचालन, कामकाज चलाना
Conduct of elections	निर्वाचनों का संचालन
Conduct of public business	सार्वजनिक कारोबार का संचालन
Conduct rules	आचरण नियम
Conducts himself with dignity	मर्यादापूर्ण आचरण है
Confer power	शक्ति प्रदान करना
Conferred by	द्वारा प्रदत्त
Conferred by charter	चार्टर द्वारा प्रदत्त
Conferring the power	शक्ति प्रदत्त करने वाला
Confer with	से विचार-विमर्श करना
Confidence of the people	जनता का विश्वास
Confidential capacity	गोपनीय हैसियत
Confidential character roll	गोपनीय चरित्र पुस्तिका
Confidential communication	गोपनीय संदेश/संसूचना
Confidential document	गोपनीय प्रलेख/दस्तावेज
Confidential file	गोपनीय फ़ाइल
Confidential report	गोपनीय रिपोर्ट/विवरण
Confined to discussion	चर्चा तक सीमित
Confined to office	कार्यालय तक सीमित
Confirmation in the grade	—श्रेणी में पुष्टि

Confirmation letter	पुष्टि-पत्र
Confirmation of a govt. servant	सरकारी कर्मचारी का स्थायीकरण
Confirmed report	पक्की रिपोर्ट/सूचना, पुष्ट सूचना
Confirm the transfer	अन्तरण की पुष्टि करना
Confiscated amount	जब्त की गई राशि
Conflicting report	परस्पर विरोधी सूचनाएँ
Conflict of interests	हित-संघर्ष, स्वार्थ-संघर्ष
Conformity with, in	के अनुरूप
Conform to standard specifications	मानक विशिष्टियों के अनुरूप होना
Confused in dealing with complex matters	जटिल मामलों में किंकर्त्तव्यविमूढ़
Congested area	घनी बस्ती
Connected papers	सम्बद्ध कागज
Connected with	से सम्बद्ध, से सम्बन्धित
Connecting reference	सम्बन्धित हवाला/सन्दर्भ
Connection with, in	—के सम्बन्ध में
Connect previous papers	पिछले कागज नत्थी करें
Connect relevant papers	सम्बन्धित कागज नत्थी करें
Conscience, good	शुद्ध अन्तकरण
Conscientious officer	अन्तःपरायण अधिकारी
Consecutive days	लगातार दिन
Consecutive meeting	लगातार बैठक
Consecutive sentence	लगातार दण्डादेश
Consecutive serial numbers	अनुक्रमांक
Consecutive terms	लगातार अवधियाँ
Consensus ad idem	एक ही बात पर एक ही अर्थ में मतैक्य
Consent in writing	लिखित सम्मति
Consent of parties	पक्षकारों की सम्मति
Consequence of, in	के परिणामस्वरूप
Consequence of non-attendance	ग़ैरहाजिर रहने के परिणामस्वरूप
Consequence of the failure	असफलता के फलस्वरूप

Consequent change	परिणामी परिवर्तन
Consequent events	अनुवर्ती घटनाएँ
Consequently it has been decided that	अतः यह निश्चय किया गया है कि—
Consequent to	के फलस्वरूप, परिणामस्वरूप
Considerable assistance	यथेष्ट सहायक होना
Considerable economy	यथेष्ट मितव्ययिता
Considerable experience	पर्याप्त अनुभव
Considerable magnitude	पर्याप्त बड़े पैमाने पर
Considerable scope for improvement	सुधार के लिए पर्याप्त गुँजाइश
Considerable time	पर्याप्त समय
Considerably delayed cases	केसों के निपटाव में काफ़ी विलम्ब
Consideration, for	प्रतिफल के लिए, विचार के लिए
Consideration for guarantee	प्रत्याभूति के लिए विचारार्थ
Consideration of services	सेवाओं का प्रतिफल
Consideration, paramount	सर्वोपरि ध्यान
Consideration, transferee for	सप्रतिफल अन्तरिती
Consideration, valuable	मूल्यवान विचार/प्रतिफल
Considered opinion	सुविचारित राय/मत
Consider it again	इस पर पुनर्विचार करें
Consider it properly	समुचित रूप से विचार करें
Consider the finding	निष्कर्ष पर विचार करें
Consignee's address	पानेवाले का पता
Consignment note	परेषण नोट/पत्र
Consign to records	अभिलेखागार में रखिए
Consistent view	स्थिर विचार, अविचल विचार
Consistent with the provisions	उपबन्धों से संगत/के अनुकूल
Consist of	के रूप में होना, से गठित होना, से मिलकर बनना
Consolidated annual accounts	समेकित वार्षिक लेखे
Consolidated fund	संचित/समेकित निधि
Consolidated report	समेकित रिपोर्ट/विवरण

Consolidated report may be furnished	समेकित रिपोर्ट प्रस्तुत करें
Consolidated revenue	समेकित राजस्व
Consolidated statement	समेकित विवरण
Consolidation of holdings	चकबन्दी
Conspicuously notified	सुस्पष्टतः अधिसूचित
Conspicuous place	सहजदृश्य स्थान
Constant study	बराबर अध्ययन, सतत अध्ययन
Constituent of a group	समुदाय का घटक
Constituent part	संघटक भाग
Constituted a quorum	कोरम पूरा होना
Constituted by law	विधितः गठित
Constituted by or under	के द्वारा या अधीन गठित
Constitutional crisis	सांविधानिक संकट
Constitutional dead-lock	सांविधानिक गतिरोध
Constitutional provision	सांविधानिक उपबन्ध
Constitutional reason	सांविधानिक कारण
Constitutional rights	सांविधानिक अधिकार
Constitutional system	सांविधानिक प्रणाली
Constitution of a committee	समिति का गठन
Constitution of an authority	प्राधिकरण का गठन
Construction of buildings	भवन-निर्माण
Construction of documents	दस्तावेज का अर्थान्वयन
Construction of structure	संरचना का निर्माण
Construction of will	विल का अर्थ लगाना
Construction sub-division	निर्माण उपसंभाग
Construction work	निर्माण कार्य
Constructive approach	रचनात्मक दृष्टिकोण
Constructive criticism	रचनात्मक आलोचना
Constructive possession	आन्वयिक कब्जा
Constructive programme	रचनात्मक कार्यक्रम
Constructive view, take a	रचनात्मक दृष्टि से विचार करना
Construed accordingly	तदनुकूल अर्थ लगाया जाना
Consultation is necessary	परामर्श आवश्यक है

Consultation with—is necessary	—से परामर्श करना आवश्यक है
Consultation with, after	से परामर्श के पश्चात्/करके
Consultation with, in	से परामर्श, के परामर्श से
Consultation room	परामर्श कक्ष
Consumer price index	उपभोक्ता मूल्य सूचकांक
Consumer's interest	उपभोक्ता का हित
Consumption has increased	खपत बढ़ गयी है
Contact the informer	सूचना देने वाले से संपर्क कीजिए
Contain in	में अन्तर्विष्ट
Contemplated action	अनुध्यान/सोची गयी कार्रवाई
Contemplation of	को ध्यान में रखकर
Contemplation of death, in	मृत्यु को आसन्न मानकर
Contemporaneous agreement	समकालीन करार
Contempt of court	न्यायालय की मानहानि/आवमान
Contention is not correct	तर्क ठीक नहीं है
Contention is untenable	तर्क में बल नहीं है
Contents of Book	पुस्तक की विषय-सूची
Contents of document	दस्तावेज की विषय वस्तु
Contents of memorandum	ज्ञापन की विषय वस्तु
Contents of proclamation	उद्घोषणा की विषय वस्तु
Contents received and entered on page No.—	भेजी हुई वस्तुएँ मिलीं और पृष्ठ क्रमांक—पर दर्ज की गई
Contesting candidate	चुनाव लड़ने वाला उम्मीदवार
Contesting the petition	अर्जी का विरोध करना
Contingency fund	आकस्मिकता निधि
Contingency may arise	आकस्मिक स्थिति पैदा हो सकती है
Contingent and prospective liabilities	समाश्रित तथा भावी दायित्व
Contingent beneficial interest	समाश्रित फ़ायदाप्रद हित
Contingent bill	आकस्मिक बिल
Contingent charges	आकस्मिक/प्रासंगिक प्रभार
Contingent expenditure	प्रासंगिक व्यय, फुटकर खर्च
Contingent nature	आकस्मिक प्रकार

Contingent on	पर निर्भर, समाश्रित
Contingent on impossible events	असंभव घटनाओं पर समाश्रित
Contingent register	फुटकर खर्च रजिस्टर
Contingent use	संभाव्य उपयोग
Continuance in force	प्रभावी रहना, जारी रहना
Continuance of attachment	कुर्की का चालू रहना
Continuance of contract	संविदा का चालू रहना
Continuance of meeting	बैठक/अधिवेशन का चालू रहना
Continuance of office	पद का चालू रहना
Continuance of right	अधिकार बना रहना
Continuation sheet	अनुवर्ती कागज/शीट
Continued concentration	निरन्तर एकाग्रता
Continued from	से आगे
Continued on page—	शेष पृष्ठ—पर
Continued to do good work	निरन्तर अच्छा कार्य करते रहे
Continue in force	प्रवृत्त बना रहना
Continue in office	पद पर बने रहना
Continue in possession	कब्जा बने रहना
Continue in service	सेवा में बने रहना
Continues to be in force	चालू रहना, प्रवृत्त रहना
Continues to be approved	अनुमोदन कायम है
Continues to be recognized	मान्यता कायम है
Continue to fail	असफल बना रहना
Continue to function	कार्य करते रहना
Continuing breach	चालू रहने वाला भंग
Continuing default	व्यतिक्रम चालू रहना
Continuing failure	असफलता चालू रहना
Continuing guarantee	अविरत गारंटी/प्रत्याभूति
Continuing offence	चालू रहने वाला अपराध
Continuous duty	सतत कर्त्तव्य
Continuous line of communication	संचार की लगातार लाइन
Continuous practice	लगातार व्यवसाय

Continuous service	लगातार/निरन्तर सेवा
Contra adjustment accounts	प्रति समायोजन लेखे
Contra balances	दुतरफ़ा शेष
Contraband goods	विनिषिद्ध माल
Contraband trade	विनिषिद्ध व्यापार
Contract be reformed	संविदा में सुधार किया जाए
Contract contingencies	नियत आकस्मिक व्यय
Contract for sale	विक्रय की संविदा
Contract in good faith	सद्भाव पूर्वक संविदा/ठेका
Contract may be terminated	ठेका समाप्त कर दिया जाए
Contract period	ठेके/संविदा की अवधि
Contract rate	संविदा दर
Contract supply system	संविदा पूर्ति पद्धति, ठेके पर पूर्ति की पद्धति
Contradictory statement	परस्पर विरोधी कथन
Contrary to law	विधि के प्रतिकूल, विधि विरुद्ध
Contravenes the provision of	—के उपबन्धों का उल्लंघन करता है
Contravention of rules	नियमों का उल्लंघन
Contribute largely	पर्याप्त योगदान देना
Contribution for leave and pension	छुट्टी और पेंशन के लिए अंशदान
Contributory provident fund	अंशदायी भविष्यनिधि, अभिदायी भ० नि०
Controlled area	नियंत्रित क्षेत्र
Controlled business	नियंत्रित कारबार
Controlled economy	नियंत्रित अर्थव्यवस्था
Controlled industry	नियंत्रित उद्योग
Controlled price	नियंत्रित कीमत
Controlling authority	नियंत्रक प्राधिकारी
Control of goods	माल पर नियंत्रण
Control of power	नियंत्रक शक्ति
Control over expenditure	खर्च पर नियंत्रण
Control room	नियंत्रण कक्ष
Controversial matter	विवादास्पद मामला

Controversy as to right	अधिकार के सम्बन्ध में विवाद
Controversy, matter in	विवादग्रस्त विषय
Convene a meeting	बैठक बुलाना
Convenient despatch	सुविधानुसार शीघ्रता
Convenient head	सुविधाजनक शीर्ष
Convenient place	सुविधाजनक स्थान
Convenient speed	सुविधाजनक शीघ्रता/स्पीड
Convenor of conference	सम्मेलन का संयोजक
Conventional law	परम्परागत विधि
Conventional method	रूढ़िगत तरीका
Conventional rights	परम्परागत अधिकार
Conversant with	—से परिचित
Conversion of temporary posts into permanent ones	अस्थायी पदों का स्थायी पदों में बदलना
Conversion table	रूपान्तरण सारणी, परिवर्तन तालिका
Conveyance allowance	सवारी/वाहन भत्ता
Convey your financial concurrence approval	अपनी वित्तीय सहमति/अनुमोदन की सूचना दें
Convocation address	दीक्षान्त भाषण
Cool and collected	प्रशांत और स्थिर
Cool and dependable	प्रशांत व निर्भर योग्य
Cool temper	प्रशांत स्वभाव
Cooperation movement	सहकारिता आंदोलन
Cooperative approach	सहकारी दृष्टि
Cooperative efforts	सहकारिता के प्रयास
Cooperative farming	सहकारी खेती
Cooperative land mortgage bank	सहकारी भूबंधक बैंक
Cooperative organisation	सहकारी संगठन
Cooperative society	सहकारी समिति
Coopted member	सहयोजित सदस्य
Coordinated programme	समन्वित कार्यक्रम
Coordinated view	समन्वित दृष्टिकोण
Coordinating authority	समन्वय प्राधिकारी

Coordination committee	समन्वय समिति
Copartnership deed	सहभागीदार विलेख/डीड
Cope with the work	काम करने में समर्थ होना
Copied by	—ने प्रति तैयार की
Copy applied for—	—माँगी गई प्रति
Copy corrected	शुद्ध प्रति, सही प्रतिलिपि
Copy enclosed for ready reference	तत्काल हवाले/संदर्भ के लिए प्रति संलग्न है
Copy forwarded to—	—को प्रति प्रेषित/अग्रेषित/भेजी जाती है
Copy forwarded (to—) for information	सूचना के लिए प्रतिलिपि प्रेषित है।
Copy forwarded for necessary action	आवश्यक कारंवाई के लिए प्रतिलिपि प्रेषित है
Copy issued on—	तारीख—को प्रति दी/भेजी गई
Copy of the booklet is enclosed for necessary action	पुस्तिका की एक प्रति आवश्यक कारंवाई के लिए संलग्न है।
Copy of the document	दस्तावेज की प्रति
Copy of the letter referred to above is sent herewith	उल्लिखित पत्र की प्रति इसके साथ भेजी जा रही है
Copy of the minutes is enclosed for your information	कार्यवृत्त की एक प्रति आपकी सूचना के लिए संलग्न है
Copy ready on—	तारीख—को प्रति तैयार की गई
Copyright shall subsist	प्रतिलिप्यधिकार अस्तित्व में रहेगा
Copy together with 5 spares is forwarded to	पाँच अतिरिक्त प्रतियों सहित प्रति—को प्रेषित है।
Copy, true	शुद्ध/सही-प्रति
Copy with a spare copy forwarded to	अतिरिक्त प्रति के साथ प्रतिलिपि प्रेषित
Cordial relations	मैत्रीपूर्ण सम्बन्ध
Cordial welcome	हार्दिक स्वागत
Core programme	मूल कार्यक्रम
Corporate authority	निगमित प्राधिकारी

Corporate body with perpetual succession	शाश्वत उत्तराधिकार प्राप्त निगमित निकाय
Corporate life	संगठित/सामूहिक जीवन, सामुदायिक जीवन
Corporation tax	निगम कर
Corps of volunteers	स्वयंसेवक दल
Corpus delicili	अपराध सार
Corpus possessionis	कब्जाधीन वस्तु
Correct advice	ठीक परामर्श
Correct and complete	ठीक और पूर्ण
Correct copy	ठीक प्रति
Correct demarcation	ठीक सीमांकन
Correct edition	संशोधित संस्करण
Corrected to date	आज तक संशोधित
Correct figures	सही आँकड़े
Correct interpretation	ठीक निर्वचन, सही व्याख्या
Correctional services	सुधारात्मक सेवाएँ
Correction of errors	भूल सुधार
Correction slip	शुद्धि पत्र
Correctly maintain	सही-सही रखना
Correspondence referred to above	उल्लिखित पत्राचार/पत्र व्यवहार
Correspondence resting with your memo. No.—	आपके ज्ञापन क्रम—पर रुका हुआ पत्र व्यवहार
Correspondence section	पत्र व्यवहार अनुभाग
Corresponding amount	तत्समान रक़म
Corresponding appointment	तत्समान नियुक्ति
Corresponding entry	तत्संबंधी प्रविष्टि
Corresponding functionary	तत्सम कृत्यकारी/कर्मचारी
Corresponding institution	तत्समान संस्था
Corresponding jurisdiction	समरूपी अधिकारिता
Corresponding law	तदनुरूप विधि
Corresponding official	तत्समान पदाधिकारी
Corresponding provision	तत्सम उपबंध

Corresponding rank	तत्समान रैंक
Corresponding status	तत्सम प्रास्थिति
Correspond with	1. के सदृश होना, के अनुरूप होना 2. से पत्राचार/पत्र व्यवहार करना
Corrigendum may be put up	शुद्धिपत्र प्रस्तुत किया जाए
Corroborative evidence	समर्थक साक्ष्य
Corrupt illegal means	भ्रष्ट अवैध साधन
Corrupt means	भ्रष्ट साधन
Corrupt practice	भ्रष्ट आचरण; भ्रष्टाचार
Cost accounts	लागत लेखा
Cost, at the	के खर्च पर
Cost investigation	लागत अन्वेषण
Cost of acquisition	अर्जन की लागत
Cost of administering	प्रशासन खर्च
Cost of living index number	जीवन निर्वाह व्यय सूचकांक
Cost of maintenance	अनुरक्षण व्यय
Cost of production	उत्पादन व्यय/लागत
Cost of project	परियोजना का खर्च
Cost of realization	वसूली खर्च
Cost of relief	सहायता का खर्च
Cost price	लागत मूल्य
Costs, at his own	स्वयं अपने खर्चे पर
Cottage industry	कुटीर उद्योग
Council of advisors	सलाहकार परिषद्
Council of ministers	मंत्रि परिषद्
Counter balance	प्रतिसंतुलन
Counter charge	प्रत्यारोप
Counter claim	प्रतिदावा
Counterfeit coin/stamp	जाली सिक्का/स्टाम्प
Counterfoil	प्रतिपर्ण
Counterpart	प्रतिरूप
Counterpart of a lease	पट्टे का प्रतिलेख
Counter signature	1. प्रतिहस्ताक्षर 2. प्रमाणीकरण के हस्ताक्षर

Countersigned contingency bill	प्रतिहस्ताक्षरित आकस्मिक बिल
Counter statement	प्रतिकथन
Countervailing duty	प्रतिकारी शुल्क
Countervailing force	प्रतिरोधी शक्ति
Counting agent	गणन अभिकर्त्ता/एजेंट
Counting of votes	मत गणना
Coup d'état	बलात् राज्य परिवर्तन
Coupon book	कूपन पुस्तिका
Course, common	सामान्य अनुक्रम
Course of action	कार्रवाई का तरीका
Course of a trial, in the	विचारण के अनुक्रम में
Course of business	कारबार का अनुक्रम
Course of dealing	व्यवहारचर्या
Course of employment	नियोजन का अनुक्रम
Course of exchange	विनिमय का अनुक्रम
Course of instruction	प्रशिक्षण का अनुक्रम
Course of, in the	की चर्या में, के अनुक्रम में
Course of justice	न्याय का क्रम
Course of practical training	व्यावहारिक प्रशिक्षण क्रम
Course of study	पाठ्यक्रम
Course of transit	अभिवहन का अनुक्रम
Court certificate	न्यायालय प्रमाणपत्र
Courteous in manner	व्यवहार में भद्र, सौजन्यपूर्ण
Courtesy and etiquette	सौजन्य और शिष्टाचार
Court immediately below	ठीक नीचे का न्यायालय
Court immediately superior	ठीक वरिष्ठ न्यायालय
Court of appeal	अपीली न्यायालय
Court of competent jurisdiction	सक्षम अधिकारितायुक्त न्यायालय
Court of confirmation	पुष्टीकरण का न्यायालय
Court of equal jurisdiction	समान अधिकारिता वाला न्यायालय
Court of inquiry	जाँच न्यायालय
Court of investigation	अन्वेषण न्यायालय
Court of justice	न्यायालय

Court of law	न्यायालय
Court of reference	निर्देश न्यायालय
Court of revision	पुनरीक्षण न्यायालय
Court of sessions	सेशन न्यायालय
Court of small causes	लघुवाद न्यायालय
Court of the lowest grade	सबसे नीची श्रेणी का न्यायालय
Court of wards	प्रतिपाल्य अधिकरण, कोर्ट आफ़ वार्ड्स
Court, open	खुला न्यायालय
Court, revenue	राजस्व न्यायालय
Court ruling	न्यायालय का विनिर्णय
Court subordinate	अधीनस्थ न्यायालय
Court, superior	वरिष्ठ न्यायालय
Court, Supreme	उच्चतम न्यायालय
Covering letter/note	प्रावरण पत्र, कवर नोट
Covernote sealed	सील किया हुआ कवर नोट
Creation of posts	पदों का सर्जन
Credentials committee	प्रत्ययपत्र समिति
Credible information	विश्वसनीय सूचना
Credibility of news	समाचार की विश्वसनीयता
Credit advice	जमा सूचना
Credit agency	प्रत्यय अभिकरण
Credit and thrift society	उधार और बचत समिति
Credit balance	बाकी जमा
Credit certificate	साख प्रमाणपत्र
Credited as paid	समादत्त मानी जाकर जमा कर ली गई
Credited into	—में जमा कर दी
Credited to treasury	सरकारी खजाने में जमा की
Credit facilities	ऋण सुविधाएँ
Credit goes to Shri——	इसका श्रेय श्री——को है
Credit, letter of	प्रत्यय पत्र
Credit note	जमा/साख पत्र
Credit of the person	व्यक्ति की विश्वसनीयता
Credit, on	उधार पर

Credit sale	उधार बिक्री
Credit scroll, daily	दैनिक जमा सूची
Credit slip	जमा पर्ची
Credit society	उधार समिति
Credit system	उधार पद्धति
Crime statistics	अपराध संबंधी आँकड़े
Criminal appeal	दाण्डिक अपील
Criminal breach of trust	1. आपराधिक न्यास भंग 2. आपराधिक विश्वास भंग
Criminal case	1. आपराधिक मामला 2. फौजदारी मुकदमा
Criminal charge	आपराधिक आरोप
Criminal conspiracy	आपराधिक षड्यन्त्र
Criminal contempt	आपराधिक अवमान
Criminal court	दण्ड न्यायालय, फौजदारी अदालत
Criminal force	आपराधिक बल
Criminal inquiry	आपराधिक जाँच
Criminal intent	आपराधिक आशय
Criminal intimidation	आपराधिक अभित्रास
Criminal jurisdiction	दण्ड क्षेत्राधिकार
Criminal knowledge	आपराधिक ज्ञान
Criminal law	दण्ड विधि
Criminal liability	आपराधिक दायित्व
Criminal matter	आपराधिक मामला
Criminal misappropriation	आपराधिक दुर्विनियोग
Criminal offence	दाण्डिक अपराध
Criminal procedure code	दंड प्रक्रिया संहिता
Criminal proceedings	फ़ौजदारी कार्यवाही
Criminal process	आपराधिक आदेशिका
Criteria for admission	प्रवेश पाने की कसौटी
Critical faculty	आलोचनात्मक शक्ति
Critical situation	नाज़ुक परिस्थिति
Crop forecast	फसल पूर्वानुमान
Crossbar fetter	आड़ी डंडा-बेड़ी

Cross checking	दुतरफ़ा पड़ताल, प्रतिपरीक्षण
Cross cheque	क्रास/रेखित चेक
Cross claim	प्रति दावा
Cross decree	प्रति डिग्री
Cross examination	प्रति परीक्षण
Cross examination of the witness	गवाह से जिरह, साक्षी का प्रति परीक्षण
Crossing of efficiency bar	दक्षतारोध पार करना
Cross objection	प्रत्याक्षेप
Cross reference	प्रति निर्देश/संदर्भ
Cross road, at	चौराहे पर
Crowd was dispersed	भीड़ तितर-बितर कर दी गयी
Crucial meeting	निर्णायक/महत्त्वपूर्ण बैठक
Crucial negotiations	निर्णायक वार्ता
Crushing defeat	करारी हार
Crystal clear	बिल्कुल स्पष्ट
Cultivate greater control, should	अधिक नियंत्रण रखना सीखें
Culturable area	कृषि योग्य क्षेत्र
Cultural background	सांस्कृतिक पृष्ठभूमि/स्तर
Cultural committee	सांस्कृतिक समिति
Cultural delegation	सांस्कृतिक शिष्ट मंडल
Cultural institution	सांस्कृतिक संस्था
Cultural programme	सांस्कृतिक कार्यक्रम
Cultural relations	सांस्कृतिक संबंध
Cumbersome task	दुष्कर कार्य
Cumulative benefit	संचयी लाभ
Cumulative effect	संचयात्मक प्रभाव
Cumulative punishment	आकलित दंड
Currency officer	मुद्रा अधिकारी
Currency of sanction	मंजूरी की अवधि
Currency of the post expires on	पद की अवधि—को समाप्त होती है
Current account	चालू खाता

Current business	चालू कारबार
Current day	साधारण दिन
Current duties	वर्त्तमान ड्यूटी/कर्त्तव्य-भार
Current event	सामयिक घटना
Current expenses	चालू खर्च/व्यय
Current income	चालू आय
Current liability	—चालू दायित्व
Current market rate	वर्त्तमान बाजार दर
Current month	चालू मास
Current price	वर्त्तमान कीमत
Current session	चालू सत्र
Current topic	सामयिक विषय
Current use	चालू उपभोग
Current year	चालू वर्ष
Cursory glance	सरसरी नजर
Curtail expenses	व्यय कम करना
Custodis legis	विधि अभिरक्षा
Custodian of property	संपत्ति अभिरक्षक
Custody of court	न्यायालय की अभिरक्षा
Custody of property	संपत्ति की अभिरक्षा
Custody of records	अभिलेखों की अभिरक्षा
Custody of the law	विधि की अभिरक्षा
Custody of the minor	अप्राप्तवय की अभिरक्षा
Customary bonus	रूढ़िगत बोनस
Customary concession	रूढ़िगत रियायत
Customary law	रूढ़िमन्य विधि
Customary manner	रूढ़िगत प्रकार
Customary mode	रूढ़िगत ढंग
Custom having the force of law	विधि का बल रखने वाली रूढ़ि
Custom of service	सेवा-रूढ़ि
Cut already imposed on entertainment and hospitality fund should be scrupulously enforced	मनोरंजन और अतिथि सत्कार पंर पहले स की गई कटौती कड़ाई से लागू की जानी चाहिए

D

Daily allowance	दैनिक भत्ता
Daily average number	दैनिक औसत संख्या
Daily average of cases disposed off	निपटाये गये मामलों का दैनिक औसत
Daily bulletin	दैनिक बुलेटिन
Daily diary	दैनिक डायरी
Daily fine	दैनिक जुर्माना
Daily journal	रोजनामचा
Daily paid labour	रोजन्दार, दिहाड़ी पर
Daily rate	दैनिक दर
Daily rated worker	दैनिक मजदूरी करने वाला कर्मकार
Daily register	दैनिक पंजी/रजिस्टर
Daily routine	दैनिक कार्य
Daily wages	दैनिक मजदूरी, दिहाड़ी
Dairy development	दुग्ध विकास
Dairy farming	दुग्ध उद्योग, डेरी उद्योग
Dairy products	डेरी उत्पाद
Dak book	डाक बुक
Damage and deficiency (D.D.)	क्षति एवं कमी संबंधी संदेश
Damage claim	क्षतिपूर्ति दावा
Damaged and unserviceable stores	टूटा-फूटा और अनुपयोगी सामान
Damaged unavoidably occasioned	अपरिवर्तनीय रूप से हुआ नुकसान
Damages, consequential	पारिणामिक नुकसानी
Damages for breach of contract	संविदा भंग के लिए नुकसानी
Damages for non-delivery	अपरिदान के लिए नुकसानी
Damages, nominal	नाममात्र नुकसानी
Damages, pecuniary	धनीय नुकसानी
Damages, special	विशेष नुकसानी

Damage, token	नाममात्र की नुकसानी
Danger, immediate	आसन्न संकट
Danger of being wasted	दुर्व्ययन किए जाने का खतरा
Dangerous epidemic disease	भयंकर संक्रामक रोग
Dangerous goods	ख़तरनाक माल
Dangerously inflammable substance	ख़तरनाक रूप से ज्वलनशील
Dangerous situation	ख़तरनाक स्थिति
Dangerous substance	ख़तरनाक पदार्थ
Danger signal	ख़तरे का संकेत
Danger zone	ख़तरे का इलाका, संकट क्षेत्र
Data analysis	आधार सामग्री विश्लेषण
Data compilation	आधार सामग्री संकलन
Data processing	आँकड़े प्राक्रमण
Dated signature	दिनांकित हस्ताक्षर, तारीख सहित हस्ताक्षर
Date line	निश्चित तारीख, निश्चित अवधि
Date, next following	ठीक बाद की तारीख
Date of application	आवेदन की तारीख
Date of arrival	आगमन/पहुँच की तारीख, आने की तारीख
Date of closing	बंद किये जाने की तारीख
Date of communication of notice	सूचना देने की तारीख
Date of execution	निष्पादन की तारीख
Date of issue	जारी करने की तारीख, निर्गम दिनांक
Date of occurrence	घटना की तारीख
Date of presentation	उपस्थापित किए जाने की तारीख
Date of publication of notice	सूचना के प्रकाशन की तारीख
Date of return	वापसी की तारीख
Date of the pass may be extended	पास की तारीख बढ़ा दी जाए
Date stamp	तारीख की मोहर
Date, to	अब तक का

Day by day	दिन-प्रति-दिन
Day duty	दिन की ड्यूटी
Day following	अगला/बाद का दिन
Day shift	दिन की पारी
Days of grace	रियायती दिन, अनुग्रह दिवस
Day-to-day administration	दैनिक प्रशासन
Day-to-day administrative work	नित्य का प्रशासनिक कार्य
Day to-day expenditure	दिन प्रतिदिन का व्यय/खर्च
Day-to-day work	दिन प्रतिदिन का कार्य
Day, working	कार्य दिवस
Dead account	बंद खाता
Dead card	बेकार कार्ड
Dead letter office	पुनः प्रेषण केन्द्र
Dead loss	पूर्ण हानि
Deadly weapon	घातक आयुध
Dead rent	बंधा लगान
Dead slow	बिल्कुल धीरे
Dead stock	बिना बिका माल, पड़त माल
Dead weight	कुल भार
Dealer's licence	विक्रेता लाइसेंस
Deal in	व्यौहार/व्यवहार करना
Dealing assistant	संबंधित सहायक
Dealing between the parties	पक्षकारों के बीच व्यवहार
Dealing effectively	प्रभावी तौर पर कार्रवाई करना
Dealing in any manner	किसी भी रीति में व्यवहार करना
Dealing officer	संबंधित अधिकारी
Dealing, person	व्यवहार करने वाला व्यक्ति
Dealings have been good	व्यवहार अच्छा रहा
Dealing with, person having	जिसका——से व्यवहार है
Dealing with such applications	ऐसे आवेदनों का निपटाना
Dealing with the matters	विषयों की बाबत
Deal specifically	विनिर्दिष्टतः विवेचन करना
Dealt with according to law	विधि के अनुसार बरता जाना

Dealt with in the report	रिपोर्ट में चर्चित
Dealt with, shall be	बरता जाएगा, से बरता जाएगा
Dealt with the same	उसे काम में लाया है
Deal with	1. व्यवहार करना 2. बरतना, कार्रवाई करना 3. चर्चा करना, विचार करना 4. निपटाना
Deal with appeal	अपील पर कार्रवाई करना
Deal with emergencies	आपात्कालीन स्थितियों का सामना करना
Deal with, pleasant to	उसके साथ काम करने में प्रसन्नता है
Deal with property	संपत्ति के विषय में संव्यवहार करना
Deal with the same	उसे निपटाना
Dearness allowance	मंहगाई भत्ता
Death-cum-retirement gratuity	मृत्यु तथा निवृत्ति उपदान
Death rate	मृत्यु दर
Debarred from admission	प्रवेश से वर्जित
Debarred from bidding	बोली लगाने से वर्जित
Debarred of right	अधिकार से विवर्जित
Debitable to leave account	छुट्टी के हिसाब में लिखा जाने वाला
Debit against	नामे डालना
Debit balance	नामे बाकी
Debited to the head—	शीर्ष—के अन्तर्गत खर्च में डालना
Debited to the profit and loss a/c	लाभ और हानि में से विकलित
Debit side	नामे
Debt charges	ऋण संबंधी व्यय
Debt limit	ऋण सीमा
Debt outstanding	परादेय ऋण
Debt service	उधार सेवा
Debt settlement board	ऋण निपटारा मंडल
Deceased partner	मृत भागीदार
Deceased person	मृत व्यक्ति
Decentralisation of industries	उद्योगों का विकेन्द्रीकरण

Deception, in consequence of	प्रवंचना के परिणामस्वरूप
Deceptive practices	प्रवंचक व्यवहार
Decidedly the best	निश्चित रूप से सर्वोत्तम
Decided on high level	उच्च स्तर पर निर्णीत
Decide on merits	गुण-दोष के आधार पर निर्णय करना
Decision is awaited	निर्णय की प्रतीक्षा है
Decision, leading	अग्रनिर्णय
Decision, pending	निर्णय होने तक
Decisive role	निर्णायक भूमिका
Decisive victory	निर्णायक विजय
Declaration, dying	मृत्युकालीन कथन
Declaration form	घोषणा-पत्र
Declaration of acceptance of office	पद-ग्रहण की घोषणा
Declaration of any trust	किसी न्यास की घोषणा
Declaration of fidelity	विश्वस्तता की घोषणा
Declaration of forfeiture	समपहरण की घोषणा
Declaration of public policy	लोकनीति की घोषणा
Declaration of results	परिणाम/परीक्षाफल की घोषणा
Declaration of survey	सर्वेक्षण की घोषणा
Declaration of title	हक की घोषणा
Declare a witness hostile	साक्षी को प्रतिकूल घोषित करना
Declared goods	घोषित माल
Declared policy	घोषित नीति
Declared provision	घोषित उपबंध
Declare null and void	निरर्थक और प्रभावहीन घोषित करना
Declare on oath	सशपथ घोषित करना
Declare the confidence	विश्वास घोषित करना
Decorum, lack of	शालीनता का अभाव
Decreased amount	घटी हुई रक़म राशि
Decrease is due to	कमी — के कारण है
Decreasing cost	घटती लागत
Decree, absolute	आत्यतिक डिक्री
Decree, appellate	अपीली डिक्री

Decree for damages	नुकसानी की डिक्री
Decree for ejectment	बेदखली के लिए डिक्री
Decree for maintenance	भरण-पोषण की डिक्री
Decree for payment of money	धन के संदाय की डिक्री
Decree-holder	डिगरी प्राप्त लेनदार, डिक्रीदार, डिग्री का धारक
Decree in appeal	अपील में डिक्री
Decree nisi	अपेक्षात्मक डिक्री
Decree of the first court	प्रथम न्यायालय की डिक्री
Decree shall agree with the judgement	डिक्री निर्णय के अनुरूप होगी
Decree shall follow	के अनुसरण में डिक्री होगी
Decretal amount	डिगरी की रक़म
Deduction allowance	कटौती
Deduction at—per cent	—प्रतिशत की दर से कटौती
Deduction at source	स्रोत पर कटौती
Deduction from	से कटौती
Deduction from salaries	वेतन से कटौती
Deduct refunds	घटाएँ वापसियाँ
Deed of further charge	अतिरिक्त भार का विलेख
Deed of partnership	साझेदारी का विलेख
Deed of settlement	समझौता विलेख
Deemed, shall be	समझा जाएगा
Deemed special	समझा जाएगा कि वह विशेष स्वरूप का है
Deemed to accrue	प्राप्य समझा जाए
Deemed to be arise	के रूप में समझा जाए
Deemed to be continuing in force	प्रवृत्त समझी जाएगी/समझी गई
Deemed to have been dissolved/received	प्राप्त समझा जाएगा/विघटित समझी जाएगी
Deep impression	गहरी छाप
Deep study	गंभीर अध्ययन
De facto	वस्तुतः

De facto guardian	वास्तविक संरक्षक
Defalcation and losses	गबन और हानियाँ
Defamation case	मानहानि का मामला
Defamatory statement	मानहानि कारक कथन
Default, imprisonment in	व्यतिक्रम के बदले में कारावास
Default in payment	भुगतान में चूक
Default is remedied	व्यतिक्रम का उपचार कर दिया गया है
Default of, in	के अभाव में
Default was excusable	व्यतिक्रम माफ़ी योग्य था
Defeat the ends of justice	न्याय के उद्देश्य को विफल करना
Defeat the object of law	विधि का उद्देश्य विफल होना
Defeat the provision	उपबंधों को विफल करना
Defective budgeting	त्रुटिपूर्ण बजट व्यवस्था
Defective plan	दोषपूर्ण योजना
Defect, latent	अप्रकट खराबी
Defect of title	हक़ की त्रुटि
Defect or irregularity not to vitiate proceedings	दोष या अनियमितता कार्रवाई को दूषित न करें
Defence budget	रक्षा बजट
Defence fund	रक्षा निधि
Defence, right of private	प्राइवेट प्रतिरक्षा का अधिकार
Defendant's statement	प्रतिवादी का बयान
Deferred annuity	आस्थगित वार्षिकी
Deferred benefit	आस्थगित फायदा
Deferred dividend	आस्थगित लाभांश
Deferred expenditure	आस्थगित व्यय
Deferred payment	आस्थगित अदायगी/भुगतान
Defiance of law	विधि की अवज्ञा
Deficiency in stock	स्टाक में कमी
Deficiency of assets	आस्तियों में कमी
Deficiency of capital	पूंजी में कमी
Deficiency of values	मूल्य की कमी
Deficit area	कमी वाला क्षेत्र
Deficit budget	घाटे का बजट

Deficit economy	घाटे की अर्थव्यवस्था
Deficit financing	घाटे की वित्त-व्यवस्था
Deficit pockets	कमी वाले भाग
Define the scope	प्रविषय परिनिश्चित करना
Definite basis	निश्चित आधार
Definite change	निश्चित परिवर्तन
Definite period	निश्चित अवधि
Definite proportion	निश्चित अनुपात
Definite term	निश्चित अवधि
Deflation of currency	मुद्रा अवस्फीति
Defray expenses	व्यय चुकाना
Degree of care and diligence	सावधानी और तत्परता की मात्रा
Degree of control	नियंत्रण की मात्रा
Degree of risk	जोखिम की मात्रा
Degree of urgency	अत्यावश्यकता की मात्रा
Degree of utility	उपयोगिता की मात्रा
Dehors	बाहर, असम्बद्ध
De jure	विधितः
De jure guardian	विधितः संरक्षक
Delay causes much difficulty in the compilation of—	देर के कारण—के संकलन में बहुत कठिनाई होती है
Delayed beyond the period prescribed	विदित अवधि से अधिक विलंब
Delayed proposal	विलंबित प्रस्ताव
Delayed refunds	विलंबित प्रतिदाय
Delayed tender	विलंबित टेंडर
Delayed wages	विलंबित मजदूरी
Delay in answering	उत्तर में देरी
Delay in disposal	निपटान/निपटारे में देरी
Delaying tactics	देर करने के हथकंडे, अड़ंगेबाजी
Delaying the execution	निष्पादन में विलंब करना
Delay in returning the file is regretted	फ़ाइल के लौटाने में हुई देरी के लिए खेद है

Delay in submission of the case is regretted	मामले को प्रस्तुत करने में हुई देरी के लिए खेद है
Delay in the payment of pay	वेतन के भुगतान में देर
Delay is regretted	विलंब के लिए खेद है
Delays are chronic	विलंब की आदत बन गई है
Delay should be avoided	देर नहीं होनी चाहिए
Delay was unavoidable	विलम्ब अपरिहार्य था।
Delegated authority	प्रत्यायोजित प्राधिकार
Delegated legislation	प्रत्यायोजित विधान
Delegated powers	प्रत्यायोजित अधिकार
Delegate his office	अपने पद को प्रत्यायोजित करना
Delegation of financial powers	वित्तीय अधिकार सौंपना
Delegation of powers	शक्तियों का प्रत्यायोजन
Delete the following lines	नीचे की पंक्तियों को निकाल दीजिए
Deliberately done	जानबूझकर किया गया
Deliberative body	विचारण निकाय/मंडल
Delicate situation	नाजुक हालत, विषम स्थिति
Delimitation of constituencies	निर्वाचन क्षेत्रों की हदबन्दी
Delimitation order	परिसीमन आदेश
Delinked, file has been	फ़ाइल अलग कर दी गयी
Deliver a speech	भाषण देना
Deliver judgement	निर्णय देना, फैसला सुनाना
Delivery end	निकासी सिरा
Delivery of dak	डाक वितरण
Delivery of goods	माल की सुपुर्दगी
Delivery of the return	विवरणी देना
Demand an explanation	स्पष्टीकरण माँगना, जवाब-तलब करना
Demand for grants	अनुदानों की माँग
Demand for payment	संदाय के लिए माँग
Demand for poll	मतदान की माँग
Demand is inescapable	माँग अनिवार्य है
Demand letter	माँग-पत्र
Demand notice	माँग नोटिस

Demand, payable on	माँग पर देय
Demand security	प्रतिभूति/जमानत माँगना
Demarcation line	सीमांकन रेखा
Demi-official letter (D.O.)	अर्ध सरकारी पत्र (अ० स०)
Democratic government	लोकतंत्रीय सरकार
Democratic leadership	लोकतंत्रीय नेतृत्व
Democratic planning	लोकतंत्रीय आयोजन
Democratic principle	लोकतंत्रीय सिद्धांत
Democratic socialism	लोकतंत्रीय समाजवाद
Demographic study	जनसांख्यिकीय अध्ययन
Demonstration centre	निदर्शन केन्द्र
Demoted person	पदावनत व्यक्ति
Denial of execution	निष्पादन का प्रत्याख्यान
Denial of justice	न्याय वंचन/प्रत्याख्यान
Denial of rights	अधिकार-वंचन
Denominational value	अंकित मूल्य
De novo	नये सिरे से
Densely populated area	सघन बसा क्षेत्र
Density of population	जनसंख्या का घनत्व
Deny the knowledge of	—की जानकारी होने से इनकार करना
Depart from the place	स्थान से चला जाना
Departmental accounts	विभागीय लेखा
Departmental action is in progress	विभागीय कार्रवाई की जा रही है
Departmental budget	विभागीय बजट
Departmental enquiry	विभागीय जाँच
Departmental examination	विभागीय परीक्षा
Departmental order	विभागीय आदेश
Departmental promotion	विभागीय पदोन्नति
Department may please see for comments	विभाग कृपया टिप्पणी के लिए देख ले

Department may see the preceding note with reference to their query	विभाग अपनी पूछताछ के संदर्भ में इससे पहले की टिप्पणी देखे
Department will be advised accordingly	विभाग को तदनुसार सूचित कर दिया जाएगा
Departure time	प्रस्थान/रवानगी का समय
Dependent relations	आश्रित संबंधी
Depending upon the circumstances of each case	प्रत्येक मामले की परिस्थितियों के अनुसार
Deposit account	जमा खाता
Deposit certificate	निक्षेप प्रमाणपत्र
Deposited amount	जमा राशि
Deposited in record room	रिकार्ड रूम में जमा किया गया
Deposit of title deeds	हक़-विलेखों का निक्षेप
Deposit of wills	विलों का निक्षेप
Deposit receipt	जमा की रसीद
Deposit slip	जमा पर्ची
Depreciation account	मूल्य ह्रास लेखा
Depreciation allowance	मूल्य ह्रास/अवक्षयण भत्ता
Depreciation charges	मूल्य ह्रास/अवक्षयण प्रभार
Depreciation fund	मूल्य ह्रास निधि
Depreciation in value	मूल्य में ह्रास
Depressed class	दलित/शोषित वर्ग
Deprivation of appointment	नियुक्ति से वंचित करना
Deprived of a right	अधिकार से वंचित
Deputation allowance	प्रतिनियुक्ति भत्ता
Deputation of citizens	नागरिकों का शिष्टमंडल
Depute an officer to investigate	जाँच-पड़ताल के लिए किसी अधिकारी की प्रतिनियुक्ति करें
Deputy chairman	उपाध्यक्ष, उप-सभापति
Deputy Chief Whip	उपमुख्य-सचेतक
Deputy Speaker	उपाध्यक्ष
Dereliction of duty	कर्त्तव्य-विमुखता
Derive interest	हित प्राप्त करना

Derive of title	हक़ प्राप्त करना
Derive profit	लाभ प्राप्त करना
Deriving benefit	लाभ प्राप्त करना, फ़ायदा उठाना
Derogate from the powers	का अधिकार घटाना, की शक्तियों का अल्पीकरण
Derogatory statements	अनादर सूचक कथन/वक्तव्य
Descendant lineal	पारंपरिक वंशज
Descending order	अवरोही क्रम
Deserted site	उजाड़ बस्ती
Desertion from duty	काम/कर्त्तव्य छोड़कर भाग जाना
Deserves every encouragement	सब प्रकार के प्रोत्साहन के योग्य है
Deserves promotion out of turn	बारी आने से पहले पदोन्नति का पात्र है
Deserving person	योग्य व्यक्ति
Designated purchaser	अभिहित क्रेता
Designated trade	अभिहित व्यवसाय
Desirable type of worker in all respect	सर्वतोभावेन वांछनीय कार्यकर्त्ता
Desires to be heard	चाहता है कि उसे सुना जाए
Despatch, all convenient	सुविधानुसार पूर्ण शीघ्रता
Despatch book	प्रेषण पंजी/रजिस्टर
Despatch note	प्रेषण पत्र
Despatch practicable	साध्य शीघ्रता
Despatch reminder	अनुस्मारक भेजें
Despite several reminders, no reply has been received so far	कई बार याद दिलाने के बाद भी अभी तक उत्तर नहीं मिला है
Despite this	इसके होते हुए भी
Destroy evidence	साक्ष्य नष्ट करना
Destruction of old records	पुराने रिकार्डों/अभिलेखों को नष्ट करना
Detached outlook	तटस्थ दृष्टिकोण
Detached service	नियोजित सेवा
Detached view	तटस्थ विचार/दृष्टिकोण

Detached village	विलग्न/अलग-थलग गाँव
Detailed account	1. विस्तृत विवरण 2. ब्यौरेबार लेखा
Detailed contingent bill	ब्यौरेवार आकस्मिक (व्यय) बिल
Detailed examination of all points	सभी विचार बिन्दुओं का सविस्तार परीक्षण
Detailed inspection	विस्तृत निरीक्षण
Detailed particulars may be furnished	विस्तृत विवरण भेजा जाए
Detailed report	विस्तृत प्रतिवेदन/रिपोर्ट
Details, in	विस्तार से
Details of expenditure and sanction thereto have not been furnished to—	व्यय के ब्यौरे और उनकी मंजूरी—को प्रस्तुत नहीं की गई है
Detained in custody	हिरासत में लिया गया
Detained in prison	कारागार में निरुद्ध
Detain in custody	अभिरक्षा में निरुद्ध रखना, हिरासत में लेना
Detain money	धनराशि को रोकना
Detain without warrant	वारंट बिना हिरासते में लेना
Detention cell	निरोध कोठरी/सेल
Detention home	निरोध गृह
Detention in custody	अभिरक्षा में निरुद्ध
Detention in prison	कारागार में निरुद्ध
Detention in transit	अभिवहन/मार्ग में निरुद्ध
Detention order	निरोधादेश
Detention preventive	निवारक निरोध
Deteriorating situation	बिगड़ती हुई स्थिति/हालत
Determination by retirement	निर्वतन द्वारा पर्यवसान
Determination of attachment	कुर्की का अवसान
Determination of charge	आरोप का अवधारण
Determination of conditions of service	सेवा शर्तों का अवधारण
Determination of interest	हित का पर्यवसान

Determination of lease	पट्टे का पर्यवसान
Determination of nationality	राष्ट्रीयता का अवधारण
Determination of priorities	अग्रता-निर्धारण
Determination of question	प्रश्न का अवधारण
Determination of right	अधिकार का अवधारण
Determination of tax	कर का अवधारण
Determination of the court	न्यायालय का अवधारण
Determination, points for	अवधारण के लिए प्रश्न
Determine by lot	लॉट डालकर अवधारित करना
Determined action	निश्चयात्मक कार्य
Determined, as	जैसा निर्धारित
Determined, by lot	लॉट द्वारा अवधारित
Determine issue of fact	तथ्य विवाद्यक अवधारित करना
Determine the appeal	अपील का अवधारण करना
Determine the boundary	सीमा निश्चित करना
Determine the objection	आक्षेप का अवधारण करना
Determining the jurisdiction	अधिकारिता का अवधारण करना
Determining the value of land	भूमि का मूल्य अवधारण
Deterrent punishment	निवारक दण्ड
Detrimental action	अहितकर/हानिकारक कार्य
Detrimental in the interest of	—के हित में हानिकारक, —के लिए अहितकर
Detrimental in the public interest	लोकहित में हानिकर
Detrimental in the security	सुरक्षा में हानिकर
Devaluation of currency	करेंसी/मुद्रा का अवमूल्यन
Developed country	विकसित देश
Developed, highly	पूर्ण विकसित
Developing country	विकासशील देश
Developing economy	विकासोन्मुख अर्थव्यवस्था
Development aid	विकास सहायता
Developmental activities	विकासात्मक गतिविधियाँ
Development block	विकास खण्ड
Development board	विकास बोर्ड

Development charges	विकास प्रभार
Development of character & abilities	चरित्र और योग्यताओं का विकास
Development proposal	विकास प्रस्ताव
Development schemes	विकास योजनाएँ
Develop symptoms	लक्षण विकसित होना
Deviation from	—से विचलन
Devoid of	—से रहित, —के बिना
Devote one's time in	में अपना समय लगाना
Devotion to duty	कर्त्तव्यनिष्ठा, कर्त्तव्यपरायणता
Diary of proceedings in	कार्यवाहियों की डायरी
Dictation speed	श्रुतिलेख गति
Dies-non	अकार्य दिन
Diet allowance	आहार भत्ता
Difference, matter in	मतभेद का विषय
Difference of opinion	मतभेद
Difference of procedure	प्रक्रिया में अन्तर
Different places	भिन्न-भिन्न स्थान
Differential scale	अन्तरीय मान
Differential schedule	भेददर्शक अनुसूची
Differ in opinion	मतभेद होना
Dignified in his dealings	अपने व्यवहार में गरिमापूर्ण
Dilatory by habit	आदतन विलम्बकारी
Dilatory motion	विलंबकारी प्रस्ताव
Diminish value or utility	मूल्य या उपयोगिता कम करना
Diplomatic agent	राजनयिक अभिकर्त्ता
Diplomatic mission	राजनयिक मिशन
Diplomatic privileges	राजनयिक विशेषाधिकार
Diplomatic relations	राजनयिक संबंध
Diplomat c representative	राजनयिक प्रतिनिधि
Diplomatic status	राजनयिक हैसियत
Dire consequences	भयंकर परिणाम
Direct action	सीधी कार्रवाई
Direct approach	सीधी पहुँच

Direct burden of taxation	प्रत्यक्ष कर-भार
Direct consequence	प्रत्यक्ष परिणाम
Direct contact	सीधा संपर्क
Directed, as	जैसा निदेश दिया गया है
Directed, I am	मुझे निदेश हुआ है
Directed to appear	उपस्थित होने का निर्देश
Direct election	प्रत्यक्ष निर्वाचन/चुनाव
Direction and control	निदेशन और नियंत्रण
Directive principles	निदेशक सिद्धांत
Directly employed	सीधे नियोजित
Directly or indirectly	प्रत्यक्ष या परोक्ष रूप में
Directly produced	सीधे प्रस्तुत किया हुआ
Directly take benefit	सीधे फायदा लेना/उठाना
Director may please see for approval	निदेशक कृपया अनुमोदन के लिए देख लें
Direct recruitment	सीधी भर्ती
Dire necessity	नितान्त आवश्यकता
Disability insurance	अपंगता बीमा
Disability pension	अपंगता पेंशन
Disabled worker	अपंग कामगार
Disadvantages of the proposal outweigh the advantages	प्रस्ताव से लाभ की तुलना में हानि अधिक है
Disallow claim	दावे को नामंजूर करना
Disallow deduction	कटौती को नामंजूर करना
Disallow objection	आक्षेप को नामंजूर करना
Disbursement of pay	वेतन बाँटना
Disbursing officer	संवितरण अधिकारी
Discharge a debt	ऋण चुकाना
Discharge a decree	डिक्री का उन्मोचन
Discharge by payment	भुगतान द्वारा दायित्व मुक्ति
Discharge certificate	सेवा-मुक्ति प्रमाणपत्र
Discharged bill	चुकाया बिल
Discharged from hospital	अस्पताल से छुट्टी दी गई
Discharged from liability	दायित्व से उन्मोचित

Discharged from obligation	बाध्यता से उन्मोचित
Discharged from service	सेवामुक्ति, नौकरी से हटाया गया
Discharge of arrears	बकाया का उन्मोचन
Discharge of debt	ऋण का उन्मोचन
Discharge of duty	कर्त्तव्य का निर्वहन
Discharge of public functions	लोक कृत्यों का निर्वहन
Discharge of the liability	दायित्व का निर्वहन
Discharge slip	छुट्टी की पर्ची
Disciplinary action	अनुशासनिक कार्रवाई
Disciplnary committee	अनुशासनिक समिति
Disciplinary lay off	अनुशासनिक जबरी छुट्टी
Disciplinary matter	अनुशासनिक विषय
Disciplinary measures	अनुशासनिक उपाय
Disciplinary proceedings	अनुशासनिक कार्यवाही
Disclaim responsibility	जिम्मेदारी अस्वीकार करना
Disclose a cause of action	वादहेतुक प्रकट करना
Disclose, bound to	प्रकट करने को आबद्ध
Disclose facts	तथ्य प्रकट करना
Disclose fully and truly	पूर्णतया और ठीक-ठीक प्रकट करना
Disclosure of information	जानकारी का प्रकटीकरण
Disclosure of interest	हित का प्रकटन
Disclosure of official secrets	शासकीय गुप्त बात का प्रकटन
Disclosure, true	सत्य प्रकटन
Discontinue the public use	सार्वजनिक उपयोग को रोकना
Discount rate	बट्टे की दर
Discovery of documents	दस्तावेजों का प्रकटीकरण
Discovery cf evidence	साक्ष्य का पता चलना
Discovery of new and important matter	नई और महत्त्वपूर्ण बात का पता चलना
Discrepancy may be reconciled	विसंगति का समाधान किया जाए, विसंगति का समाधान कर लिया जाए
Discrepancy in accounts	हिसाब में अन्तर
Discretionary duties	विवेकाधीन कर्त्तव्य

Discretionary grant	विवेकाधीन अनुदान
Discretionary power	विवेकाधिकार
Discretion, in his	स्वविवेकानुसार
Discretion of the court	न्यायालय का विवेक
Discriminate against	भेदभाव करना
Discriminatory taxation	भेदमूलक कराधन
Discussed and dropped	विचार-विमर्श के बाद इसे समाप्त कर दिया गया
Discussed with	—से चर्चा कर ली, —से विचार-विमर्श कर लिया
Discussion, during the course	विचार-विमर्श/बातचीत के दौरान
Disgraceful conduct	लज्जास्पद आचरण
Dishonest concealment	बेइमानी से छिपाना
Dishonest misappropriation of property	सम्पत्ति का बेइमानी से दुरुपयोग
Dishonoured cheque	अस्वीकृत चैक
Dislocation of work	काम में गड़बड़
Dismissal from service	सेवा से निकाला जाना/बर्ख़ास्तगी
Dismissal of case	मामला खारिज होना
Dismissal statement	बर्ख़ास्तगी रिपोर्ट, पदच्युति विवरण
Dismiss with costs	खर्चे सहित खारिज करना
Disobedience of(to)orders	आदेशों की अवज्ञा
Disorderly behaviour	उच्छृंखल व्यवहार
Disorderly conduct person	उपद्रवी व्यक्ति
Disorder seriously	गंभीर अव्यवस्था
Disparity in rates	दरों में असमानता
Dispassionate opinion	निष्पक्ष/निरपेक्ष राय/मत
Dispel doubts	संशय दूर करना
Dispense with	अभिमुक्त, अभिमोचन करना
Dispense with normal procedure	सामान्य प्रक्रिया का त्याग करना
Dispense with services	नौकरी से अलग करना
Dispense with the proof	साबित किए जाने से अभिमुक्ति देना

Displaced person	विस्थापित व्यक्ति
Display advertisement	प्रदर्शन विज्ञापन
Display drive	अभिप्रेरणा शक्ति का परिचय देना
Disposal by confiscations	अधिहरण द्वारा व्ययन
Disposal by delivery	परिदान द्वारा व्ययन/निपटान
Disposal by destruction	विनाश द्वारा निपटान
Disposal, future	भावी व्यवस्था
Disposal list	निपटान सूची
Disposal of business	काम निपटाना
Disposal of cases be expedited	मामले शीघ्र निपटाए जाएँ
Disposal of property	सम्पत्ति का व्ययन
Disposal of routine papers	नेमी कागजों का निपटारा
Disposals quick	अविलम्ब निपटान करने हैं
Disputed point	विवादग्रस्त विषय
Disputed proof	विवादग्रस्त सबूत
Disputed territory	विवादग्रस्त क्षेत्र
Dispute, matter in	विवादग्रस्त विषय
Disputes arising out of—	—से उत्पन्न विवाद
Disputes the claim	दावे का विरोध करना
Disqualified, will be declared	अनर्ह घोषित किया जाएगा
Disregarding the facts	तथ्यों की उपेक्षा करते हुए
Disregarding the orders	आदेशों की अवहेलना करते हुए
Disrepute, bring	बदनाम करना
Disrespectful behaviour	अनादरपूर्ण बर्ताव
Dissemination of information	सूचना प्रसार
Dissolution of society	संस्था/समिति का विघटन
Distinct claim	सुस्पष्ट दावा
Distinct consideration	सुस्पष्ट प्रतिफल
Distinct from	से भिन्न, से अलग
Distinction, adverse	प्रतिकूल विभेद
Distinction in—	1. —से भेदभाव 2. —में विशेष योग्यता
Distinguished guest	विशिष्ट अतिथि
Distinguished service	विशिष्ट सेवा

Distinguishing mark	पहचान/विभेदक चिह्न
Distinguish oneself	अपनी विशिष्टता दिखाना
Distress call	सहायता की पुकार
Distressed and destitute	दु:खी और निराश्रित
Distress, mental or bodily	मानसिक या शारीरिक कष्ट
Distribution and allocation of work	काम का वितरण और आवंटन
Distribution list	वितरण सूची
Distribution of assets	परिसम्पत्तियों का वितरण
Distribution system	वितरण व्यवस्था
District Administration	जिला प्रशासन
District board	जिला बोर्ड
District office	जिला कार्यालय
District treasury	जिला कोषागार
Disturbance of order	लोक व्यवस्था में विघ्न
Disturbance of public peace	लोक शांति में विघ्न
Diversion to non-agricultural purposes	गैर-किसानी कामों के लिए उपयोग में लाना
Divided in opinion	राय में बँटे हुए
Divided into lots	लाटों में विभाजित
Divided responsibility	विभाजित उत्तरदायित्व/जिम्मेदारी
Divisional headquarter	संभागीय मुख्यालय
Division of labour	श्रम-विभाजन
Divisions of time	समय के प्रभाग
Docketing of papers	कागजों को डाकेट करना
Documentary evidence	दस्तावेजी साक्ष्य
Documentary film	वृत्तचित्र
Documentary proof	दस्तावेजी सबूत, लिखित प्रमाण
Documentation centre	प्रलेखन केन्द्र
Documents of title	हक़ का दस्तावेज
Documents produced	प्रस्तुत किये गये दस्तावेज
Does not seem to have been received in this office	इस कार्यालय में प्राप्त हुआ नहीं जान पड़ता है

Does not seem to stand to reason — तर्कसंगत नहीं जान पड़ता है।
'Do it yourself' workshop — 'अपने आप करो' कर्मशाला
Doli in capax — अपराध करने में अक्षम
Domestic concern — घरेलू मामला
Domestic consumption — घरेलू खपत
Domestic hygiene — घरेलू सफ़ाई
Domestic purpose — घरेलू प्रयोजन
Domestic servant — घरेलू नौकर
Domicile by birth — जन्म से अधिवासी
Domicile certificate — अधिवास प्रमाणपत्र
Domicile, of — अधिवास
Dominated by subordinates — अधीनस्थों के प्रभाव में आना
Dominated the will — इच्छा को अधिशासित करना
Dominated, to be — प्रभाव में आना
Done in good faith — सद्भावपूर्वक किया जाना
Done or intended to be done — किया गया हो या जिसे किए जाने का अभिप्राय हो
Done with due care — सम्यक् सतर्कता से किया गया
Door to door convassing — घर-घर जाकर समर्थन जुटाना
Dormant capital — निष्क्रिय पूंजी
Do the needful — यथावश्यक करना
Double account — दोहरा हिसाब
Double crop — दुहरी फसल
Double dealing — दुरंगी चाल
Double duty — 1. दूना शुल्क
2. दोहरी ड्यूटी
Double entry — दोहरी प्रविष्टि
Double jeopardy — दोहरा संकट
Double member constituency — द्विसदस्यीय निर्वाचन क्षेत्र
Double payment — दोहरा भुगतान
Double shift system — दो पारी पद्धति
Double standard — दोहरे मानक
Doubt, benefit of — सन्देह का लाभ/फायदा

Doubtful debt	संदिग्ध ऋण
Doubtful ownership	संदिग्ध स्वामित्व
Doubtful right	संदिग्ध अधिकार
Down grading	पदावनति
Down payment	तत्काल अदायगी
Down period	कार्यबन्दी अवधि
Draft acknowledgement letter put up	प्राप्ति-पत्र का प्रारूप प्रस्तुत है
Draft agenda	कार्य-सूची का प्रारूप
Draft amendment	संशोधन-प्रारूप
Draft approved as amended	मसौदा संशोधित रूप में अनुमोदित किया जाता है
Draft as amended is put up for approval	संशोधित प्रारूप अनुमोदन के लिए प्रस्तुत है
Draft as amended may be issued	यथा संशोधित मसौदा जारी किया जाए
Draft as directed by—is submitted for approval	—के निदेशानुसार प्रारूप/मसौदा अनुमोदन के लिए प्रस्तुत है
Draft circular put up for signature	परिपत्र का मसौदा हस्ताक्षर के लिए प्रस्तुत है
Draft constitution	संविधान का प्रारूप
Drafted as directed	निदेशानुसार प्रारूप तैयार किया गया
Draft for approval	अनुमोदन के लिए मसौदा, अनुमोदनार्थ प्रारूप
Draft has been amended accordingly	मसौदा तदनुसार संशोधित किया गया है
Drafting and noting	प्रारूप-लेखन और टिप्पण
Drafting of document	दस्तावेज का प्रारूप तैयार करना
Draft is approved	मसौदा अनुमोदित
Draft is concurred in	मसौदा से सहमति है, प्रारूप पर सहमति दी जाती है
Draft is put up accordingly	तदनुसार मसौदा प्रस्तुत है
Draft may be amended accordingly	प्रारूप को तदनुसार संशोधित किया जाए

Draft may now be issued	प्रारूप अब जारी कर दिया जाए
Draft notification is placed below	अधिसूचना का प्रारूप नीचे रखा है
Draft reply	उत्तर का प्रारूप/मसौदा
Draft reply as suggested above	ऊपर सुझाए अनुसार उत्तर का मसौदा तैयार किया जाए
Draft reply is placed for approval	उत्तर का मसौदा अनुमोदन के लिए प्रस्तुत है
Draft reply is put up for approval	उत्तर का मसौदा अनुमोदनार्थ प्रस्तुत है
Draft scheme	स्कीम का प्रारूप/मसौदा
Draft submitted for approval	अनुमोदनार्थ प्रारूप प्रस्तुत है
Drainage system	जल-निकास व्यवस्था
Dramatic situation	नाटकीय स्थिति
Drastic measure	कठोर उपाय, कड़ी कार्रवाई
Drastic (political) action	कड़ी (राजनैतिक) कार्रवाई
Draw a cheque	चैक काटना
Draw attention	ध्यान दिलाना, ध्यान आकर्षित करना
Drawback claim	वापसी का दावा
Draw conclusion	निष्कर्ष निकालना
Draw increment	वेतन वृद्धि लेना
Draw inference	अनुमान करना
Drawing officer	आधरण अधिकारी
Draw up	लेखबद्ध करना
Draw up a scheme	योजना बनाना
Draw up the finding	निष्कर्ष को लेखबद्ध करना
Drinking water	पीने का पानी
Driving power	अभिप्रेरणा शक्ति
Drop in prices	कीमतों में गिरावट
Dry cultivation	असिंचित कृषि
Dry farming	बरानी खेती
Dry promotion	सूखी तरक्की, लाभरहित पदोन्नति
Dual government	दोहरा शासन/दोहरी सरकार
Due account of	—का उचित लेखा

Due administration	सम्यक् प्रशासन
Due and proper account	सम्यक् और उचित लेखा
Due authority	सम्यक् प्राधिकार
Due care and caution	सम्यक् सावधानी और सतर्कता
Due consideration shall be given	सम्यक् ध्यान रखा जाएगा
Due course	सम्यक् अनुक्रम
Due course, in	यथा सम्भव
Due date of payment	चुकान की नियत तारीख
Due date, on	नियत तारीख को
Due interest	अपेक्षित रुचि/दिलचस्पी
Due notice	सम्यक् सूचना, उचित नोटिस
Due observance	सम्यक् अनुपालन
Due performance of agreement	करार का उचित पालन
Due process of law	विधि की सम्यक् प्रक्रिया
Due regard	उचित ध्यान, सम्यक् ध्यान
Due to being received late	देर से मिलने के कारण
Due to dislocation of the traffic	यातायात के अव्यवस्थित होने के कारण
Due to negligence	लापरवाही के कारण
Due to non-receipt	न मिलने के कारण
Due to omission	चूक के कारण
Due to oversight	ध्यान न रहने के कारण
Due to unavoidable circumstances	अपरिहार्य परिस्थितियों के कारण
Duly account for	सम्यक् रूप से हिसाब देना
Duly authorised in that behalf	उस विषय में विधिवत् प्राधिकृत
Duly complied	उचित रीति से पालन किया गया
Duly conferred	सम्यक् रूप प्रदत्त
Duly convicted	सम्यक् रूप से दोषसिद्ध किया गया
Duly disposed of	सम्यक् रूप से निपटाया गया
Duly done	सम्यक् रूप से की गई

Duly elected	सम्यक् रूप से निर्वाचित
Duly empowered	सम्यक् रूप से सशक्त
Duly established	सम्यक् रूप से सिद्ध हो गया
Duly examined	विधिवत् जांचा गया
Duly executed	सम्यक् रूप से निष्पादित
Duly exercised	सम्यक् रूप से प्रयोग किया गया
Duly instituted	सम्यक् रूप से संस्थित
Duly presented	सम्यक् रूप से उपस्थित किया गया
Duly proved	सम्यक् रूप से साबित किया गया
Duly published	सम्यक् रूप से प्रकाशित
Duly qualified	यथोचित योग्यता वाला
Duly recorded	सम्यक् रूप से अभिलिखित
Duly sanctioned	विधिवत् मंजूर किया हुआ
Duly stamped	सम्यक् रूप से स्टाम्प युक्त
Duly verified	विधिवत् सत्यापित
Duplicate copy	अनुलिपि, दूसरी प्रति, नक़ल
Duplicate, in	दो प्रतियों में
Duplicating machine	डुप्लीकेटिंग मशीन
Duration of sanction	मंजूरी की अवधि
During life time	जीवनकाल में
During the course of	के दौरान
During the course of discussion	चर्चा के दौरान, विचार-विमर्श के दौरान
During the course of employment	नियोजन के दौरान
During the interim period	अन्तरिम अवधि में
During the pendency of the case	मामला विचाराधीन रहने की अवधि में
During the period under review	समीक्षाधीन अवधि में
During the pleasure of	—के प्रसाद पर्यन्त
During the term of office	पदावधि में, कार्यकाल में
During the year	वर्ष के दौरान
During this period	इस अवधि में

Dusk to dawn curfew	रातभर का कर्फ़्यू
Duties of office	पद के कर्त्तव्य
Duty allowance	ड्यूटी भत्ता
Duty bound	कर्त्तव्य द्वारा आबद्ध
Duty burden	1. कर्त्तव्य भार 2. शुल्क का भार
Duty certificate	कर्त्तव्य प्रमाणपत्र
Duty chart	ड्यूटी चार्ट
Duty exemption	शुल्क छूट/माफ़ी
Duty free	शुल्क-मुक्त
Duty is over, before	कर्त्तव्यकाल समाप्त होने के पूर्व
Duty roster	ड्यूटी रोस्टर
Duty schedule	कर्त्तव्य सूची
Dwelling place	आवास/निवास-स्थान
Dying declaration	मृत्युकालिक कथन

E

Each and every	प्रत्येक, हरएक
Each year of completed service	संपूरित सेवा का हरएक वर्ष
Eager to get things moving	काम चलता रहे इसके लिए उत्सुक
Earlier transfer	पूर्वतर अन्तरिती
Earliest date	पूर्वतम तारीख
Earliest opportunity	अवसर मिलते ही
Earliest possible moment	यथासंभव शीघ्र
Earliest possible opportunity	यथासंभव सर्वप्रथम अवसर
Early orders are solicited	शीघ्र आदेश प्रार्थित हैं, शीघ्र आदेशों की प्रार्थना है
Early reply is solicited	शीघ्र उत्तर भेजने की प्रार्थना है
Early reply will be highly appreciated	यदि उत्तर शीघ्र भेज दें तो बड़ी कृपा होगी

Early stage	प्रारंभिक अवस्था
Earmarked funds	निर्धारित निधि
Earned leave granted	अर्जित छुट्टी स्वीकृत
Earnest money	अग्रिम धन, बयाना
Earning capacity	अर्जन क्षमता/सामर्थ्य
Earning dependents	कमाने वाले आश्रित
Ease loving	आरामतलब
Easements annexed thereto	उससे संलग्न सुखभोग
Easily influenced	सरलता से प्रभावित
Easily obtainable	आसानी से प्राप्य
Easily one of the best	निस्संदेह सर्वोत्तम में से एक
Easy access	आसानी से पहुँच/प्रवेश
Easy reference	सुलभ संदर्भ
Easy terms	आसान शर्तें
Economic activity	आर्थिक गतिविधियाँ
Economic adviser	आर्थिक सलाहकार
Economic affairs	आर्थिक विषय/मामले
Economic analysis	आर्थिक विश्लेषण
Economic boycott	आर्थिक बहिष्कार
Economic breakdown	आर्थिक व्यवस्था भंग
Economic collaboration	आर्थिक सहयोग
Economic crisis	आर्थिक संकट
Economic depression	आर्थिक मन्दी
Economic development is needed	आर्थिक विकास आवश्यक है
Economic growth rate	आर्थिक वृद्धि दर
Economic incentive	आर्थिक प्रोत्साहन
Economic insecurity	आर्थिक असुरक्षा
Economic investigator	आर्थिक अन्वेषक
Economic planning	आर्थिक योजना
Economic policy	आर्थिक नीति
Economic progress made so far	अब तक की गई आर्थिक प्रगति
Economic self sufficiency	आर्थिक (रूप से) आत्मनिर्भरता

Economic services	आर्थिक सेवाएँ
Economic survey	आर्थिक सर्वेक्षण
Economic trends	आर्थिक प्रवृत्तियाँ
Economist rate	मितव्ययी दर
Economy cut	मितव्ययिता कटौती
Economy measures	किफ़ायत के उपाय
Economy of time	समय की मितव्ययिता
Economy report	मितव्ययिता रिपोर्ट
Economy slip	किफ़ायती पर्ची
Edited document	संपादित दस्तावेज
Editorial comment	संपादकीय टिप्पणी
Educated unemployment	शिक्षित वर्ग की बेकारी
Educational Exchange programme	शैक्षिक बिनिमय कार्यक्रम
Educational expense	शिक्षा-व्यय
Educational guidance	शिक्षा-सम्बन्धी मार्गदर्शन
Educationally unqualified	शिक्षा की दृष्टि से अनर्ह
Educational project	शिक्षा परियोजना
Educational qualification	शैक्षिक अर्हता/योग्यता
Educational reforms	शिक्षा सम्बन्धी सुधार
Educational research	शैक्षणिक अनुसन्धान
Effect alteration	परिवर्तन करना
Effect, carrying into	क्रियान्वित करना
Effect from such date, with	उस तारीख से
Effect, give	प्रभावी करना, कार्यान्वित करना
Effecting escape	निकल भागना
Effective action	प्रभावी कार्रवाई
Effective arrangement	प्रभावी इन्तजाम
Effective blockade	असरदार नाकाबन्दी
Effective carrying out	प्रभावी रूप से कार्यान्वित करना
Effective control	प्रभावी नियंत्रण
Effective implementation	प्रभावी कार्यान्वयन
Effective steps should be taken to clear the arrears	बकाया काम के निपटारे के लिए कारगर उपाय किए जाएँ

Effective strength	वास्तविक संख्या (स्टाफ़)
Effective supervision	प्रभावी/कारगर पर्यवेक्षण
Effect on economy	अर्थव्यवस्था पर प्रभाव
Effect reduction	कमी करना
Effect, shall have	प्रभावशील होना
Effect, take	प्रभावी होना
Effect to, give	प्रभावी, लागू होना
Effect to, that	उस भाव का, उस प्रभाव का
Effect, with immediate	जो तुरन्त प्रभावी होगा
Efficiency bar	दक्षता रोध
Efficiency-cum-performance	दक्षता तथा निष्पादन
Efficiency of administration	प्रशासनिक दक्षता
Efficient conduct of the affairs	कार्यकलापों का दक्ष संचालन
Efficient conduct of the business	कारबार का दक्ष संचालन
Efficient discharge of functions	कृत्यों का दक्षतापूर्ण निर्वहन
Efficient instructions	अच्छा शिक्षण/प्रशिक्षण
Efficient labour	कुशल श्रमिक
Efficient lighting	पर्याप्त रोशनी
Efficiently done	दक्षता से किया गया
Efficient management	दक्षतापूर्ण प्रबन्ध
Efficient means of communication	संचार के दक्ष साधन
Efficient performance of functions	कृत्यों का दक्षतापूर्ण पालन
e.g. (exempli gratia) for example	उदाहरणार्थ, जैसे
Either by name or by virtue of office	या तो नाम से या पदाभिधान से
Either conditionally or unconditionally	या तो शर्त सहित या बिना शर्त के
Either generally or in specified classes of cases	साधारणतया या मामलों के विशिष्ट वर्गों में
Either of the expressions	दोनों में से कोई भी अभिव्यक्ति

Either party	दोनों में से कोई पक्ष
Either wholly or in part	या तो पूर्णतः या भाग में
Ejected from	से बेदख़ल किया गया
Elected members	निर्वाचित सदस्य
Elected representative	निर्वाचित प्रतिनिधि
Elect for pensionary benefits	पेंशन के फायदों के लिए चुनना
Election agent	निर्वाचन अभिकर्त्ता/एजेंट
Election campaign	चुनाव अभियान
Election commission	निर्वाचन/चुनाव आयोग
Electioneering campaign	चुनाव अभियान
Election expenses	चुनाव खर्च/व्यय
Election fever	चुनाव सरगर्मी
Election in prospect	भावी निर्वाचन/चुनाव
Election meeting	चुनाव सभा
Election papers	चुनाव सम्बन्धी कागज-पत्र
Election petition	चुनाव/निर्वाचन याचिका
Election priority	निर्वाचन प्राथमिकता
Election propaganda	चुनाव-प्रचार
Election tactics	चुनाव हथकंडे
Election to the—	—के लिए निर्वाचन
Electoral constituency	निर्वाचन-क्षेत्र
Electoral right	निर्वाचन-अधिकार
Electoral roll	निर्वाचक-नामावली
Electoral understanding	चुनाव समझौता
Electric installation	विद्युत संस्थापन
Elect to proceed without suit	वाद अभी चलाने को चुनना
Elect to receive the pension	पेंशन लेने का चयन करना
Elect to receive the profit	लाभ लेने का चयन
Elementary stage	प्रारम्भिक अवस्था
Elicit cooperation	सहयोग प्राप्त करना
Eliciting public opinion	जनमत जानना
Eligibility certificate	पात्रता प्रमाणपत्र
Eligibility is certified	पात्रता प्रमाणित की जाती है
Eligibility to office	पद के लिए पात्रता

Eligible for—	—के लिए पत्र, —के योग्य
Eligible for reappointment	पुर्नानियुक्ति का पात्र
Eligible for re-election	पुर्नानिर्वाचन का पात्र
Elimination of records	अभिलेख/रिकार्ड नष्ट करना
Elucidate the reasons	कारण समझाइए
Embarrassed, become	संकट में पड़ना, उलझन में पड़ना
Embarrassing position	परेशानी/असमंजस की स्थिति
Embezzlement of public money	सरकारी धन का ग़बन
Embody in the document	दस्तावेज में सन्निविष्ट करना
Emergency arrangement	आपातकालीन व्यवस्था
Emergency case	1. आपात रोगी 2. आपात मामला
Emergency certificate	आपात प्रमाणपत्र
Emergency measures	आपातकालीन उपाय
Emergency medical aid	आपाती डाक्टरी सहायता
Emergency, proclamation of	आपात की उद्घोषणा
Emergency provision	आपात उपबन्ध
Emergent meeting	आपातिक अधिवेशन, आपात बैठक
Emigrant control	उत्प्रवास नियन्त्रण
Emigrant population	उत्प्रवासी जनसंख्या
Eminently deserves promotion	सर्वथा प्रोन्नति के पात्र हैं
Eminently suitable	विशिष्टतया उपयुक्त
Employed, bonafied	यथार्थ नियोजन
Employed on daily wages	दिहाड़ी पर नियुक्त
Employed person	नियोजित व्यक्ति
Employees federation	कर्मचारी महासंघ
Employer-employee relations	नियोजक-कर्मचारी सम्बन्ध
Employer's contribution	नियोजन का अंशदान/अभिदाय
Employment counselling	नियोजन परामर्श
Employment exchange	रोज़गार कार्यालय/दफ़्तर
Employment guarantee	रोज़गार गारण्टी
Employment oriented	नियोजन/रोज़गार अभिमुखी
Empowered in that behalf	इस सम्बन्ध में अधिकृत

Empowered to	—के लिए शक्ति प्राप्त
Empowered to sanction	—मंजूरी देने का अधिकार है
Enacted as follows	निम्नलिखित रूप से अधिनियमित
En bloc transfers	सामूहिक स्थानान्तरण, एक साथ तबादले
En clair telegram	शब्दबद्ध तार
Enclosed document	संलग्न/अनुलग्न दस्तावेज़
Enclosed statement	संलग्न विवरण
Enclosures as follows	सहपत्र नीचे दिये अनुसार
Encouragement of industry	उद्योग को प्रोत्साहित करना
Encroachment on Govt. lands	सरकारी भूमि का अधिक्रमण
Encumbered estate	भारग्रस्त सम्पदा
Endeavour utmost	अधिकतम प्रयास
End of the week	सप्ताहांत
Endorsed, these views are	इन विचारों का समर्थन किया जाता है
Endorsed warrant	पृष्ठांकित वारंट
Endorsement in full	पूर्ण पृष्ठांकन
Endorsement No.—	पृष्ठांकन क्रमांक—
Endorsement put up for signature	पृष्ठांकन हस्ताक्षर के लिए प्रस्तुत
Endorsement, transfer of	टिप्पणी का उतारा जाना
Endowment insurance	बन्दोबस्ती बीमा
Ends of justice	न्याय के उद्देश्य
Energy and drive	ऊर्जा और अभिप्रेरणा शक्ति
Energy and imagination, with more	और अधिक स्फूर्ति और कल्पना के साथ
Enforceable by any court	किसी भी न्यायालय द्वारा प्रवर्तनीय
Enforce a partition	विभाजन कराना
Enforce a trust	न्यास का प्रवर्तन करना
Enforce attendance	हाजिरी के लिए विवश करना
Enforced absence	मजबूरी के कारण अनुपस्थिति
Enforce direction	निदेश का प्रवर्तन करना
Enforce discipline	अनुशासन का पालन करना
Enforced labour	बेगार

Enforcement of orders	आदेशों को लागू करना
Enforcement staff	प्रवर्तन अमला/स्टाफ़
Enforcing claim	दावा लागू करना
Engage a legal practitioner	किसी विधि-व्यवसायी (वकील) को नियुक्त करना
Engage as an apprentice	प्रशिक्षु के रूप में रखना
Engaged in a disorder	उपद्रव में लगा
Engaged in business	कारबार में लगा हुआ
Engaged in the practice	अभ्यास में लगा हुआ
Engagement diary	कार्य डायरी
Engagement of labour	मज़दूर लगाना
Engagement, proposed	प्रस्थापित वचनबंध
Engrossed in details	ब्यौरे में तल्लीन
Enhanced cost	वर्धित लागत
Enhanced land revenue	बढ़ा हुआ भू-राजस्व
Enhanced powers	बढ़ाये हुए अधिकार
Enhanced punishment	बढ़ाया हुआ दण्ड
Enhanced rent	बढ़ा हुआ किराया
Enhancing the assessment	निर्धारण में वृद्धि करना
Enjoy confidence of the people	जनता का विश्वास प्राप्त होना
Enjoy good reputation of integrity	इनकी सर्वथा निष्ठा विख्यात है
Enjoyment of the right of use	उपयोग के अधिकार का उपभोग
Enjoy reputation	प्रख्यात है
Enjoy the benefit	लाभ उठाना
Enlarged jurisdiction	बढ़ाया गया क्षेत्राधिकार
Enlarge or extend	वृद्धि या विस्तार करना
Enlarge the time	समय को बढ़ाना
Enlist support	समर्थन प्राप्त करना
Enormous adventures	अनेक दुःसाहसिक कार्य
Enquire into the case and report early	मामले की जाँच करें और शीघ्र रिपोर्ट दें
Enquire the present position of the case	मामले की मौजूदा स्थिति का पता लगाइए

Enquiries in the matter are underway	मामले की जाँच की जा रही है
Enquiries made reveal that the matter has been badly delayed	जाँच से मालूम हुआ है कि मामले में बहुत देर लगा दी गयी है
Enquiry has been held in a proper manner	जाँच सही ढंग से नहीं की गयी है
Enquiry has been ordered	जाँच का आदेश दे दिया गया है
Enquiry into a charge	किसी आरोप की जाँच
Enquiry may be completed	जाँच पूरी की जाए
Enquiry office	पूछताछ कार्यालय
Enquiry proceeding	जाँच कार्यवाही
Enquiry should be completed and report submitted without delay	जाँच पूरी की जाए और रिपोर्ट अविलम्ब प्रस्तुत की जाए
Enrolled person	भर्ती किया गया व्यक्ति
En route	मार्ग में, रास्ते में
Ensuing year	आगामी वर्ष
Ensure coordinated distribution	समन्वित वितरण सुनिश्चित करना
Ensure compliance	अनुपालन सुनिश्चित करना
Ensure full enjoyment of leisure	अवकाश का पूर्ण उपयोग सुनिश्चित करना
Ensure public safety	लोक सुरक्षा सुनिश्चित की जाए
Ensure prompt and speedy implementation	शीघ्र कार्यान्वयन सुनिश्चित करें
Ensure that rules are properly observed in future	यह सुनिश्चित कर लिया जाए कि भविष्य में नियमों का उचित पालन हो
Entailed, expenses	(पर) हुए व्यय
Entailing disqualification	जिससे निरर्हता हो जाती है, जिससे अर्हता समाप्त हो जाती है
Enter by force	बलात् प्रवेश करना
Entered, as on	—तक दर्ज किया गया

Enter in register	रजिस्टर में चढ़ाना/दर्ज करना
Enter into a bond	बांड लिख देना
Enter into an agreement	करार/समझौता करना
Enter into bail bond	जमानतनामा
Enter into bond	बंधपत्र लिखना
Enter into contract	संविदा लिखना/करना
Enter into engagement	वचनबंध करना
Enter into partnership	भागीदार बनना
Enter into possession of interest	हित का कब्जा कर लेना
Enter into service	सेवा में प्रवेश करना
Enter on defence	प्रतिरक्षा प्रारम्भ करना
Enter on reference	निर्देश पर कार्य आरम्भ करना
Entertain an appeal	अपील ग्रहण करना
Entertain an application	आवेदन पत्र स्वीकार करना
Entertain any question	कोई प्रश्न ग्रहण करना
Entertain erroneous opinion	गलत राय बनाना
Entertainment allowance	सत्कार भत्ता
Entertainment tax	मनोरंजन कर
Entertain the claim	दावा ग्रहण करना
Entertain upon an office	पद ग्रहण करना
Entertain upon duty	कर्त्तव्य ग्रहण करना
Entirely closed	पूर्णतः बन्द
Entirely optional	सर्वथा वैकल्पिक/ऐच्छिक
Entire service	सारी/सम्पूर्ण सेवा, पूरी नौकरी
Entitled as of right	साधिकार हक़दार
Entitled to	—का हक़दार/अधिकारी होना
Entitled to act	कार्य करने के लिए हक़दार
Entitled to avoid	शून्यकरण का हक़दार
Entitled to benefit	फ़ायदा पाने का हक़दार
Entitled to compensation against	से मुआवजा/प्रतिकर पाने का हक़दार
Entitled to possession	कब्जे का हक़दार
Entitled to retain	प्रतिधारण का हक़दार

Entries have been checked and verified	प्रविष्टियों की जाँच-पड़ताल और सत्यापन कर लिया गया है
Entrusted to his care	देखरेख के लिए सौंपा गया
Entrusted with the functions	कृत्यों से न्यस्त
Entrustment of certain function	कुछ कार्य सौंपना
Entrust with duty	कर्त्तव्य सौंपना
Entry allowed	प्रवेश की अनुमति है
Entry in leave account	छुट्टी-लेखा में प्रविष्टि
Entry in service record	सेवा-अभिलेख में प्रविष्टि की गई
Entry made upon a charge	आरोप में की गई प्रविष्टि
Entry permit	प्रवेश-पत्र
Enure for the benefit of	के फायदे के लिए प्रवृत्त
Ephemeral role	अल्पकालिक पंजी
Equal distribution	समान वितरण
Equal division of opinion	राय रखने वालों की संख्या बराबर
Equal in all respects	हर तरह से बराबर
Equality before law	विधि के समक्ष समता
Equality of opportunity	अवसर की समानता
Equality of votes	मत बराबर होना
Equalization grant	सरकारी अनुदान
Equal jurisdiction	समान अधिकारिता
Equally divided in opinion	राय में बराबर बँटे हुए
Equally efficacious relief	समानतः प्रभावकारी अनुतोष
Equally entitled	समान रूप से हकदार
Equal pay for equal work	समान कार्य समान वेतन
Equal protection of laws	विधियों का समान संरक्षण
Equal shares	समान अंश
Equal treatment to all castes	सभी जातियों के प्रति समान व्यवहार
Equitable distribution	समान वितरण
Equivalent for the use	उपयोग के समतुल्य
Equivalent post	समकक्ष पद
Equivalent to	—के समान/तुल्य
Errata slip	शुद्धिपत्र

Erratic in temperament	अस्थिर स्वभाव के
Erroneous entry	गलत प्रविष्टि
Erroneous opinion	गलत राय
Erroneous views	गलत दृष्टिकोण
Error apparent on the face of the record	अभिलेख से स्पष्टतया प्रकट भूल
Error in the register	रजिस्टर में गलती
Error in writing	लिखने की गलती
Error is regretted	गलती के लिए खेद है
Error of form	प्ररूपिक गलती
Error of judgement	निर्णय की भूल
Error of omission	चूक
Errors and omissions excepted	भूल-चूक लेनी-देनी
Errors and their rectification	त्रुटियाँ और उनका सुधार
Essential commodity	आवश्यक वस्तु
Essential fact	आवश्यक तथ्य
Essentiality certificate	अनिवार्यता-प्रमाणपत्र
Essential qualification	अनिवार्य अर्हता
Essential services	आवश्यक सेवाएँ, अनिवार्य सेवाएँ
Essential term	अत्यावश्यक निबंधन
Establish a charge	आरोप सिद्ध करना
Established by judicial investigation	न्यायिक जाँच द्वारा स्थापित
Established by law	विधि द्वारा स्थापित
Established by the constitution	संविधान द्वारा स्थापित
Established practice	सुस्थापित प्रथा
Established procedure	सुस्थापित प्रक्रिया
Establishing right	अधिकार सिद्ध करना
Establishment bill	स्थापना बिल
Establishment charges	स्थापना व्यय/प्रभार
Establishment section	स्थापना अनुभाग
Establish title	हक़ स्थापित करना
Estate duty	संपदा शुल्क
Estimated cost	अनुमानित लागत

Estimated liability	प्राक्कलित दायित्व
Estimated out turn	अनुमानित उत्पादन
Estimated savings	प्राक्कलित प्राप्तियाँ/बचत
Estimated value	अनुमानित मूल्य
Estimate is under preparation	प्राक्कलन तैयार किया जा रहा है
Estimates committee	प्राक्कलन समिति
Estimates of expenditure	व्यय-प्राक्कलन
Estimates should be completed in all respects	प्राक्कलन हर तरह से पूर्ण होना चाहिए
Estimating, in	प्राक्कलन करने में
Estimation has been excessive	प्राक्कलन बहुत बढ़ा-चढ़ाकर किया गया है
Evade duties	काम को टालना
Evade the payment of tax	कर की अदायगी से बचना
Evaluation committee	मूल्यांकन समिति
Evaluation of work	कार्य का मूल्यांकन
Evasion, in	अपवंचन करके
Evasion of payment	संदाय का अपवंचन
Evasion of process	प्रक्रिया/आदेशिका से बचना
Evasion of tax	कर-अपवंचन
Evasive denial	वाक् छलपूर्ण प्रत्याख्यान
Evasive replies	टालू उत्तर
Even distribution	समान वितरण
Even if he agrees	यदि वह सहमत हो भी जाए
Evenly balanced	संतुलित
Event of, in the	की दशा में
Eventually this is bound to happen	अन्ततः यह होकर रहेगा
Ever since	तब से बराबर
Every encouragement should be given	सब तरह से प्रोत्साहन दिया जाए
Every now and then	बार-बार, जब-तब
Eviction proceedings	बेदखली की कार्यवाही
Evidence adduced	दिया गया साक्ष्य

Evidence, documentary	दस्तावेजी साक्ष्य
Evidence is closed	साक्ष्य की समाप्ति हो गई है
Evidence is highly technical nature	अत्यन्त तकनीकी प्रकृति का साक्ष्य
Evidence of distinctiveness	सुभिन्नता का साक्ष्य
Evidence of life	जीवन के लक्षण
Evidence of title	हक़ का साक्ष्य
Evidence, oral/parol	मौखिक साक्ष्य
Evidence, primary	प्राथमिक साक्ष्य
Evidence, secondary	द्वितीयक साक्ष्य
Evidence, there is enough	इसका पर्याप्त प्रमाण है
Evident advantage	सुव्यक्त भलाई
Evidentiary fact	साक्ष्यिक तथ्य
Evil repute	कुख्यात
Exactly this is what was stated there	यह ठीक वही है जो वहाँ कहा गया
Exact money	1. धन आहरित करना 2. निश्चित धनराशि
Exact nature	यथावत् प्रकृति
Exact period	निश्चित कालावधि
Exact reference	ठीक-ठीक हवाला/निर्देश
Examination and certification	परीक्षा और प्रमाणीकरण
Examination, after proper	उचित जाँच के बाद
Examination, cross	प्रति परीक्षा
Examination of contents	दस्तावेजों की परीक्षा
Examination of films	फिल्मों का परीक्षण
Examination report	परीक्षा-रिपोर्ट/विवरण
Examined and countersigned	परीक्षित और प्रतिहस्ताक्षरित
Examined by commission	परीक्षा कमीशन द्वारा की गई
Examiner of documents	1. आलेख परीक्षक 2. दस्तावेज परीक्षक
Examine the proposals in the light of observation at 'A'	'क' पर व्यक्त विचारों को दृष्टि में रखते हुए प्रस्तावों की जाँच कीजिए
Ex-cadre post	संवर्ग बाह्य पद

Excellent officer	बहुत ही अच्छे अधिकारी
Except according to procedure established	तय की हुई प्रक्रिया को छोड़
Except as expressly provided	स्पष्ट रूप से उपबंधित स्थिति को छोड़
Except as otherwise provided	अन्यथा उपबंधित के अतिरिक्त
Except as otherwise provided for by the constitution	इस विधान/संविधान की अन्य व्यवस्था को छोड़कर
Except for special reasons	विशेष कारणों के सिवाय
Except for the purpose of	के प्रयोजनार्थ के सिवाय
Except in so far as they may be inconsistent with	उस स्थिति को छोड़, जहाँ तक कि वे —से असंगत न हों
Exceptional and emergent cases	असामान्य और आपाती मामले
Exceptional calibre	असामान्य चरित्रवान
Exceptional case	विशिष्ट मामला
Exceptional circumstances	असाधारण परिस्थितियाँ
Exceptional grant	आपवादिक अनुदान
Exceptional hardship	असाधारण कष्ट
Exceptionally energetic	असामान्य रूप से फुर्तीला
Exceptional measure	1. विशेष उपाय 2. असाधारण कार्रवाई
Exceptional merit	असाधारण/विशिष्ट योग्यता
Except with the consent	—की सम्मति के विना —की सम्मति से ही, अन्यथा नहीं
Except with the previous sanction	पूर्व स्वीकृति से ही, इसके बिना नहीं
Excess amount	अतिरिक्त रक़म
Excess charge	अतिरिक्त प्रभार
Excess fare ticket	अतिरिक्त भाड़ा टिकट
Excess grant	अतिरिक्त अनुदान
Excesses and savings	अधिक व्यय और बचत
Excess is due to	अधिकता का कारण यह है कि—
Excess of his powers, in	अपनी शक्तियों के बाहर
Excess over allotment	आवंटन से अधिक राशि

Excess payment recovered	अधिक भुगतान की रक़म वसूल की गई
Excess shall be disregarded	आधिक्य हिसाब में नहीं लिया जाएगा
Excess shall be refunded	अधिक रक़म वापस कर दी जाएगी
Exchange at par	सममूल्य पर विनिमय
Exchange below par	अवमूल्य पर विनिमय
Exchange facilities	विनिमय की सुविधाएं
Exchange of information	सूचना का आदान-प्रदान
Exchange of population	आबादी की अदला-बदली
Exchange of views	विचार-विनिमय
Excise duty	उत्पाद शुल्क
Excluding the charges	खर्चों को छोड़कर
Excluding the cost	लागत को छोड़कर
Exclusive jurisdiction	अनन्य अधिकारिता/अधिकार क्षेत्र
Exclusively for	केवल—के लिए
Exclusive of	को छोड़कर, को सम्मिलित न करके
Exclusive possession	एकमात्र कब्जा
Exclusive privilege	एकमात्र विशेषाधिकार
Exclusive right	एकमात्र अधिकार
Executed in good faith	सद्भावपूर्वक निष्पादन हुआ
Executed in several parts	कई (मूल) प्रतियों में निष्पादित
Executed instrument in writing	निष्पादित लिखत
Execute the work-order	कार्य-आदेश का पालन कीजिए
Execution of act	अधिनियम को कार्यान्वित करना
Execution of a deed	विलेख का निष्पादन
Execution of contract	संविदा/ठेका-निष्पादन
Execution of decree	डिक्री (डिगरी) का निष्पादन
Execution of documents	दस्तावेजों का निष्पादन
Execution of duty	कर्त्तव्य करना/निभाना
Execution of orders	आदेशों का पालन
Execution of public duty	लोक-कर्त्तव्य का निष्पादन
Execution of warrant	वारंट का निष्पादन
Execution of works	निर्माण कार्य पूरा करना
Execution proceeding	निष्पादन कार्यवाही
Executive ability	कार्य सम्पादन की योग्यता

Executive authority	कार्यपालक प्राधिकारी
Executive bent of mind	कार्यपालक प्रवृत्ति
Executive committee	कार्यकारिणी समिति
Executive council	कार्य परिषद्
Executive officer	कार्यपालक/अधिशासी अधिकारी
Executive order	कार्यपालक आदेश
Executive power	1. कार्यपालन शक्ति 2. अधिशासी अधिकार
Executive staff	कार्यपालक कर्मचारीगण
Exemplary manner	अनुकरणीय रीति
Exemplary punishment	शिक्षाप्रद दण्ड
Exempli gratia (e.g.)	उदाहरण के लिए, जैसे
Exempted employee	छूटप्राप्त कर्मचारी
Exempted from attachment	कुर्की से छूट प्राप्त
Exemption certificate	छूट प्रमाणपत्र
Exemption from arrest	गिरफ़्तारी से छूट
Exemption from duty	1. कर्त्तव्य से मुक्ति 2. शुल्क से छूट
Exemption from payment of fees	फ़ीस देने से छूट
Exemption from taxation	कर-मुक्ति/छूट
Exercisable from time to time	जिसका समय-समय पर प्रयोग किया जा सकता है
Exercise absolute discretion	आत्यंतिक विशेषाधिकार का प्रयोग करना
Exercise due discretion	उचित स्वविवेक का प्रयोग करना
Exercise initiative	स्वप्रेरणा का प्रयोग करना, पहल करना
Exercise of discretion	स्वविवेक का प्रयोग
Exercise of functions	कृत्यों का सम्पादन
Exercise of powers	शक्तियों का प्रयोग
Exercising jurisdiction, person	अधिकारिता का प्रयोग करने वाला व्यक्ति
Ex facie	स्पष्टतः, सहज स्वरूप से
Ex-gratia	अनुग्रहपूर्वक

Ex-gratia payment	अनुग्रही भुगतान, अनुग्रह के रूप में अदायगी
Exhaustive inspection	व्यापक निरीक्षण
Exhaustive report	परिपूर्ण/विशद प्रतिवेदन
Exhibited in the accounts	लेखाओं में दिखाया गया
Exhibit good understanding	अच्छी समझ का परिचय देना
Exhibit number	प्रदर्श क्रमांक
Exigencies of administrative work	प्रशासकीय कार्य की अत्यावश्यकताएँ
Exigencies of public service	लोकसेवा की आवश्यकताएँ
Existence of customs	रूढ़ि का अस्तित्व
Existence of designs	परिकल्पना का अस्तित्व
Existence of entry	प्रविष्टि का अस्तित्व
Existence of mortgage	बंधक का अस्तित्व
Existence of public right	लोक अधिकार का अस्तित्व
Existence of vacancy	स्थान खाली होना
Existing consideration	विद्यमान प्रतिफल
Existing employee	विद्यमान कर्मचारी
Existing facts	विद्यमान तथ्य
Existing law	मौजूदा कानून
Existing liability	विद्यमान दायित्व
Existing organisation	विद्यमान संगठन
Existing patent	विद्यमान पेटेन्ट
Ex-military personnel	भूतपूर्व सेना कर्मचारी
Ex-officio	पदेन
Expansion and coordination	विस्तार और समन्वय
Expansion of cabinet	मंत्रिमंडल का विस्तार
Expansion programme	विस्तार कार्यक्रम
Ex-parte	एकपक्षीय, इकतरफ़ा
Ex-parte assessment	एकपक्षीय निर्धारण
Ex-parte injunction	एकपक्षीय निषेधाज्ञा
Ex-parte order	एकपक्षीय आदेश
Ex-party decision	एकपक्षीय निर्णय, एकतरफ़ा फैसला

Expedient for the ends of justice	न्याय के उद्देश्यों की पूर्ति के लिए समीचीन
Expedient in the public interest	लोकहित में समीचीन
Expedite action	शीघ्र कार्रवाई करें, कार्रवाई में शीघ्रता करें
Expedite submission of report	रिपोर्ट शीघ्र भिजवाने की व्यवस्था करें
Expeditious disposal	शीघ्र निपटान
Expeditious settlement of claims	दावों का शीघ्र निपटारा
Expel from—for—	—के कारण—(सेवा) से निकालना
Expenditure estimate	व्यय/खर्च का अनुदान
Expenditure head	व्यय शीर्ष (लेखा)
Expenditure including the bill	बिल सहित खर्च
Expenditure incurred bonafide	सद्भावपूर्वक किया गया खर्च/व्यय
Expenditure is excessive	व्यय अत्यधिक है
Expenditure is recurring	व्यय/ख़र्च आवर्ती है
Expenditure is within budgetary allotment	व्यय बजट-आवंटन के भीतर है
Expenditure met from revenue	राजस्व में से किया गया खर्च
Expense of, at the	की हानि करके
Expenses entailed on him	उस पर किए गए व्यय
Expenses of administration	प्रशासन-खर्च
Expenses of management	प्रबंध-व्यय
Experimental measure	प्रयोगात्मक उपाय
Experiment to be tried	प्रयोग किया जाना
Expert committee	विशेषज्ञ समिति
Expert opinion	विशेषज्ञ की राय
Expiration of the period	कालावधिक अवसान
Expiration of the sentence	दंडादेश का अवसान
Expiration of the term of office	पदावधि की समाप्ति
Expiration of time	समय का अवसान
Expiring laws continuance bill	समाप्तप्राय: कानूनों को जारी रखने वाला बिल

Expiry date	कालावधि समाप्त होने की तारीख
Explained in your letter	आपके पत्र में स्पष्ट किया गया
Explained in your memorandum	आपके ज्ञापन में स्पष्ट किया गया
Explain the circumstances under which—	वे परिस्थितियाँ बताइए जिनके कारण—
Explain why disciplinary action should not be taken against you	बतायें कि आपके विरुद्ध अनुशासन की कार्रवाई क्यों न की जाए
Explanation be called for	स्पष्टीकरण माँगा जाए
Explanation from the defaulter may be obtained	बकायादार से स्पष्टीकरण माँगा जाए, दोषी से जवाब-तलब किया जाए
Explanatory note	व्याख्यात्मक टिप्पणी/नोट
Explanatory of conduct	आचरण को स्पष्ट करने वाला
Explanatory of facts	तथ्यों को स्पष्ट करने वाला
Explanatory statement	व्याख्यात्मक विवरण
Explicit agreement	स्पष्ट समझौता
Explicitly told	स्पष्टतया बता दिया गया
Exploitation of labour	श्रमिकों का शोषण
Exploitation of resources	साधनों का समुपयोजन
Export credit guarantee	निर्यात उधार गारंटी
Export duty	निर्यात शुल्क
Export promotion scheme	निर्यात प्रोत्साहन योजना
Ex-post facto	कार्योत्तर, भूतलक्षी प्रभाव
Ex-post facto sanction	कार्योत्तर मंजूरी
Ex-president	1. भूतपूर्व राष्ट्रपति 2. भूतपूर्व अध्यक्ष
Express acceptance	अभिव्यक्त स्वीकृति
Express consent	अभिव्यक्त सम्मति
Express contract	अभिव्यक्त संविदा
Express delivery	तुरन्त वितरण
Expression local	स्थानीय शब्द प्रयोग
Expression of opinion	राय की अभिव्यक्ति
Expressly made known	प्रत्यक्ष बताया गया

Expressly provided	स्पष्टतः उपबंधित
Expulsion from	—से निष्कासन
Ex-serviceman	भूतपूर्व सैनिक
Extend assistance	सहायता/मदद देना
Extend time	समय बढ़ना/देना
Extension of contract	ठेके की अवधि बढ़ाना
Extension of delivery date	सुपुर्दगी की तारीख़ बढ़ाना
Extension of lease period	पट्टे की अवधि बढ़ाना
Extension of leave	छुट्टी बढ़ाना
Extension of service	सेवावधि बढ़ाना
Extension of term of office	पदावधि का विस्तार
Extension services	विस्तार सेवाएँ
Extensive cultivation	विस्तृत/सघन खेती
Extent of recognition	मान्यता का विस्तार
Extent of, to that	उस परिमाण तक
Extent of, to the	उस परिमाण तक
Extenuating circumstances	उपशामक परिस्थितियाँ
Extinction of rights	अधिकारों का निर्वापन
Extinction of trust	न्यास का निर्वापन
Extinct tribe	लुप्त जनजातियाँ
Extra copy	अतिरिक्त प्रति
Extra cost	अतिरिक्त लागत
Extra effort	अतिरिक्त प्रयास
Extracts taken	उद्धरण ले लिये गये
Extra-curricular activities	पाठ्येतर क्रियाकलाप
Extra duty allowance	अतिरिक्त ड्यूटी
Extra-mural employment	काराबाह्य रोजगार
Extraneous matter	असंगत विषय, अप्रासंगिक विषय
Extra-ordinary gazette	असाधारण राजपत्र/गजट
Extra-ordinary intelligent	असाधारण मेधावी
Extra-ordinary leave	असाधारण छुट्टी
Extra-ordinary leave without allowances	बिना भत्तों की असाधारण छुट्टी
Extra-ordinary meeting	असाधारण बैठक

Extra-ordinary powers in the case of emergency	आपात स्थिति में असाधारण शक्तियाँ
Extra-ordinary risk	असाधारण जोखिम
Extra-ordinary session	असाधारण/विशेष अधिवेशन
Extra payment	अतिरिक्त भुगतान
Extra-territorial offence	राज्य-क्षेत्र से बाहर हुआ अपराध
Extravagance in living	रहन-सहन में फिजूलखर्ची
Extravagant expenditure	फिजूल खर्च
Extra work	अतिरिक्त कार्य
Extremely difficult	अत्यन्त कठिन
Extremely helpful	अत्यधिक सहायक
Extremely narrow scope	अत्यन्त संकीर्ण दायरा
Ex turpi causa	अधम कार्य से
Ex work	1. संकार्य द्वारा 2. संकार्य बाह्य
Eye witness	प्रत्यक्षदर्शी साक्षी, चश्मदीद गवाह

F

Fabricated evidence	गढ़ा हुआ साक्ष्य
Fabricating false evidence	मिथ्या साक्ष्य गढ़ना
Fabrication of documents	जाली दस्तावेज बनना
Face of it, on the	प्रत्यक्षतः, देखते ही
Face, on it	देखते ही
Face value	अंकित मूल्य
Facilitating commission of offence	अपराध करने को सुकर बनाना
Facilities are not available	सुविधाएँ उपलब्ध नहीं हैं
Facilities, medical	चिकित्सा सुविधाएँ
Facsimile signature	प्रतिकृति हस्ताक्षर
Fact finding committee	तथ्य-अन्वेषी समिति

Fact, in	वास्तव में, वस्तुतः
Fact in issue	विवादग्रस्त तथ्य
Fact of minority	अव्यस्थता का तथ्य
Fact of public nature	लोक प्रकृति का तथ्य
Factors affecting	भाव डालने वाली बातें
Fact, question of	तथ्य का प्रश्न
Fact, relevant	सुसंगत तथ्य
Facts, admitted	स्वीकृत तथ्य
Facts and figures	तथ्य तथा आँकड़े
Facts constituting the offence	अपराध गठित करने वाले तथ्य
Facts of the case in brief are as follows	संक्षेप में मामले के तथ्य इस प्रकार हैं
Facts of the case may kindly be furnished	मामले/प्रकरण संबंध तथ्य प्रस्तुत किए जाएँ
Factual data	तथ्यात्मक आधार सामग्री
Factual statement	तथ्यात्मक विवरण
Fag end	बिल्कुल अन्त
Failing any indication	कोई संकेत न होने पर
Failing which serious action will be taken	न करने पर सख्त कार्रवाई की जाएगी
Fails, interest	हित निष्फल हो जाता है
Fails without sufficient cause	पर्याप्त हेतुक के बिना असफल रहता है
Fail to appear	उपस्थित न होना, अनुपस्थित रहना
Fail to comply	पालन न करना, असफल रहना
Fail to produce	पेश न करना, पेश करने में असफल
Failure in duty	कर्त्तव्यपालन में असफलता
Failure of consideration	प्रतिफल की असफलता
Failure of constitutional machinery	सांविधानिक तन्त्र विफल हो जाना
Failure of crops	फसलें बिगड़ जाना
Failure of device	प्रयुक्ति की असफलता
Failure of interest	हित की निष्फलता
Failure of issue	संतान का न होना
Failure of justice	न्याय का न हो पाना

Failure of prior interest	पहले हित की निष्फलता
Failure of proof of an offence	अपराध का सबूत न होने पर
Failure of the applicant to appear	आवेदक का उपस्थित होने में असफल रहना
Failure on the part of	—की असफलता
Failure to apply	आवेदन करने में असफलता
Failure to comply	अनुपालन में असफलता
Failure to deliver returns	विवरणियाँ देने में/ज़मा करने में असफलता
Failure to give surety	प्रतिभूति देने में असफल रहना
Failure to submit returns	विवरण भेजने में चूक करना
Fair and accurate report	उचित और सही रिपोर्ट
Fair and correct summary	निष्पक्ष और सही संक्षेप
Fair and equitable distribution	उचित और समान वितरण
Fair and just	उचित तथा न्याय संगत
Fair and reasonable	उचित और युक्तियुक्त
Fair comment	उचित टीका टिप्पणी
Fair compensation	उचित प्रतिकर
Fair copy	स्वच्छ प्रति
Fair deal	1. उचित व्यवहार 2. ईमानदारी का लेनदेन
Fair dealing	खरा व्यवहार
Fair election	निष्पक्ष चुनाव
Fair enquiry	ठीक-ठीक जाँच
Fair knowledge	अच्छा ज्ञान
Fairly capable officer	साधारणतः अच्छा योग्य अधिकारी
Fairly good degree of capability	काफी अच्छी योग्यता
Fairly satisfactory	साधारणतः संतोषजनक
Fairly sound in judgement	निर्णय सामान्यतः ठोस है
Fair minded officer	निष्पक्ष अधिकारी
Fairness, in	औचित्य से
Fair price shops	उचित मूल्य की दुकानें
Fair proportion of the expense	काम का उचित अनुपात

Fair trial	निष्पक्ष विचारण
Fair wages	उचित मजदूरी/वेतन
Fair weather roads	खुले मौसम की सड़कें
Fait accompli	सम्पन्न कार्य
Faith, acting in good	सद्भाव से कार्य करते हुए
Faithful employee	निष्ठावान कर्मचारी
Faithfully perform	निष्ठापूर्वक पालन करना
Faithfully yours	भवदीय
Faithful performance	निष्ठापूर्वक पालन
Faith, in bad	असद्भाव से
Faith, in good	सद्भावपूर्वक
Fallacious argument	दोषपूर्ण दलील/तर्क
Fall due	देय होना
Fall in line with	—के अनुसार कार्य करना
Fall in prices	मूल्यों/कीमतों में गिरावट
Fall short of—	—से कम होना
Fall through	निष्फल होना
Fall within the control	नियन्त्रण में आना
False accounts	झूठा हिसाब-किताब
False accusation	मिथ्या अभियोग
False charge	मिथ्या आरोप/झूठा इलजाम
False claim	मिथ्या दावा
False declaration	मिथ्या घोषणा
False defence	मिथ्या प्रतिवाद
False document	मिथ्या/झूठा दस्तावेज
False entry	मिथ्या प्रविष्टि
False estimate	मिथ्या प्राक्कलन
False evidence	मिथ्या साक्ष्य
False impression	भ्रांत धारणा
False information	मिथ्या जानकारी
False light	भ्रामक प्रकाश
Falsely implicated	झूठमूठ फंसा दिया गया
Falsely personate	मिथ्या प्रतिरूपण करना
Falsely measure	मिथ्या नाप

Falsely suggest	मिथ्या रूप से उपलक्षित होना
False name	मिथ्या नाम
False opinion	मिथ्या धारणा
False personation	छद्म प्रतिरूपण
False representation	मिथ्या व्यपदेशन
False sample	नकली नमूना
False seal	नकली मुद्रा
False statement	झूठा बयान, मिथ्या कथन
False suggestion	असत्य का सुझाव
False warranty	मिथ्या वारंटी
False weights	खोटे बाँट
Falsification of account	हिसाब का मिथ्याकरण
Family members	परिवार के सदस्य
Family pension scheme	परिवार पेंशन स्कीम/योजना
Family welfare	परिवार कल्याण
Famine relief fund	अकाल-सहायता कोष
Famine stricken	अकाल-पीड़ित
Farewell address	विदाई भाषण
Farmers' organisation	कृषक-संगठन
Far reaching effect	दूरगामी प्रभाव
Fatal attack	घातक हमला
Fault finding	दोष निकालना
Faulty action	दोषपूर्ण कार्रवाई
Favourable action	अनुकूल कार्रवाई
Favourable attitude	अनुकूल रुख
Favourable balance	अनुकूल शेष
Favourable conditions	अनुकूल परिस्थितियाँ
Favourable reaction	अनुकूल प्रतिक्रिया
Favour, of in	—के पक्ष में
Fearless in giving advice	परामर्श देने में निडर
Fear or favour	भय या पक्षपात
Feasibility report	साध्यता रिपोर्ट
Feasibility study	साध्यता संबंधी अध्ययन
Features essential	सारभूत लक्षण

Federal constitution	संघीय संविधान
Federal govt.	संघीय सरकार/शासन
Feed back	1. परिष्करण, परिशोधन 2. प्रतिपुष्टि, पुनर्निवेश
Feeling expressed in the meeting	बैठक में व्यक्त की गई भावना
Feeling of ill will	शत्रुता की भावना
Felo de se	आत्मघाती
Fellow officer	सहकर्मी पदाधिकारी
Female dependent	महिला आश्रित
Ferry service	नाव-व्यवस्था
Festival advance	त्यौहार अग्रिम
Fictitious account	फ़र्जी लेखा
Fictitious claim	फ़र्जी/काल्पनिक दावा
Fictitious loss	काल्पनिक हानि
Fictitious name	कल्पित नाम
Fictitious payee	फ़र्जी अदाता
Fictitious person	कल्पित व्यक्ति
Fictitious story	काल्पनिक कहानी
Fidelity bond	विश्वस्तता बंधपत्र
Fidelity guarantee policy	निष्ठा गारंटी बीमा
Field agency	क्षेत्रीय एजेंसी/अभिकरण
Field allowance	1. बहिःक्षेत्रीय भत्ता 2. जंगी/युद्ध भत्ता
Field appointment	क्षेत्र नियुक्ति
Field office	क्षेत्रीय कार्यालय
Field of study	अध्ययन क्षेत्र
Field staff	क्षेत्रीय अधिकारी
Field work	क्षेत्र कार्य
Field worker	क्षेत्रीय कार्यकर्त्ता
Fifth ultimo	गत मास की पाँचवीं तारीख
Figure head	1. चित्र शीर्ष 2. नाममात्र का प्रमुख
Figures do not tally	आँकड़े मेल नहीं खाते

Figure for the corresponding period of the last year	पिछले वर्ष की इसी अवधि के आँकड़े
Figures have been compiled and shown in attached statement	आँकड़े संकलित कर लिए गए हैं और संलग्न विवरण में दिए गए हैं
Figures, in	अंकों में
File 'A' eliminated	फ़ाइल 'क' नष्ट की गई
File an affidavit	शपथपत्र/हलफ़नामा दाख़िल करना
File an appeal	अपील दायर करना
File an application	आवेदन प्रस्तुत किया जाए
File 'A' partly eliminated	फ़ाइल 'क' आंशिक रूप से नष्ट की गई
File a suit	मुकदम दायर करना
File board	फ़ाइल बोर्ड
File classification system	फ़ाइल वर्गीकरण पद्धति
File cover	फ़ाइल/मिसिल कवर
File has been delinked	फ़ाइल अलग कर ली गई है
File in play (action)	कार्याधीन फ़ाइल
File in question is placed below	अपेक्षित फ़ाइल नीचे रखी है
File is not readily traceable	फ़ाइल तत्काल नहीं मिल रही है
File is under submission	फ़ाइल अधिकारी के पास है
File may be referred to Ministry—for comments	यह फ़ाइल टिप्पणी के लिए—मंत्रालय को भेज दी जाए
File may kindly be returned early	कृपया इस फ़ाइल को शीघ्र लौटा दें
File movement register	फ़ाइल संचलन रजिस्टर
File papers	फ़ाइल में क़ागज लगाये जाएँ
Files are indexed	फ़ाइलों को सूचीबद्ध किया जाता है
Filing a return	विवरण दाख़िल करना
Filing of document	दस्तावेज प्रस्तुत करना
Filing system	फ़ाइल पद्धति
Filling of vacancies	रिक्तियों का भरा जाना
Filling up of posts	पदों को भरना
Fill the officer	पद को भरना

Fill up gaps	कमी की पूर्ति
Final audit	अन्तिम लेख-परीक्षा
Final bill is not on prescribed form	अन्तिम बिल निर्धारित फार्म पर नहीं है
Final concurrence is accorded	अन्तिम सहमति दी जाती है
Final decision when arrived at will be communicated	अन्तिम निर्णय हो जाने पर सूचित किया जाएगा
Final decree	अन्तिम डिक्री
Final disposal	अन्तिम निपटारा
Final evidence	अन्तिम साक्ष्य
Final judgement	अन्तिम निर्णय
Finally disposing of the matter	मामले को अन्तिम रूप से निपटाए हुए
Finally exempt	अन्तिम रूप से छूट प्राप्त
Final meeting	अन्तिम बैठक
Final order	अन्तिम आदेश
Final payment	अन्तिम भुगतान
Final pension	पक्की पेंशन
Final reading	अन्तिम वाचन
Final reply will follow	अन्तिम उत्तर भेज दिया जाएगा
Final report	अन्तिम रिपोर्ट
Finance administration	वित्तीय प्रशासन
Finance bill	वित्त बिल
Finance commission	वित्त आयोग
Financed by	द्वारा वित्त व्यवस्था की गई
Finance Department may kindly be requested to reconsider	वित्त विभाग से कृपया पुनः विचार करने के लिए अनुरोध किया जाए
Finance Department may please see for concurrence	वित्त विभाग कृपया सहमति के लिए देख ले
Financial accommodation	वित्तीय सौकार्य
Financial aid	वित्तीय सहायता
Financial bearing	वित्तीय प्रभाव
Financial concurrence	वित्तीय सहमति

Financial concurrence to the creation of the following post is necessary	नीचे लिखे पद के सर्जन के लिए वित्तीय सहमति आवश्यक है
Financial concurrence to the proposal is awaited	प्रस्ताव पर वित्तीय सहमति की प्रतीक्षा है
Financial corporation	वित्तीय निगम
Financial crisis	वित्तीय संकट
Financial estimate	वित्तीय अनुमान/प्राक्कलन
Financial function	वित्तीय कार्य
Financial implications of the proposal made by—duly vetted by A/c are furnished	—द्वारा बनाये गये प्रस्ताव के वित्तीय फलितार्थ प्रस्तुत किये जा रहे हैं जिनकी लेखा विभाग ने विधिवत् पड़ताल कर ली है
Financial irregularity	वित्तीय अनियमितता
Financial management and control	वित्तीय प्रबंध और नियंत्रण
Financial obligation	1. वित्तीय भार/बाध्यता 2. वित्तीय दायित्व
Financial position	वित्तीय स्थिति
Financial powers	वित्तीय शक्तियाँ
Financial provision	वित्तीय व्यवस्था
Financial reporting	वित्तीय रिपोर्ट देना
Financial resources	वित्तीय संसाधन
Financial stability	वित्तीय स्थिरता
Financial statement	वित्तीय विवरण
Financial stock taking	वित्तीय स्थिति की पड़ताल
Financial year	वित्तीय/वित्त वर्ष
Financing agency	वित्तीय अभिकरण/एजेंसी
Finding, arrived at	जिस निष्कर्ष पर पहुँच गया है
Finding given	1. निष्कर्ष निकाला गया 2. निकाला गया निष्कर्ष
Finding in the affirmative	सकारात्मक/अनुकूल निष्कर्ष
Finding in the negative	नकारात्मक/प्रतिकूल निष्कर्ष
Finding made	किया गया निष्कर्ष

Finding of the Enquiry Officer	जाँच अधिकारी का निष्कर्ष
Find surety	प्रतिभूत देना
Fined Rs.—	—रु० जुर्माना किया
Fine workmanship	शिल्प कौशल
Fines, recovery of	जुर्मानों की वसूली
Finger print	अंगुली-छाप
Fire alarm	आग लगने की चेतावनी
Fire brigade	दमकल, फायर ब्रिगेड
Fire fighting	आग बुझाना
Fire insurance	अग्नि बीमा
Fire proof	अग्नि-सह, फायर प्रूफ
Fire proof box	अग्नि-सह पेटी
Fire protection and control	अग्नि परिमाण व नियंत्रण
Fire service	अग्नि शमन सेवा
Firm action	दृढ़तापूर्ण कार्रवाई
Firm, by being more	अधिक दृढ़ होकर
First aid facilities	प्राथमिक चिकित्सा सुविधाएँ
First aid treatment	प्राथमिक उपचार चिकित्सा
First come first served	पहले आये सो पहले पाये
First count	प्रथम गणना, पहली गिनती
First detected	पहले-पहल पता चला
First hearing	पहली सुनवाई
First information report	प्रथम सूचना रिपोर्ट
First in rank	पंक्ति में प्रथम
First instance	प्रथम बार
First preference	प्रथम अधिमान
First preference, in the	प्रथम बार ही
First reading	प्रथम वाचन
First round	पहला दौर
First Schedule	प्रथम अनुसूची
Fiscal policy	राजस्व संबंधी नीति
Fit and proper person	उपयुक्त तथा उचित व्यक्ति
Fit and safe	उपयुक्त और निरापद
Fit case for appeal	अपील के लिए सर्वथा उचित

Fit for acclerated promotion	त्वरित प्रोन्नति योग्य
Fit for confirmation	स्थायी किये जाने योग्य
Fit for discharge	उन्मोचन के योग्य
Fit for exhibition	प्रदर्शन के लिए ठीक
Fit for human consumption	मानव उपभोग योग्य
Fit for trial	परीक्षण के योग्य
Fit for use	उपयोग के योग्य, काम के लायक
Fit, its keeping	अभी चुस्त दुरुस्त है
Fit memo	1. आरोग्य प्रमाणपत्र 2. दुरुस्ती पत्र
Fitness certificate	1. स्वस्थता प्रमाणपत्र 2. उपयुक्तता प्रमाणपत्र
Fitness for the job	कार्य के लिए उपयुक्तता
Fitness, physical	शारीरिक समर्थता
Fit person	1. ठीक व्यक्ति 2. योग्य व्यक्ति
Fit state of health	ठीक स्वास्थ्य
Fitted, best	सर्वाधिक उपयुक्त
Fit to be heard	सुनवाई के योग्य
Five Year Plan	पंचवर्षीय योजना
Fix a date for hearing	सुनवाई के लिए तारीख निश्चित करना
Fix a date for meeting	बैठक के लिए तारीख तय करना
Fixation of ceiling	अधिकतम सीमा नियत करना
Fixation of pay	वेतन निर्धारण
Fixation of responsibility	उत्तरदायित्व निर्धारित करना
Fixed assets	स्थायी आस्तियाँ
Fixed boundary	नियत सीमा
Fixed date	नियत तारीख
Fixed day	नियत दिन
Fixed deposit	सावधि जमा
Fixed dimensions	स्थिर विस्तार
Fixed monthly allowance	नियत मासिक भत्ता
Fixed pay	नियत वेतन

Fixed price	1. एक दाम 2. नियत मूल्य
Fixed rate	नियत दर
Fixed salary	नियत वेतन
Fixed structure	स्थिर संरचना
Fixed time	नियत समय
Fixtures and fittings	फिक्सचर और फ़िटिंग
Fix up responsibility	जवाबदेही ठहराई जाए, उत्तरदायित्व निश्चित किया जाए
Fix up some date	कोई तिथि/दिनांक निश्चित करें
Flag 'A'	पताका 'क'
Flair for executive work	प्रबंध कार्य की सहज प्रवृत्ति
Flat denial	साफ़ इनकार/मना
Flat rate	समान दर
Floating capital	अस्थायी पूँजी
Flood control	बाढ़ नियंत्रण
Floor price	निम्नतम मूल्य/कीमत
Flow irrigation	तोड़/बहाव सिंचाई
Fluctuation in agricultural development	कृषि विकास में उतार-चढ़ाव
Fluctuation in prices	कीमतों में घट-बढ़
Fly from justice	न्याय से भागना
Flying squad	उड़न दस्ता
Flying visit	तूफानी दौरा
Fly leaf	कोरा पन्ना
Fodder crops	चारा फसलें
Follow in	अन्त तक पीछा करना
Following date	निम्नलिखित तारीख
Following day	अगला दिन
Following facts	निम्नलिखित तथ्य
Following in his steps	अनुकरण करना
Following is an extract of Board's orders	बोर्ड के आदेश का उद्धरण नीचे दिया गया है
Following suggestions	निम्नांकित सुझाव

Follow the orders	आदेशों का पालन कीजिए
Follow the procedure	प्रक्रिया का अनुसरण करना
Follow up	1. दृढ़ता के साथ किसी काम पर जमे रहना 2. किसी कार्य का चालू रहना 3. किसी पिछले परिणाम के हवाले में दूसरा परिणाम
Follow up action	अनुवर्ती कार्रवाई
Follow up cultivation	अनुवर्ती कृषि
Follow up negotiation	अनुवर्ती बातचीत
Food conference	खाद्य सम्मेलन
Food grain policy	अनाज नीति
Food position	खाद्य स्थिति
Food supplies	खाद्य पूर्ति
Foot, at the	पाद भाग में
Footing, separate and independent	पृथक् और स्वतंत्र आधार
Foot note	पाद टिप्पणी
Foot prints	पद चिह्न
For a certain sum	एक निश्चित राशि के बदले
For a continuous period	की निरन्तर अवधि तक/में
For administrative approval	कृपया प्रशासनिक अनुमोदन करें
For all concerned please	सभी संबंधित व्यक्तियों के लिए
For all that	बावजूद इन सबके
For and against	पक्ष और विपक्ष में
For and on behalf of	—के लिए और उनकी ओर से
For any reason	किसी कारण से
For approval	अनुमोदन के लिए
For a term of years	निश्चित अवधि के लिए
For a total period of thirty days	कुल मिलाकर तीस दिन की अवधि के लिए
For attestation please	कृपया तसदीक करें
For being member	सदस्य होने के लिए
Forbidden by law	विधि द्वारा निषिद्ध

For carrying out the purpose of	के प्रयोजन को पूरा करने के लिए
Forced by economic necessity	आर्थिक आवश्यकता से विवश होकर
Forced labour	बेगार
Force, in	प्रवृत्त
Force of law	विधि का बल
Force, persuasive	आग्रही बल
Forces, armed	सशस्त्र बल
Forcibly and wrongfully dispossessed	बलात् और दोषपूर्ण ढंग से बेदखल/ बेकब्जा किया गया
For comments	मत/राय के लिए
For compliance	अनुपालन के लिए
For concurrence	सहमति के लिए
For consideration	विचार के लिए
For convenient transaction	सुविधापूर्वक संव्यवहार/करने के लिए
For daily purposes	दैनिक प्रयोजनों के लिए
For discussion	चर्चा के लिए
For disposal	1. निपटाने के लिए, निवर्तन के लिए 2. व्ययन के लिए
For disposal according to law	विधि के अनुसार निपटाने के लिए
For disposal or report	व्यवस्था या प्रतिवेदन के लिए
For each year of completed service	पूरी हुई सेवा के प्रत्येक वर्ष के लिए
For early compliance	शीघ्र कार्रवाई के लिए/करें
For early remarks	शीघ्र रिमार्क दें
Foregoing debt	पूर्वगामी ऋण
Foregoing deposition	पूर्ववर्ती अभिसाक्ष्य
Foregoing provision	पूर्ववर्ती उपबंध
Foregone conclusion	पहले से निकाला गया निष्कर्ष
Foreign affairs	विदेशी मामले
Foreign agency	विदेशी अभिकरण/एजेंसी
Foreign agent	विदेशी अभिकर्त्ता/एजेंट
Foreign aid	विदेशी सहायता
Foreign currency	विदेशी मुद्रा

Foreign dignitary	विदेशी उच्च पदाधिकारी
Foreign exchange	1. विदेशी मुद्रा 2. विदेशी विनिमय
Foreign service	1. विदेश सेवा 2. इतर विभाग सेवा
Foreign trade	विदेश व्यापार
For enquiry and report	जाँच और रिपोर्ट/प्रतिवेदन के लिए
Forest land	वन भूमि
Forest offence	वन अपराध
Forest product	वनोपज
For ever	हमेशा के लिए, सदैव
For examination and report in due course	जाँच करने और यथा समय रिपोर्ट देने के लिए
For example	उदाहरण के लिए
For expression of opinion	मत प्रकट करने के लिए
For facility of reference	संदर्भ की सुविधा के लिए
For favourable action	अनुकूल कार्रवाई के लिए
For favour of doing the needful	आवश्यक कार्रवाई के लिए, कृपया आवश्यक कार्रवाई की जाए
For favour of necessary action	उचित कार्रवाई के लिए
For favour of orders	आदेश के लिए, आदेशार्थ
Forfeited to government	सरकार को समपहृत
Forfeiture of property	सम्पत्ति का समपहरण
Forfeiture of seniority	ज्येष्ठता का समपहरण
Forfeiture of service	सेवाकाल का समपहरण
Forfeiture ordered	जब्ती का आदेश दिया
For filing into the case concerned	संबंधित मामले के साथ नत्थी करने के लिए
For financial concurrence	वित्तीय सहमति के लिए
For free distribution	निःशुल्क वितरण के लिए
For furnishing information	जानकारी/सूचना देने के लिए
For further action	आगे की कार्रवाई के लिए
Forged document	जाली दस्तावेज
Forged seal	जाली सील/मुद्रा

Forged signature	जाली हस्ताक्षर
Forgery of document	जाली दस्तावेज बनाना
For good and satisfactory reasons	संतोषजनक एवं पर्याप्त कारणों से
For gross negligence on your part	आपकी ओर से घोर असावधानी के लिए
For guidance	मार्ग दर्शन के लिए
For immediate action	तत्काल कार्रवाई करें
For immediate attention	तुरन्त ध्यान दें
For information	सूचना/जानकारी के लिए
For information and guidance	सूचना और मार्ग दर्शन के लिए
For information and necessary action	सूचना और आवश्यक कार्रवाई के लिए
For information and order	सूचना और आदेश के लिए
For information only	केवल सूचना के लिए
For instance	उदाहरण/मिसाल के तौर पर
For interview	इंटरव्यू/भेंट के लिए
For life	जीवन पर्यन्त/आजीवन
Form a conjecture	अनुमान लगाना
Form a document, reduced to	दस्तावेज के रूप में लेखबद्ध
Formal approval is necessary	औपचारिक/नियमित अनुमोदन आवश्यक है
Formal character	औपचारिक प्रकार
Formal charge	यथा रीति आरोप
Formal deed	जाब्ते का विलेख
Formal document	जाब्ते का दस्तावेज
Formal education	औपचारिक शिक्षा
Formal evidence	औपचारिक साक्ष्य
Formal expression	फ़ार्मल अभिव्यक्ति
Formal inquiry	औपचारिक जाँच
Formal notice	औपचारिक सूचना
Formal proof	यथा रीति सबूत
Formal sanction	औपचारिक मंजूरी/संस्वीकृति
Formal trial	औपचारिक विचारण

Formal warning	यथा रीति चेतावनी
Form and practice	रीति और परिपाटी
Form an opinion	धारणा बनाना, राय बनाना
Form a quorum	गणपूर्ति होना
Formation of cliques	गुटबंदी
Form, defective in point of	प्ररूपिक दृष्टि से त्रुटिपूर्ण
Former court	पूर्ववर्ती न्यायालय
Former employment	पूर्व नियोजन
Form of a memorandum with	ज्ञापन के रूप में
Form of a notice	सूचना का प्ररूप
Form of order	आदेश का प्ररूप
Form of procedure	प्रक्रिया का स्वरूप
Form of return	विवरणी का प्ररूप
Form of security	प्रतिभूति का रूप
Form of tender	निविदा का प्ररूप
Form of the charge	आरोप का प्ररूप
Form of the warrant	वारंट का प्ररूप
Form part of, shall	का भाग होगा
Formulate plan	योजना बनाना
For my part	जहाँ तक मेरा संबंध है
For may sake	मेरी खातिर
For non-residential purposes	निवासेतर प्रयोजनों के लिए
For obvious reasons	स्पष्ट कारणों से
For official use only	केवल सरकारी उपयोग के लिए
For onward transmission	आगे भेजने के लिए
For orders	आदेश के लिए
For orders, if the credit be afforded	कृपया आदेश दें कि क्या—के खाते में डाल दिया जाए
For orders, if this may be procured through local purchases	क्या इसे स्थानीय बाजार से खरीद लिया जाए ? आदेश के लिए प्रस्तुत
For orders please, if action may be taken on the lines indicated above	कृपया आदेश दें कि क्या उपर्युक्त संकेत के अनुसार कार्रवाई की जाए

For orders please if the claim may be repudiated	कृपया आदेश दें कि क्या दावा अस्वीकार कर दिया जाए
For orders please if the papers may be handed over to—	कृपया आदेश दें कि क्या कागज—को दे दिए जाएँ
For orders please whether security deposit of Rs.—be refunded to the contractor	कृपया आदेश दें कि क्या ठेकेदार को—रुपये की जमानत लौटा दी जाए
For particular purpose in question	संबंधित विशिष्ट प्रयोजन के लिए
For perusal	अवलोकन के लिए, अवलोकनार्थ
For perusal and return	पढ़कर/देखकर लौटाने के लिए
For precedent, please see	नजीर के लिए कृपया—देखिए पूर्व उदाहरण के लिए कृपया—देखिए
For preserving peace	शांति बनाये रखने के लिए
For private use	निजी उपयोग के लिए
For proper working	उचित कार्य सम्पादन के लिए
For public benefit	सार्वजनिक हित के लिए
For public purpose	सार्वजनिक प्रयोजन के लिए
For ready reference	तत्काल हवाले के लिए
For reasons explained above	ऊपर बताये गये कारणों से
For reasons now explained	अब बताये गये कारणों से
For reasons stated in	—में बताये गये कारणों से
For reasons unconnected with	से असम्बद्ध कारणों से
For reconsideration	पुनर्विचार के लिए
For remarks and return	कैफ़ियत के साथ लौटाये जाने के लिए
For sanction	मंजूरी के लिए
For service and return	तामील करने और लौटाने के लिए
For short period	थोड़ी अवधि के लिए
For signature	हस्ताक्षर के लिए
For signature please	कृपया हस्ताक्षर करें
For spot enquiry	स्थल पर जाँच के लिए
For such action as may be necessary	ऐसी कार्रवाई के लिए जो आवश्यक हो

For suggestions	सुझावों के लिए, सुझाव देने के लिए
For suitable action	उपयुक्त कार्रवाई के लिए
For sympathetic consideration	सहानुभूति पूर्वक विचार करने के लिए
For that matter	जहाँ तक उनका सम्बन्ध है
Forthcoming meeting	आगामी बैठक
For the considering of—	—के विचारार्थ
For the ends of justice	न्याय के उद्देश्यों की पूर्ति के लिए
For the first time	पहली बार, पहले-पहल
For the general good	सबकी भलाई के लिए, सर्वसाधारण के हित के लिए
For the issue of another process	दूसरी आदेशिका भेजने के लिए
For the nonce	तत्समय
For the present	इस समय तो, फिलहाल, अभी
For the purpose of—	—के प्रयोजन के लिए
For the reasons now explained we concur with the proposal	अब तो कारण बताये गये हैं उनको दृष्टि में रखते हुए हम इस प्रस्ताव पर सहमति देते हैं
For the rest	जहाँ तक बाकी का सम्बन्ध है
For the time being	सम्प्रति, फिलहाल
For the time being in force	तत्समय प्रवृत्त
Fortnightly progress	पाक्षिक प्रगति
Fortnightly reminders	पाक्षिक स्यार/स्मरण पत्र/अनुस्मारक
Fortnightly report	पाक्षिक रिपोर्ट
Fortuitous event	अनपेक्षित घटना
For verification	सत्यापन के लिए
For want of	के अभाव में
Forward contract	अग्रिम संविदा
Forwarded and recommended	सिफ़ारिश के साथ अग्रेषित, अग्रसारित और संस्तुत, आगे भेजा जाए
Forwarded for consideration	विचारार्थ भेजा जाता है
Forwarded for immediate compliance	तत्काल पालन के लिए अग्रेषित, तत्काल पालन के लिए भेजा गया

Forwarded for information	सूचनार्थ भेजा गया
Forwarded for information and necessary action	सूचना और आवश्यक कार्रवाई के लिए अग्रेषित
Forwarded in due course	सम्यक् अनुक्रम में भेजा गया
Forwarding letter	अग्रेषण पत्र
Forwarding note	अग्रेषण नोट/टिप्पणी
Foul, to get	अटक जाना
Founded on facts	तथ्यों पर आधारित
Founded upon separate and distinct facts	पृथक् और सुभिन्न तथ्यों पर आधारित
Found guilty of	—का दोषी पाया गया
Fraction of a rupee	रुपये का भाग
Fraction of a year	वर्ष का भाग
Fraction of leave	छुट्टी का भाग
Fragmentation of holdings	जोत विखंडन
Frame of suit	वाद की विरचना
Frame work	ढाँचा
Framing of a charge	आरोप लगाना, आरोप दिखाना
Fraud by concealment	छिपाव द्वारा कपट
Fraudulent action	कपटपूर्ण कार्रवाई
Fraudulent breach of trust	कपटपूर्ण न्यास भंग
Fraudulent claim	कपटपूर्ण दावा
Fraudulent dealing	कपटपूर्ण संव्यवहार
Fraudulent entry	कपटपूर्ण प्रवेश/प्रविष्ठि
Fraudulent intention	कपटपूर्ण आराम
Fraudulent mark	कपटपूर्ण चिह्न
Fraudulent person	कपटी व्यक्ति
Fraudulent preference	कपटपूर्ण अधिमान
Fraudulent statement	कपटपूर्ण कथन
Free access	निर्बाध प्रवेश
Free and voluntary consent	स्वतंत्र और स्वैच्छिक सहमति
Free consent	स्वतंत्र सम्मति
Free competition	खुली प्रतियोगिता
Free delivery	निःशुल्क वितरण

Freedom from want	अभाव से मुक्ति
Freedom of press	समाचार पत्रों की स्वतंत्रता
Freedom of speech	वाणी की स्वतंत्रता
Free from any defect	सर्वथा दोष रहित
Free from encumbrances	भार-मुक्त, भार-रहित .
Free from restriction	प्रतिबन्ध रहित, बिना पाबन्दी
Free furnished residence	किराया-मुक्त सज्जित आवास
Free goods (duty free)	शुल्क-मुक्त वस्तुएँ
Free issue	बिना मूल्य वितरण
Freely given	स्वतन्त्र रूप से दी गई
Freely transferable	निर्वाध रूप से अन्तरणीय
Free of charge	बिना मूल्य, मुक्त
Free of cost	खर्च के बिना, मुफ़्त
Free of duty	शुल्क दिए बिना
Free of tax	कर मुक्त
Free on board	बोर्ड तक निःशुल्क
Free on rail	रेल तक निःशुल्क
Free pass	मुफ़्त पास
Free passage	अबाध मार्ग, मुफ़्त यात्रा
Free quarter	निःशुल्क आवास
Free sale, for	खुले बाजार में बिक्री के लिए
Free sample	मुफ़्त नमूना
Free time	खाली समय
Free zone	मुक्त ज़ोन
Frequency of such service	ऐसी सेवाओं की आवृत्ति
Frequent absence	बारम्बार अनुपस्थिति
Frequent demand	बारम्बार माँग
Frequent occurrence	बारम्बार किया जाना
Fresh application	नया आवेदन
Fresh certificate	नया प्रमाणपत्र
Fresh declaration	नई घोषणा
Fresh evidence	नया साक्ष्य
Fresh goods	नया माल
Fresh nomination	नया नाम निर्देशन

Fresh notification	नई अधिसूचना
Fresh proclamation	नई उद्घोषणा
Fresh security	नई प्रतिभूति
Fresh suit	नया वाद
Fresh receipt (F.R.)	नई आवती (न० आ०)
Fresh receipt is for information for the present	नई आवती अभी सूचना के लिए है
Friendly cooperation	मैत्रीपूर्ण सहयोग
Friendly disposition	मैत्रीपूर्ण मनोवृत्ति
Frivolous argument	निरर्थक दलील
From—	प्रेषक
From generation to generation	पीढ़ी-दर-पीढ़ी
From his knowledge	स्वयं अपने ज्ञान से
From sanitary point of view	स्वच्छता की दृष्टि से
From time to time	समय-समय पर
From various aspects	विभिन्न पहलुओं से
From rank	अग्र पंक्ति, अग़ली पंक्ति
Fulfilment of contract	संविदा को पूरी करना
Fulfilment of obligation	बाध्यता की पूर्ति करना
Fulfil the condition	शर्तें पूरी करना
Fulfil the promise	वचन पूरा करना
Full and complete investigation	विस्तृत और पूरा अन्वेषण
Full and complete list	विस्तृत और पूरी सूची
Full and true account	पूर्ण और सत्य विवरण, पूरा और सही वृतान्त
Full and true disclosure	पूर्ण और सत्य प्रकटन
Full and true schedule	पूर्ण और सत्य अनुसूची
Full bench	पूर्ण न्यायपीठ
Full confidence	पूरा भरोसा, पूर्ण विश्वास
Full cooperation	पूर्ण सहयोग
Full details	पूरा ब्यौरा
Full endorsement	पूर्ण पृष्ठांकन
Full extent possible	संभावनीय पूर्ण मात्रा

Full force and effect	पूर्ण शक्ति और प्रभाव
Full payment	पूरा भुगतान
Full payment sanctioned	पूरे भुगतान की मंजूरी दी
Full time earnings	पूर्णकालिक उपार्जन
Full time worker	पूर्णकालिक कार्यकर्त्ता
Full understanding of the circumstances	परिस्थितियों को पूर्णतः समझना
Fully and effectually	पूर्णतः और प्रभावी तौर पर
Fully paid share	पूरा प्रदत्त अंश/शेयर
Fully vouched contingencies	पूर्ण प्रमाणित आकस्मिक व्यय
Functional constituency	व्यावसायिक निर्वाचन-क्षेत्र
Functional effectively	प्रभावी रूप से काम करना
Functions and powers	कार्य और अधिकार
Functus officio	पदकार्य निवृत्त, भार मुक्त, अधिकार-हीन
Functus duties	मूल कर्त्तव्य
Fundamental human rights	मूल मानव अधिकार
Fundamental principles	आधारभूत/मूलभूत सिद्धांत
Fundamental research	मौलिक अनुसंधान
Fundamental rights	मूल अधिकार
Fundamental rules	मूल नियम
Fund apportionment	निधि प्रभाजन
Fund, general	साधारण निधि
Funded debt	निधिबद्ध ऋण
Fund may be provided by re-appropriation	पुनर्विनियोग द्वारा निधि की व्यवस्था
Funds are available within sanctioned budget	मंजूर बजट में रक़म उपलब्ध
Funds will be asked for	रक़म माँगी जाएगी
Funds will be made available	रक़म उपलब्ध की जाएगी
Funds will be provided	धन की व्यवस्था की जाएगी
Furnished residence	सज्जित आवास गृह
Furnish fresh security	नई प्रतिभूति देना
Furnish information	सूचना देना, जानकारी देना

Furnishing a security on	प्रतिभूति देने पर
Furnishing urgently	शीघ्र देने पर
Furnish your definite instruction	अपने स्पष्ट आदेश दें
Further action	अग़ली कार्रवाई
Further action may be awaited	अग़ली सूचना की प्रतीक्षा करें
Further claim	अतिरिक्त दावा
Further communication will follow	आगे पत्र भेजा जाएगा
Further consider	आगे विचार करना
Further correspondence in this respect may please be addressed to	कृपया इस सम्बन्ध में आगे—से पत्र व्यवहार करें
Further cross examination	अतिरिक्त प्रति परीक्षा
Further destination	आगे गंतव्य स्थान
Further detention	अतिरिक्त निरोध
Further direction	अतिरिक्त निदेश
Further evidence	अतिरिक्त साक्ष्य
Further examination	अतिरिक्त परीक्षण
Further hearing of the case	वाद/मुकदमे की आगे सुनवाई
Further inquiry	आगे जाँच
Further investigation	आगे की जांच-पड़ताल
Further orders will follow	आगे और आदेश भेजे जाएँगे
Further particulars	अतिरिक्त विशिष्टियाँ
Further proceedings	आगे की कार्यवाहियाँ
Further proof	और/अतिरिक्त सबूत
Further report may be awaited	अगली रिपोर्ट प्राप्त होने की प्रतीक्षा की जाए
Further right	और अधिकार
Further security	अतिरिक्त प्रतिभूति
Further sentence	और दंडादेश
Future date	भविष्य की तारीख
Future day	भविष्य का दिन, आगामी दिन
Future disposal	भावी व्यवस्था, भावी निपटान

Future event	भावी घटना
Future liability	भावी दायित्व
Future maintenance	भावी भरण-पोषण
Future market	वायदा बाजार
Future position	भावी स्थिति
Future time	भावी/आगामी समय
Future transaction	भावी संव्यवहार

G

Gain considerably	बहुत कुछ सीखना
Gain momentum	तेजी पकड़ना, जोर पकड़ना
Gain wrongfully	अनुचित रूप से प्राप्त करना
Galloping inflation	तेजी से बढ़ती मुद्रास्फीति
Gap in period of service	सेवाकाल में व्यवधान
Garden party	उद्यान भोज
Gate pass	गेट पास, प्रवेशपत्र
Gazetted holiday	राजपत्रित अवकाश
Gazetted officer	राजपत्रित अधिकारी
Gazetted officer of enforcement	राजपत्रित प्रवर्तन अधिकारी
Gazetted post	राजपत्रित पद
Gazetted service	राजपत्रित सेवा
Gazette notification	गजट/राजपत्र अधिसूचना
Gazette, official	राजपत्र
Gear up	गति बढ़ाना
General abstract of results	परिणामों का सामान्य सार
General acceptance	सामान्य स्वीकृति
General administration	सामान्य प्रशासन
General application	सामान्य प्रयोग
General authority	सामान्य प्राधिकार

General average loss	साधारण औसत हानि
General average sacrifice	साधारण औसत त्याग
General body	साधारण निकाय
General character	साधारण प्रकृति
General charges	साधारण प्रभार
General circular	सामान्य परिपत्र
General clauses Act	साधारण खंड अधिनियम
General conditions of contrac	संविदा की सामान्य शर्तें
General conduct	साधारण आचरण
General control	सामान्य नियंत्रण
General convenience	सामान्य सुविधा
General discussion	सामान्य चर्चा, आम बहस
General disposition	साधारण प्रवृत्ति
General effect	साधारण प्रभाव
General election	आम चुनाव
General entry	सबके लिए प्रवेश
General exception	सामान्य अपवाद
General good	सार्वजनिक हित
General history	सामान्य वृतान्त
General importance	सार्वजनिक महत्त्व
General information	सामान्य जानकारी
General inspection	सामान्य निरीक्षण
General instruction	सामान्य अनुदेश
General insurance	सामान्य बीमा
General intent	सामान्य आशय
General liability	सामान्य दायित्व
Generally speaking	सामान्य रूप से कहा जाए तो
General Manager (G.M.)	महा प्रबंधक (म० प्र०)
General meeting	साधारण सभा/बैठक
General object of management	प्रबंध का सामान्य उद्देश्य
General order	सामान्य आदेश
General power of attorney	साधारण मुख्तारनामा
General power of transfer	अन्तरण की साधारण शक्ति

General practice	आम रिवाज, सामान्य चलन/परिपाटी/ प्रथा
General principles	सामान्य सिद्धान्त
General procedure	सामान्य प्रक्रिया
General provident fund	सामान्य भविष्य निधि
General provision	सामान्य उपबंध
General public	जन साधारण, आम जनता
General public, utility of	सामान्य लोक उपयोगी
General reputation	साधारण ख्याति
General result	साधारण परिणाम
General rule	सामान्य नियम
General rules	सामान्य नियम
General rules of construction	अर्थान्वियन के साधारण नियम
General search	आम तलाशी
General secretary	महासचिव, महामंत्री
General services	साधारण सेवाएँ
General set up	सामान्य व्यवस्था
General statement	साधारण विवरण
General strike	आम हड़ताल
General supervision	साधारण अधीक्षण/पर्यवेक्षण
General tendency	सामान्य प्रवृत्ति, आम रवैया
General transaction	साधारण संव्यवहार
General ward	जनरल वार्ड, सामान्य रोगी कक्ष
General welfare fund	साधारण कल्याण निधि
General well being	सामान्य कल्याण
Genuine coin	असली सिक्का
Genuine evidence	असली साक्ष्य
Genuine firm	असली फ़र्म
Genuine hardship	वास्तविक कठिनाई
Genuine signature	असली दस्तख़त, वास्तविक हस्ताक्षर
Genuine statement	यथार्थ कथन/विवरण
Genuine text	प्रामाणिक पाठ
Get clarification of the staff concerned	संबंधित कर्मचारियों से स्पष्टीकरण माँगा जाए

Get lost sight of	ध्यान से रह जाना
Get schemes executed	योजनाओं को निष्पादित कराना, योजनाओं को कार्यान्वित कराना
Gets on well with his colleagues	अपने साथियों से अच्छा व्यवहार करता हूँ
Getting in	अपने भार साधन में लेना
Get to the bottom on	की तह तक पहुँचना
Gift deed	दान-पत्र
Gift of movable property	चल संपत्ति का दान
Gift over	परवर्ती दान
Gist of the proposals	प्रस्तावों का सारांश
Give a good account of himself	अपनी योग्यता का अच्छा परिचय देना
Give a satisfactory account on oneself	अपने बारे में संतोषजनक विवरण देना
Give credence to	पर विश्वास करना
Give declaration, refuse to	घोषणा देने से इन्कार करना
Give due weight to	को उचित महत्त्व देना
Give effect to (orders)	1. कार्यान्वित करना, अमल में लाना 2. लागू करना, प्रभावी करना
Give employment	नौकरी देना
Give evidence on oath	शपथ लेकर/पर साक्ष्य देना
Give full guidance	पूर्ण मार्गदर्शन करना
Give necessary facilities	आवश्यक सुविधाएँ दी जाएँ
Given gratis	मुफ़्त दी गई
Give order	आदेश/हुक्म देना
Give preference to	को अधिमान/तरजीह देना
Give reasonable warning	मुक्तियुक्त चेतावनी देना
Give retrospective effect	भूतलक्षी रूप से प्रभावी करना
Give rise to	से पैदा होना
Give top priority to this case	इस मामले को परम अग्रता दी जाए
Give under my hand	मेरे हस्ताक्षर से प्रदत्त
Give up	छोड़ देना
Give validity	विधि मान्यता प्रदान करना

Glaring disparity	अत्यधिक असमानता
Glaring mistake	अति स्पष्ट भूल
Glib tongue, to have a	ज्यादा बोलना, बातूनी होना
Glossary of terms	पारिभाषिक शब्द संग्रह
Goad officers to work hard	अधिकारियों को कठिन परिश्रम के लिए टोकना
Good and sufficient cause	अच्छा और पर्याप्त कारण
Good and sufficient reason	समुचित और पर्याप्त कारण
Good and valid	ठीक और विधिमान्य
Good at man management	कार्मिक व्यवस्था में निपुण
Good behaviour	अच्छा व्यवहार
Good cause	अच्छा हेतुक
Good character	1. अच्छा चरित्र, सच्चरित्र 2. सच्चरित्रता
Good command over language	भाषा पर अच्छा अधिकार
Good common	सामूहिक हित, जनता की भलाई
Good conduct	अच्छा आचरण, सदाचरण
Good conscience	युद्ध अन्तःकरण
Good credit	अच्छी साख
Good debt	खरा ऋण
Good faith	सद्भाव, नेकनीयती
Good faith, in	सद्भाव से
Good grasp	अच्छी पकड़, अच्छा ज्ञान
Good impression	अच्छी धारणा
Good information	अच्छी जानकारी
Good insight	अच्छी अन्तर्दृष्टि
Good manner	शिष्टाचार
Good law	मान्य विधि
Good officer	अच्छा पदाधिकारी
Good offices	सत्प्रयास
Good order	सुव्यवस्था
Good personality	अच्छा व्यक्तित्व
Good qualities	सद्गुण

Good reason	पर्याप्त कारण
Good relation	अच्छे संबंध
Good reputation of integrity	सत्यनिष्ठा की सुख्याति
Goods, delivery of	माल का परिदान
Good security	अच्छी प्रतिभूति
Good sense	विवेक सद्बुद्धि
Good service	अच्छी सेवा
Goods in transit	रास्ते में का माल
Goods liable to confiscation	अधिहरण योग्य माल
Good title	वैध हक़
Goodwill	1. गुडविल, सुनाम, ख्याति 2. सद्भाव
Goodwill mission	सद्भावना मिशन
Go slow strike	धीरे काम करो हड़ताल
Go slow tactics	विलम्बकारी हथकण्डे
Governed by	1. के अधीन 2. से नियंत्रित/शासित
Governing body	शासी-निकाय
Government affairs	सरकारी मामले
Governmental delegate	सरकारी प्रतिनिधि
Governmental machinery	शासनतंत्र
Govt. (are) pleased to accord sanction	शासन मंजूरी देता है
Govt. (are) pleased to approve of your proposal	शासन आपके प्रस्ताव का अनुमोदन करता है
Government bill	शासकीय विधेयक
Government business	सरकारी कामकाज
Government consider that—	सरकार समझती है कि—
Government desire that—	सरकार चाहती है कि—
Government dues	सरकारी शोध्य/पावना
Government employee	सरकारी कर्मचारी
Government estate	राज-संपदा
Government funds	सरकारी निधियाँ
Government gazette	राजपत्र

Government grant	सरकारी अनुदान
Government land	सरकारी ज़मीन/भूमि
Government machinery	शासन तंत्र
Government money	सरकारी धन
Government notification	सरकारी अधिसूचना
Government office	सरकारी कार्यालय
Government official	सरकारी अधिकारी
Government of India	भारत सरकार
Government publication	सरकारी प्रकाशन
Government revenue	सरकारी राजस्व
Government securities	सरकारी प्रतिभूतियाँ
Government servant conduct rules	सरकारी कर्मचारी आचरण नियमावली
Government treasury	सरकारी ख़जाना
Government undertaking	सरकारी उपक्रम
Government work	सरकारी काम
Grace, days of	अनुग्रह दिवस
Grace period	छूट की अवधि
Gradation list	पदक्रम सूची
Grade, inferior	अवर श्रेणी
Grade pay	ग्रेड वेतन, पदक्रम वेतन
Grade, senior	वरीय श्रेणी
Grade standard	श्रेणी मानक
Grading : Fair	श्रेणी—साधारण
Grading inspector	श्रेणीकरण निरीक्षक
Gradual increase	क्रमिक वृद्धि
Grain advance	अनाज अग्रिम
Grain market	गल्ला मंडी
Grain shop	अनाज की दुकान
Grand total	कुल जोड़/योग
Grant and expenditure statement	अनुदान और व्यय विवरण
Grant exemption	छूट देना
Grant has been sanctioned	अनुदान मंजूर कर दिया गया है

Grant-in-aid	सहायता-अनुदान
Grant-in-aid and contribution	सहायता-अनुदान तथा अभिदाय
Grant injunction	व्यादेश देना
Grant of full pension	पूरी पेंशन देना
Grant of lease	पट्टा अनुदान
Grant of licenses	लाइसेंसों की मंजूरी
Grant of pardon	क्षमा प्रदान करना
Grant of proprietary rights	स्वामित्व का अधिकार देना
Grant of recognition	मान्यता देना
Grant permission	अनुज्ञा/अनुमति देना
Grant to—	—को अनुदान
Gratification as a motive	हेतु के रूप में परितोषण
Gratification by corrupt or illegal means	भ्रष्ट या अवैध साधनों द्वारा परितोषण
Gratification, pecuniary	धन संबंधी परितोषण
Gratis copy	नि:शुल्क प्रति
Gratuitous advice	मुफ़्त सलाह
Gratuitous relief	नि:शुल्क सहायता
Gratuity fund	उपदान निधि
Grave disorder	गंभीर अव्यवस्था, भारी गड़बड़
Grave emergency	गंभीर आपात
Grave injury to physical health	शारीरिक स्वास्थ्य को गंभीर क्षति
Grave reasons	गंभीर कारण
Grazing ground	चरागाह
Great devotee to his duty	अत्यधिक कर्त्तव्यनिष्ठ
Greater regularity	अधिकतर नियमितता
Greatest common advantage	सर्वाधिक सामान्य लाभ/फ़ायदा
Greeting telegram	बधाई तार
Grievous disease	गंभीर रोग
Grievous hurt	गंभीर/गहरी चोट
Grip over rules and regulations, perfect	नियमों और विनियमों पर पूर्ण अधिकार
Gross abuse	भारी दुरुपयोग

Gross amount	कुल रक़म, सकल राशि
Gross assets	सकल परिसंपत्ति
Gross error	भारी गलती
Gross impertinence	घोर धृष्टता
Gross income	सकल/कुल आय
Grossly inaccurate	बिल्कुल ग़लत
Grossly insubordinate	अत्यधिक अनधीनता
Gross misconduct	घोर अवचार
Gross mismanagement	भारी अव्यवस्था, घोर कुप्रबन्ध
Gross neglect	घोर उपेक्षा
Gross negligence	भारी लापरवाही
Gross profits	सकल लाभ
Gross returns	कुल प्रत्यागम
Gross revenue	सकल राजस्व
Gross sales	कुल बिक्री
Gross sum	सकल राशि
Gross value	सकल मूल्य
Ground floor	निचली मंजिल
Ground of attack	आक्रमण का आधार
Ground of claim	दावे का आधार
Ground of defence	प्रतिरक्षा का आधार
Ground of mistake	भूल का आधार
Ground of objection	आक्षेप का आधार
Ground of refusal	इंकार का आधार
Grounds of appeal	अपील का आधार
Grounds of public policy	लोकनीति का आधार
Grounds of suspicion	संदेह के कारण
Ground water exploration	भूमिगत जल की खोज
Group discussion	समूह परिचर्चा
Group of persons	व्यक्तियों का समूह
'Grow more food' campaign	'अधिक अन्न उपजाओ' अभियान
Growth of population	जनसंख्या वृद्धि
Guarantee bond	गारंटी बांड/पत्र
Guarantee commission	प्रत्याभूति कमीशन

Guarantee, continuing	चलन प्रत्याभूति/गारंटी
Guarantee, contract of	प्रत्याभूति की संविदा
Guarantee of service	नौकरी की गारंटी
Guard file	गार्ड फ़ाइल
Guardian ad litem	वादार्थ संरक्षक
Guardian, de facto	वस्तुतः संरक्षक
Guardian, to act as	संरक्षक के तौर पर काम करना
Guard of honour	सैनिक सलामी
Guest house	अतिथि गृह
Guide book	गाइड बुक
Guide line	दिशा निर्देश
Guide lines	मार्गदर्शक सिद्धान्त
Guiding principle	मार्गदर्शी सिद्धान्त
Guilty intention	दूषित आशय
Guilty knowledge	दूषित ज्ञान
Guilty of delay	विलम्ब का दोषी
Guilty of fraud	कपट का दोषी
Guilty of laches	अतिविलम्ब का दोषी
Guilty of offence	अपराध का दोषी
Gun licence renewed from —	बंदूक का लाइसेंस का नवीकरण तारीख —से किया गया
Guts, to have	दिलेर होना, दिलेरी रखना

H

Habeas corpus	बन्दी प्रत्यक्षीकरण
Habitation area	बस्ती क्षेत्र
Habit of making criticism	आलोचना करने की आदत
Habitual criminal	आदतन अपराधी
Habitual defaulter	आदतन बकायादार
Habitual indebtedness	आदतन कर्जदारी

Had better taken Finance Division's advice	वित्त विभाग से परामर्श कर लेना अच्छा होता
Had exceeded orders	आदेशों का अतिक्रमण किया
Had to be dropped	—को छोड़ देना पड़ा
Half average pay leave	अर्ध औसत वेतन छुट्टी
Half daily allowance not admissible	आधा दैनिक भत्ता देय नहीं
Half day casual leave	आधे दिन की आकस्मिक छुट्टी
Half mast	आधा झुका
Half pay leave	आधे वेतन पर छुट्टी
Half rate	आधी दर
Half yearly inspection	अर्धवार्षिकी निरीक्षण
Halting allowance	ठहरने का भत्ता
Hand bill	पर्चा
Hand book	पुस्तिका
Handicapped worker	विकलांग कामगर
Handicraft exhibition	हस्तशिल्प प्रदर्शनी
Hand, in	हाथ में, मौजूद
Handing over certificate	हस्तांरण प्रमाणपत्र
Handled the situation	स्थिति संभाल ली
Handle file firmly	फ़ाइल का निबटाव दृढ़तापूर्वक करना
Handling charges	उठाने-रखने का ख़र्च
Handling problems satisfactorily	समस्याओं को संतोषजनक ढंग से सम्हालना
Handloom industry	हाथकरघा उद्योग
Hand money	बयाना
Hand note	रुक्का, हैंडनोट
Hand over charge	कार्यभार सौंपना
Hand to hand fight	आमने-सामने की लड़ाई
Hand, under my	मेरे हस्ताक्षु से
Handwriting expert	हस्तलेख विशेषज्ञ
Handwritten document	हस्तलिखित दस्तावेज
Happen, which must	जो अवश्यंभावी है
Happening of an event	घटना का घटित होना

Happening of a uncertain event	अनिश्चित घटना का घटित होना
Happening of cause	हेतुक घटित होना
Harbouring an offender	किसी अपराधी को आश्रय देना
Harbouring a person	किसी व्यक्ति को आश्रय देना
Harbours a sense of grief	दुःखी रहते हैं
Hard and fast rules	पक्के नियम, कठोर नियम
Hard cash	नक़दी
Hard currency	दुर्लभ मुद्रा/करेंसी
Hard headed	व्यवहार कुशल, हठी
Hard labour	कड़ी मेहनत
Hard manual work	कठोर शारीरिक श्रम
Hard working	परिश्रमी
Hard working and reliable	परिश्रमी और विश्वसनीय
Hard working hand	परिश्रमी व्यक्ति
Harmonious relations	समधुर संबंध
Harmonious relations, with his colleagues	अपने सहकर्मियों से समधुर संबंध
Harsh treatment	कठोर/रूखा व्यवहार
Harsh words	कड़े शब्द
Has a clear record of service to his credit	उसका सेवावृत्त निष्कलंक है
Has applied for mutual transfer	—से परस्पर तबादले के लिए अर्ज़ी दी है
Has been accustomed to absenting unauthorisedly	अनधिकृत रूप से ग़ैरहाज़िर रहने का आदी
Has been dealt with suitably	समुचित कार्रवाई की गई है
Has been exonerated	दोषमुक्त कर दिया गया है
Has been referred to—	—को भेजा गया है
Has few equals	कुछ ही इनकी समानता कर सकते हैं
Has good command over language	भाषा पर अच्छा अधिकार है
Has he been screened	क्या इसकी जाँच की जा चुकी है

Has his own way of doing things	कार्य करने का—उनका अपना ढंग है
Has made a varying statement on different occasions	विभिन्न अवसरों पर अलग-अलग बयान दिया है
Has made himself indispensable	अपरिहार्य बन गए हैं
Has no comments to make	कोई टीका नहीं करनी है
Has not been pursued properly	समुचित ध्यान नहीं दिया गया है
Has not been received in this office	इस कार्यालय में प्राप्त नहीं हुआ है
Has put in an application for leave	छुट्टी के लिए अर्ज़ी दी है
Has reason to believe	विश्वास करने का कारण है
Has reported sick	बीमारी की अर्ज़ी भेजी है
Has represented that his pay may be fixed in accordance with new rules	—ने निवेदन किया है कि उनका वेतन नये नियमों के अनुसार नियत किया जाए
Has sense of urgency	आवश्यकता को महत्त्व देते हैं
Has sent a rejoinder	प्रत्युत्तर भेजा है
Has taken steps	कदम उठाये हैं
Hasty in action	कार्य में जल्दबाज है
Hatred or contempt	घृणा अथवा अनादर
Haulage charges	ढुलाई खर्च
Have access	पहुँच होना
Have effect	प्रभावी होना, लागू होना
Have effect accordingly, shall	का तदनुरूप प्रभाव होगा
Have full grip over	पूर्ण नियंत्रण
Have not come across	1. से वास्ता नहीं पड़ा 2. नहीं मिला, (ऐसा) नहीं देखा
Have recourse to	का सहारा लेना
Haves and have nots	धनी और निर्धन
Have the force of law, shall	विधि का बल रखेगा
Have the same force	वही प्रभाव होगा

Have you gone through the papers	क्या आपने कागज़ात देख लिए हैं ?
Having authority to arrest	गिरफ़्तार करने के लिए प्राधिकृत
Having back ground of	का ज्ञान हो, की जानकारी हो
Having bearing upon	—से संबंधित
Having come to know	यह जानकर कि—
Having force of law	विधि का बल रखने वाला
Having jurisdiction	अधिकार-क्षेत्र में हो
Having regard to all the circumstances of the case	मामले की सभी परिस्थितियों को ध्यान में रखते हुए
Having regard to the age of the recipient	प्राप्तकर्त्ता की अवस्था को ध्यान में रखते हुए
Having regard to the facts stated above	ऊपर जिन तथ्यों का उल्लेख किया गया है उनके देखते हुए
Having regard to the merits of the case	मामले के गुण (दोषों) को देखते हुए
Having satisfied myself	अपना समाधान करके
Having solemnly resolved	दृढ़ संकल्प होकर
Having the effect	प्रभाव रखने वाला, प्रभाव वाला
Having the force of law	विधि का बल रखने वाला
Hazardous act	जोखिम वाला काम
Hazard to the community, without	समाज को परिसंकट में डाले बिना
Head note	शीर्ष टिप्पण/टिप्पणी
Head of account	लेखा-शीर्ष
Head of account has not been given the final bill	अन्तिम बिल पर लेखा-शीर्ष नहीं लिखा गया है
Head of charge	आरोप का शीर्ष
Head of Department	विभाग का प्रधान, विभागाध्यक्ष
Head office	प्रधान/मुख्य कार्यालय
Head of govt.	शासनाध्यक्ष
Head of income	आय-शीर्ष
Head of mission	मिशन-प्रमुख, शिष्टमंडल-नेता
Head of office	कार्यालय-प्रधान/प्रमुख

Head of revenue	राजस्व शीर्ष
Head of state	1. राज्याध्यक्ष 2. राष्ट्र-प्रमुख
Head of the department	विभागाध्यक्ष
Head of the gang	गिरोह का मुखिया
Head of the government	शासनाध्यक्ष
Head of the village	गाँव-प्रधान, गाँव का मुखिया
Head Post Office	प्रधान डाकघर
Headquarters of district	जिला मुख्यालय
Health and hygiene	स्वास्थ्य तथा सफ़ाई
Health and well being	स्वास्थ्य और कल्याण
Health centre, primary	प्राथमिक स्वास्थ्य केन्द्र
Health certificate	स्वस्थता प्रमाणपत्र
Health resort	आरोग्य धाम
Health service	स्वास्थ्य सेवा
Healthy influence	अच्छा प्रभाव
Healthy use	अच्छा उपयोग
Heard and finally decided	सुना और अन्तिम रूप से निर्णय किया
Heard, be	सुना जाए
Heard, desires to be	चाहता है कि उसे सुना जाए
Heard in person	व्यक्तिश: सुनवाई की
Heard in person, to be	स्वयं सुना जाए
Hearing, motion	समावेदन की सुनवाई
Hearing of the appeal	अपील की सुनवाई
Hearing of the case	मामले की सुनवाई
Hearing of the suit	वाद/मुकदमे की सुनवाई
Hearing, personal	व्यक्तिगत सुनवाई
Hearing was adjourned	सुनवाई स्थगित कर दी गयी
Heat of passion	भावावेश
Heavy calls	भारी माँग
Heavy industry	भारी उद्योग
Heavy luggage	भारी सामान
Heavy pressure of work	काम का भारी बोझ
Heavy strain	अधिक भार

Heavy transport	भारी यातायात
He can be approached	उस तक पहुँच हो सकती है
He disowns ownership	वह इसके स्वामित्व से इन्कार करता है
He has been repeatedly told	उसे बार-बार बताया गया है
He has several qualities	उसमें अनेक विशेषताएँ/गुण हैं
Heinous crime	जघन्य अपराध
Heir apparent	प्रत्यक्ष वारिस, प्रत्यक्ष उत्तराधिकारी
Heir-at-law	विधि वारिस
Heir designate	मनोनीत, उत्तराधिकारी
Heir in possession	सकब्जा वारिस
Heir in presumptive	संभावित वारिस
He is full of initiative	उसमें पहल करने की पूरी क्षमता है
He is indispensable	उसके बिना काम नहीं चल सकता
He is punctual	वह समय का पाबन्द है
Held in abeyance	रोक रखा गया
Held in esteem by all	सभी लोगों के द्वारा समादृत
Held in trust	न्यास के रूप में रखा गया
Held meeting	सभा आयोजित करना
He may be declared protected	उसे संरक्षित घोषित किया जाए
He may be warned to be careful in future	उसे भविष्य में सावधान रहने की चेतावनी दी जाए
Henceforth	अब से, आगे से
Hereafter	इसके बाद
Hereby	इसके द्वारा
Hereby acknowledged	इसके द्वारा प्राप्ति स्वीकार की जाती है
Hereditary allowance	आनुवंशिक भत्ता
Hereditary office	आनुवंशिक पद
Hereditary property	मौरूसी सम्पत्ति; वंशगत सम्पत्ति
Hereditary right	मौरूसी हक़/अधिकार
Hereditary tenant	मौरूसी किरायेदार/किसान
Herein above described	जिसका इसमें ऊपर उल्लेख किया गया है

Hereinafter	इसमें इसके बाद, इसमें इसके पश्चात्
Hereinafter appearing	इसमें इसके आगे दिया गया
Hereinafter provided	इसमें इसके पश्चात् उपबंधित
Hereinbefore	इसमें इसके पहले
Herein contained	इसमें दी गई
Herein provided for	इसमें दिये अनुसार, इसमें उपबंधित
He resents correction	उसे भूल सुधारना अच्छा नहीं लगता
Hereto annexed	इससे उपाबद्ध
Heretofore	इससे पहले, अब तक
Hereunder	1. इसके नीचे 2. इसके अधीन
Herewith enclosed	इसी के साथ संलग्न
Hesitant to trust anybody	किसी व्यक्ति पर विश्वास करने में हिचकिचाना
He was censured	उसकी परिनिन्दा की गयी
High birth rate	ऊँची जन्मदर
High contracting party	उच्च संविदाकारी पक्षकार
High Court	उच्च न्यायालय
High death rate	ऊंची मृत्यु दर
Higher authorities	उच्चतर प्राधिकारी
Higher dignitaries	उच्चतर प्रतिष्ठित व्यक्ति
Higher education	उच्च शिक्षा
Higher power	उच्चतर शक्तियाँ
Higher ranks	उच्चतर पद
Higher starting salary	उच्चतर प्रारम्भिक वेतन
Highest character	अत्यन्त उच्च चरित्र
Highest class	उच्चतम वर्ग
Highest duty	अधिकतम शुल्क/ड्यूटी
High income group	उच्च आय वर्ग
Highly improbable	अतिअनधि संभाव्य
Highly objectionable	अत्यन्त आपतिजनक
Highly paid job	उच्च वेतन पद
High order, probable	उच्च कोटि
High order, of a very	बहुत उच्च कोटि का

High Power Committee	उच्चाधिकार समिति
High priority	उच्च प्राथमिकता
High ranking officer	उच्च स्तरीय अधिकारी
High road	राजमार्ग
High sense of duty	उच्च कर्त्तव्य भावना
High standard of public taste	लोकरुचि के उच्च स्तर
High status	ऊँची स्थिति, प्रतिष्ठा
High type, one of the	उच्च कोटि का
High way, public	लोक राजमार्ग
Hill allowance	पहाड़/पर्वतीय भत्ता
Hill station	पर्वतीय स्थान
Hilly country	पहाड़ी प्रदेश
Hindi version	हिन्दी रूपान्तर
Hire charges	भाड़ा
Hired labourer	भाड़े का श्रमिक
Hire-purchase agreement	भाड़ा-क्रय करार
His case has been recommended by his department	उसके विभाग ने उसके मामले की सिफ़ारिश की है
His conduct should be watched for some time	कुछ समय तक उसके आचरण पर निगाह रखी जाए
His date of annual increment is	उसकी वार्षिक वेतन वृद्धि की तारीख —है
His explanation may be obtained and put up	उसका स्पष्टीकरण प्राप्त कर प्रस्तुत किया जाए
His name is not borne in seniority list	वरिष्ठता/प्रवरण सूची में उसका नाम नहीं है
His relations both with those above and below him are cordial	अपने से बड़े और छोटे सभी के साथ उसके संबंध सौहार्दपूर्ण हैं
His request be acceded to	उसकी प्रार्थना स्वीकार की जाए
His request is in order	उसकी प्रार्थना नियम-संगत है
History of service	सेवा-वृत्त, इतिवृत्त
History sheet	1. पूर्वापराध पत्र 2. इतिवृत्त

His wide and precise knowledge	उनका विस्तृत एवं सूक्ष्म ज्ञान
His work going on smoothly	कार्य सुचारू रूप से चल रहा है
His work needs further watching	उनका काम कुछ दिनों तक देखने की जरूरत है
His work seems systematic	उनका काम सुव्यवस्थित मालूम होता है
His work was appreciated	उसके काम की सराहना की गई
Hoarding and profiteering	जमाखोरी और मुनाफ़ाखोरी
Hold a joint interest	संयुक्त हित रखना
Hold a high opinion	ऊँची धारणा रखना
Hold a meeting	1. सभा करना 2. बैठक करना
Hold an office of profit	लाभ का पद धारण करना
Hold a property	संपत्ति धारण करना
Hold a seat	स्थान धारण करना
Hold a trial	विचारण करना
Hold briefs	वकालत करना, पक्ष लेना
Hold charge	प्रभारी होना
Hold correspondence	पत्राचार करना
Hold good	लागू होना
Hold in abeyance	रोक कर रखना, आस्थगित रखना
Hold in trust	न्यासतः धारित करना
Hold lien on post	लियन होना, पद पर पुनर्ग्रहणाधिकार
Hold meeting	बैठक करना
Hold office	पद धारण करना
Hold out	प्रकट करना
Hold over	रोक लेना
Hold over for life	आजीवन रोक रखना
Hold post	पद धारण करना
Hold up	रोकना, स्थगित करना
Home based	स्वदेश स्थित
Home consumption	देश में उपयोग

Home town	होम टाउन, जिस नगर में स्थायी निवास है
Home travel concession	गृह-यात्रा-रियायत
Honest efforts, making	निष्ठापूर्वक प्रयत्न करना, मन लगाकर काम करना
Honest opinion	सच्ची राय
Honest person	ईमानदार व्यक्ति
Honorary associate	सम्मानिक सहयोगी
Honorary capacity	अवैतनिक हैसियत
Honorary degree	मानार्थ उपाधि
Honorary fellow	सम्मानिक अध्येता
Honorary member	सम्मानिक सदस्य
Honoris causa	सम्मानार्थ
Honour a bill/draft	हुण्डी सकारना
Honourable member	माननीय सदस्य
Honourably acquitted	ससम्मान बरी
Honour, for	आदरार्थ
Honour, payment for	आदर के लिए संदाय
Hopelessly inefficient	बिल्कुल निकम्मा
Horticultural development	उद्यान विकास
Horticulture operation	बागवानी संक्रियाएँ
Horticulture produce	उद्यान कृषि उपज
Hospitality committee	सत्कार/आतिथ्य समिति
Hospital leave	अस्पताल में दाखिले के रूप में छुट्टी
Hostile act	शत्रुतापूर्ण कार्य
Hostile witness	पक्षद्रोही साक्षी
Hot discussion	गरमागरम बहस
Hours of business	कार्य-समय, कारोबार के घंटे
Hours of polling	मतदान का समय
Hours of work	काम के घंटे
House allowance in lieu of free quarter is admissible	निःशुल्क क्वार्टर के बदले (कर्मचारी को) मकान भत्ता दिया जा सकता है
House building advance	गृह-निर्माण अग्रिम

House has been vacated	मकान खाली कर दिया गया है
House of people	लोक-सभा
House patient	अन्तर्वासी रोगी, भरती हुआ मरीज
House rent allowance	मकान किराया भत्ता
House search	घर की तलाशी
House tax	गृह-कर
House trespass	गृह अतिचार
Housing accommodation	आवास/निवास स्थान
Housing schemes	आवास योजनाएँ
Housing subsidy	गृह-निर्माण अर्थ-सहायता
How the matter stands	मामला किस स्थिति में है
Human conduct	मानवीय आचरण
Human consumption	मानवीय उपभोग
Human food	मानवीय भोजन
Humanitarian ground	मानवीय आधार
Human life	मानव जीवन
Human rights	मानव अधिकार
Hunger strike	भूख हड़ताल, अनशन
Hypothetical question	काल्पनिक प्रश्न

I

I agree	मैं सहमत हूँ
I agree with 'A' above	मैं ऊपर 'क' से सहमत हूँ
I am desired to say	मुझे निवेदन करने के लिए कहा गया है
I am directed to say (state)	निदेशानुसार निवेदन है कि—
I am not concerned	मेरा इससे संबंध नहीं है
I am to add	मुझे यह भी कहना/लिखना है
I am to enquire	मैं यह जानकारी चाहता हूँ
I authorise you	मैं आपको प्राधिकृत करता हूँ

I beg to submit	निवेदन है कि
Identical case	एक-सा मामला
Identical case in every particular	हरएक विशिष्टि में समरूप
Identical scales of pay	समान वेतनमान
Identical time scale	समान उच्च वेतनमान
Identical with	तद्रूप, वही है
Identification mark	पहचान चिह्न
Identity card	पहचान-पत्र
Identity certificate	पहचान प्रमाणपत्र
Identity, certificate of	पहचान-पत्र
Identity of handwriting	हस्तलेख की अनन्यता
Identity of informant	इत्तला देने वाले का नाम/पहचान
Identity of the author	रचयिता का परिचय
Identity of the partner	पक्षकारों की पहचान
I disagree	मैं असहमत हूँ
Idle money	निष्क्रिय धन
Idle time	खाली समय
I do not agree with the portion 'A' above	मैं ऊपर 'क' अंकित अंग से सहमत नहीं हूँ।
If agreed to, he will be advised accordingly	यदि आप सहमत हों, तो उन्हें तदनुसार सूचित कर दिया जाएगा
If agreed to, papers will be filed	यदि आप सहमत हों, तो कागज़ फ़ाइल कर दिये जाएँगे
If and in so far as	यदि और जहाँ तक
If and when	यदि और जब
If and whenever	यदि और जब कभी
If any	यदि कोई (हो)
If any deviation is noticed the same will be viewed seriously	यदि कोई विचलन देखने में आया तो उसे गम्भीर समझा जाएगा
If approved, a letter will be sent on the above lines	यदि अनुमोदन करें तो उपर्युक्त सुझाव के अनुसार पत्र भेज दिया जाएगा

If approved, remarks will be called for from the employee	यदि अनुमोदन करें तो कर्मचारी से कैफ़ियत माँगी जाएगी
If approved, sale value will be refunded	यदि अनुमोदन करें तो विक्रय मूल्य को लौटा दिया जाएगा
If approved, the employee will be advised accordingly	यदि अनुमोदन करें तो कर्मचारी को तदनुसार सूचित कर दिया जाए
I felt it	मैंने यह महसूस किया
If it is otherwise in order, the proposal may be accepted	यदि प्रस्ताव अन्यथा नियम-संगत हो तो उसे मान लिया जाए
If necessary	यदि आवश्यक हो
If possible	यदि सम्भव हो
If quorum is not available	यदि कोरम/गणपूर्ति न हो
If required	यदि अपेक्षित हो
If satisfied after due enquiry	यदि यथोचित जाँच से समाधान हो जाए
If the state of work permits	यदि कार्य की स्थिति को देखते हुए उचित हो
I fully agree with the office note	मैं कार्यालय की टिप्पणी से पूरी तरह संतुष्ट हूँ
I fully endorse the remark	मैं अभ्युक्ति का पूर्णतः समर्थन करता हूँ
If you will kindly look into this	यदि आप इसे कृपया देख लें
Ignorance of law	कानून न जानना, कानून से अनभिज्ञता
Ignored, shall be	पर ध्यान नहीं दिया जाएगा
I have been directed to ask you	मुझे निदेश हुआ है कि मैं आपसे पूछूँ
I have been directed to inform you	मुझे निदेश हुआ है कि मैं आपको सूचित करूँ
I have been directed to request you	मुझे निदेश हुआ है कि मैं आपसे निवेदन करूँ
I have known Shri—for the last two years	मैं श्री—को गत दो वर्षों से जानता हूँ
I have no instructions	मुझे ऐसी कोई हिदायत नहीं मिली है

I have no instructions in the matter	मुझे इस मामले में कोई हिदायत नहीं मिली है
I have no knowledge	मुझे कोई जानकारी नहीं है
I have no prejudice	मुझे कोई पूर्वाग्रह नहीं है
I have not the least hesitation in holding	मैं बिना किसी हिचक के इस निर्णय पर पहुँचा हूँ
I have not yet received any reply from your end	आपके यहाँ से अभी तक मुझे कोई उत्तर नहीं मिला है
I have satisfied myself	मैंने अपना समाधान कर लिया है
I have satisfied myself that the employee is not at fault	मैंने अपनी संतुष्टि कर ली है कि कर्मचारी की ग़लती नहीं है
I have the honour to say	सादर निवेदन है
I have to thank you for assistance in the matter	इस मामले में सहायता दी, इसके लिए मैं आपको धन्यवाद देता हूँ
I invite your attention to this important fact	मैं इस महत्त्वपूर्ण तथ्य की ओर आपका ध्यान दिलाता हूँ
Illegal action	अवैध कार्रवाई
Illegal charge	अवैध प्रभार
Illegal conditions	अवैध शर्तें
Illegal consideration	अवैध प्रतिफल/विचार
Illegal contract	अवैध संविदा
Illegal gratification	अवैध परितोषण
Illegality of the strike	हड़ताल का अवैध होना
Illegal means	अवैध साधन
Illegal obstruction	अवैध बाधा
Illegal omission	अवैध लोप
Illegal payment	अवैध संदाय
Illegal practice	अवैध आचरण
Illegal purpose	अवैध प्रयोजन
Illegal strike	अवैध हड़ताल
Illegible writing	अपाठ्य लिखावट
Illegitimate action	अवैध कार्रवाइ
Ill gotten money	अवैध कमाई, बुरे साधन से प्राप्त धन
Ill health	खराब स्वास्थ्य

Illicit cultivation	अवैध खेती
Illicit trade	अवैध व्यापार
Illiterate voter	अपढ़ मतदाता
Ill treat	बुरा बर्ताव करना
Ill treatment	दुर्व्यवहार, बुरा बर्ताव
Ill use	दुर्व्यवहार
Illustrative list	निर्देशी सूची
Ill will	दुर्भावना
Immaterial allegation	तत्त्वहीन अभिकथन
Immaterial issue	तत्त्वहीन विवाद
Immediate	1. तुरन्त 2. सीधा, अव्यवहित 3. साक्षात्
Immediate action	तत्काल कार्रवाई
Immediate annuity due	तत्काल देय वार्षिकी
Immediate compliance	तत्काल पालन
Immediate danger	आसन्न संकट
Immediate delivery	तुरंत परिदान
Immediate disposal of the file is requested	निवेदन है कि यह फाइल तत्काल निपटाई जाए
Immediate employer	अव्यवहित/आसन्न नियोक्ता
Immediate execution	तुरंत निष्पादन
Immediate gain	तात्कालिक लाभ
Immediately after	तुरंत बाद, ठीक पश्चात्
Immediately before	ठीक पहले, तुरन्त पूर्व
Immediately before the appointed day	नियत दिन से ठीक पहले
Immediately below	ठीक नीचे
Immediately below, court	ठीक नीचे का न्यायालय
Immediately following	ठीक बाद, ठीक पश्चात्
Immediately on passing	पास होते ही, पारित होते ही
Immediately preceding	से ठीक पहले
Immediately preceding year	ठीक पूर्ववर्ती वर्ष
Immediately subordinate	सीधे अधीन

Immediately succeeding	ठीक बाद
Immediate measure	तुरंत उपाय, तात्कालिक उपाय
Immediate notice	तत्काल सूचना
Immediate officer	आसन्न अधिकारी
Immediate official superior	अव्यवहित पदीय वरिष्ठ
Immediate payment	तुरंत संदाय
Immediate possession	सीधा कब्जा, तुरंत कब्जा
Immediate pressure of, in the	की साक्षात् उपस्थिति में
Immediate prevention	तुरंत रोकथाम/निवारण
Immediate slip	तुरंत पर्ची
Immediate vicinity	ठीक निकट
Immemorial usage	स्मरणातीत प्रथा
Immigrant population	आप्रवासी जनसंख्या
Imminent danger	आसन्न संकट/ख़तरा
Immoral act	अनैतिक कार्य
Immoral contract	अनैतिक संविदा
Immoral life	अनैतिक जीवन
Immoral to public policy	लोकनीति के विरुद्ध
Immovable property	अचल संपत्ति
Immune from criminal process	दांडिक कार्रवाई से प्रतिरक्षित/मुक्त
Immune from process of Courts of Law	अदालती कार्रवाई से प्रतिरक्षित/मुक्त
Impartial enquiry	निष्पक्ष जाँच
Impartial judgement	निष्पक्ष निर्णय
Impartial trial	निष्पक्ष विचारण
Impede any person	किसी व्यक्ति के समक्ष अड़चन डालना
Imperfect (erroneous) charge	अपूर्ण (ग़लत) आरोप
Imperfect in form	प्ररूप की दृष्टि से अपूर्ण
Imperfect manner	त्रुटिपूर्ण रीति
Imperfect title	अपूर्ण हक़
Implementation cell	कार्यान्वयन सेल/कक्ष
Implementation of rules	नियमों का परिपालन
Implementing the agreement	करार को कार्यान्वित करना

Implied agreement	निहित/विवक्षित करार
Implied authority	निहित/विवक्षित प्राधिकार
Implied consent	निहित/विवक्षित सम्मति
Implied contract	निहित/विवक्षित संविदा
Implied meaning	निहित अर्थ
Implied promise	विवक्षित/निहित वायदा
Implied term	निहित शर्त/निबंधन
Implied undertaking as to title	हक़ के बारे में विवक्षित परिवचन
Implied warranty	विवक्षित वारंटी
Important call	आवश्यक बुलावा
Important items	मुख्य/महत्त्वपूर्ण मद
Important papers	महत्त्वपूर्ण कागज
Import duty	आयात शुल्क
Imported goods	आयातित माल
Import policy	आयात नीति
Impose fine	जुर्माना करना, कर अधिरोपित करना
Imposition of duties	शुल्क अधिरोपित करना
Imposition of penalty	शास्ति का अधिरोपण
Imposition of tax	कर लगाना
Impossibility of the event	घटना की असंभवता
Impound a document	दस्तावेज़ को परिबद्ध करना
Impracticable suggestion	अव्यावहारिक सुझाव
Impression, false	भ्रान्त धारणा
Imprest account	अग्रदाय लेखा
Imprest holder	अग्रदायधारी
Imprest money	अग्रदाय धन
Imprisonment for life	आजीवन कारावास
Imprisonment indefault of payment of fine	जुर्माना न देने पर कारावास/क़ैद
Imprisonment till the rising of court	न्यायालय उठने तक क़ैद
Improper acceptance	अनुचित प्रतिग्रहण/स्वीकार करना
Improper admission of evidence	साक्ष्य का अनुचित ग्रहण

Improper description	अनुचित वर्णन
Improper employment	अनुचित नियोजन
Improper Language	अनुचित भाषा
Improper performance	अनुचित रूप से पालन
Improper rejection	अनुचित अग्रहण/अस्वीकार करना
Improper way	अनुचित ढंग/तरीका
Improved draft	सुधारा हुआ प्रारूप/मसौदा
Improvement is gratifying	सुधार संतोषप्रद है
Improve the standard	स्तर में सुधार कीजिए
Improvised arrangement	कामचलाऊ व्यवस्था
Impulsive nature	आवेगशील स्वभाव
In abeyance	आस्थगित
Inability to agree	सहमति देने में असमर्थता
In a bcdy	1. सब मिलकर, सामूहिक रूप में 2. इकट्ठा
In accordance with	—के अनुसार, तदनुसार
In accordance with his colleagues	अपने सहकर्मियों की सहमति से
In accordance with law	विधि के अनुसार
In accordance with prescribed channels	विहित प्रणाली के अनुसार
In accordance with the provision made in that behalf	इस निमित्त किए गए उपबन्ध के अनुसार
In accordance with the requirements	अपेक्षाओं के अनुसार
Inaccurate figures	ग़लत आँकड़े
Inaccurate particulars	ग़लत/अशुद्ध विशिष्टियाँ
In acknowledging receipt of	—की पावती भेजते हुए
In action	संघर्ष में
In addition to	—के अतिरिक्त, के साथ-साथ
In addition to the amount mentioned	वर्णित रक़म के अतिरिक्त
Inadequate consideration	अपर्याप्त प्रतिफल
Inadequate funds	अपर्याप्त धन

Inadmissible claim	अग्राह्य दावा
Inadmissible evidence	अग्राह्य साक्ष्य
In advance	1. अग्रिम 2. पहले से, अग्रिम रूप में
Inadvertently overlooked	असावधानी से छूट गया
Inadvertently received	अनवधानता/असावधानी से ली गई
In aid of	—की सहायता में
In a level headed way	संतुलित ढंग से
In alliance with	के साथ मिलकर
In all respects	सब तरह से, सब बातों में
In alphabetical order	वर्णक्रमानुसार
In a most satisfactory manner	पूर्ण संतोषजनक ढंग से
In amplification of	का विस्तार करते हुए
In an exemplary manner	अनुकरणीय रीति से
In an existing vacancy	विद्यमान रिक्त पद पर
In an honorary capacity	अवैतनिक रूप से
In another form	दूसरे रूप में
In anticipation of	—की प्रत्याशा में
In anticipation of your approval	आपके अनुमोदन की प्रत्याशा में
In any case	किसी भी हालत में, हर हालत में
In any event	किसी भी स्थिति में, हर हालत में
In any form	किसी भी रूप में
In any manner	किसी प्रकार से
In any material point	किसी तात्त्विक बात के संबंध में
In any respect	किसी भी तरह से, किसी भी बात में
In any special case	किसी विशेष मामले में
In a round about way	गोलमाल ढंग से
In a routine manner	नेमी रूप में
In as full and ample manner	पूर्ण और व्यापक रीति में
In as much as	जहाँ तक कि
In association with	—के साथ मिलकर
In a summary way	संक्षेप में, संक्षिप्त रूप में/से
Inauguration ceremony	उद्घाटन समारोह

In bad faith	दुर्भावनापूर्वक
In between	बीच में
In bond	बंधपत्राधीन
In breach of contract	संविदा का भंग करते हुए
In breach of his official duties	अपने पदीय कर्त्तव्यों का भंग करते हुए
In broad outline	मोटे तौर पर
In camera	1. गुप्त 2. बन्द कमरे में
In capable of acting	कर्म करने में असमर्थ
In capable of giving evidence	साक्ष्य देने में असमर्थ
In case it appears	यदि ऐसा प्रतीत हो
In case of difference	मतभेद होने की दशा में
In case of doubt	संदेह की स्थिति में
In case of failure	1. यदि कार्य न हो सका तो 2. विफल होने पर
In case of need	आवश्यकता पड़ने पर
In case of urgency	अत्यावश्यक होने पर
In cash	नक़द, नगद
Incentive scheme	प्रोत्साहन योजना
In certain cases	कुछ मामलों में
In certain respects	कतिपय विषयों में
In charge	प्रभारी
In charge officer	प्रभारी अधिकारी
Incidence of taxation	कर-भार
Incidental charges	प्रासंगिक प्रभार/व्यय
Incidental damages	आनुषंगिक नुकसान
Incidentally it may be observed	प्रसंगवश यह कहा जा सकता है
Incidentally it may be pointed out that	प्रसंगवश यह उल्लेखनीय है कि
Incidental order	प्रासंगिक आदेश
In circulation	प्रसार में, सबको दिखाया जाए
Incited mob	उत्तेजित भीड़
Inclined to	—की ओर झुकाव है

Include, shall	—अन्तर्गत होगा
Inclusive of	को मिलाकर
In collaboration with	—के सहयोग से
In combination with	—के साथ, के साथ-साथ
Income and expenditure account	आय-व्यय लेखा
Income chargeable tax	कर से प्रभार्य आय
Income group	आय-वर्ग
Income tax clearance certificate	आयकर शोधन प्रमाणपत्र
Incoming telegram	आनेवाले तार
In common	सब में समान
Incompatible with	बेमेल, से मेल न खाता हुआ
Incompetent hands	अक्षम कर्मचारी
Incomplete work	अधूरा काम
In compliance with—	—का पालन करते हुए —के अनुपात में
In compliance with your request	आपकी प्रार्थना स्वीकार करते हुए
Inconclusive debate	अधूरी बहस
Inconclusive proof	अनिश्चयात्मक सबूत
In confirmation of	—की पुष्टि में, पुष्टिस्वरूप
In conformity with	—के अनुरूप
In conformity with rules	—-नियमों के अनुरूप
In connection with	—के संबंध में, के सिलसिले में
In consequence of	—के फलस्वरूप, —के परिणामस्वरूप
In consideration of	—के प्रतिफल-स्वरूप
Inconsistent, not	अनसंगत
Inconsistent therewith	—से असंगत
Inconsistent with the facts	तथ्यों से असंगत
Inconsonance with	के अनुकूल
In consultation with	—के परामर्श से, —से परामर्श करके

In contact with	के सम्पर्क से
In contemplation of	को ध्यान में रखते हुए
In continuation of	—के आगे, —के सिलसिले में, —के क्रम में
In contravention of	—के विपरीत, —के प्रतिकूल, —के उल्लंघन में, का उल्लंघन करते हुए
Inconvenience caused to you is very much regretted	आपको हुई असुविधा के लिए बहुत खेद है
Incorporated in the draft	प्रारूप/मसौदे में शामिल
Incorrectly granted	ग़लती से अनुदत्त
Incorrectly stated	ग़लत रूप से कहा गया
Incorrect report	ग़लत रिपोर्ट
Incorrect totalling	ग़लत जोड़
Incorrect view	ग़लत राय, ग़लत दृष्टिकोण
In correspondence with	से पत्रव्यवहार में
In course of	—के दौरान, के क्रम में
In course of business	काम के दौरान
In course of checking	जाँच के दौरान
In course of time	यथासमय, समय बीतने पर, समय के साथ-साथ
Increasing demand	बढ़ती हुई माँग
Increasing the liability	दायित्व को बढ़ाना
Increment certificate	वेतनवृद्धि प्रमाणपत्र
Increment deferred by— days leave without pay	—दिन की बिना वेतन छुट्टी के कारण वेतनवृद्धि उतने दिनों के लिए स्थगित की गयी
Increment in sub-grade granted	मूल ग्रेड में वेतन-वृद्धि मंजूर की गई
Increment stopped	वेतनवृद्धि रोकी गयी
Incumbent of an office	पदधारी
Incumbent, original	मूल पदधारी
Incumbent upon, to be	के लिए लाजिम होना/आवश्यक होना
In default of	1. के अभाव में 2. —न होने पर, चूक करने पर, न करने पर

In default of agreement	करार के अभाव में
In default of appearance	उपस्थित होने के व्यतिक्रम में
In default of bail	जमानत न होने की दशा में
In default of payment	न देने की दशा में
In defence of	के बचाव में, के प्रतिवाद में
In defiance of	की अवज्ञा करते हुए
Indefinite expression	अनिश्चितार्थ पद
Indefinite payment	अनिश्चित संदाय
Indefinite period	अनिश्चित अवधि
Indefinite time	अनिश्चित समय
Indelible ink	अमिट स्याही
Indemnity bond	क्षतिपूर्ति बंधपत्र
Indemnity, contract of	क्षतिपूर्ति की संविदा
Indemnity to administrative bodies	प्राशासनिक निकायों की हानिरक्षा
Indent item	माँगपत्र मद
Indentor's instructions	माँगकर्त्ता की हिदायतें
Indent register	माँगपत्र/इंडेंट रजिस्टर
Indentured labour	करारबद्ध श्रमिक, गिरमिटिया
Independent agency	स्वतंत्र अभिकरण
Independent charge	स्वतंत्रण भारसाधन/भार
Independent dealing	स्वतंत्र व्यवहार
Independent discretion	स्वतंत्र विवेक
Independent evidence	स्वतंत्र साक्ष्य
Independent note	स्वतंत्र टिप्पणी/नोट
Independent opinion	स्वतंत्र राय
Independent transfer	स्वतंत्र अंतरण
In derogation of	—के अल्पीकरण में
In descending order	अवरोही क्रम में
In descriptive form	वर्णनात्मक रूप में
In detail	विस्तार से, विस्तारपूर्वक
In detail, setting out	ब्यौरेवार, उपवर्णित करना
In determining any question	किसी प्रश्न के अवधारण में
Index card	सूचक कार्ड

Index number	सूचक अंक
Index number, cost of living	निर्वाह व्यय सूचकांक
Indian Administrative Service	भारतीय प्रशासन सेवा
Indian Forest Service	भारतीय वन सेवा
Indian Penal Code	भारतीय दण्ड संहिता
Indian Police Service	भारतीय पुलिस सेवा
Indication of the identity	पहचान का उपदर्शन
Indifferent attitude	उदासीन भाव, उपेक्षापूर्ण रवैया
Indigenous production	देशी उत्पादन
Indigent circumstances	निर्धनावस्था
Indirect election	अप्रत्यक्ष चुनाव/निर्वाचन
Indirect furtherance of	को प्रत्यक्षतः अग्रसर करने में
Indirect tax	अप्रत्यक्ष कर
Indirect verification	अप्रत्यक्ष सत्यापन
In discharge of his duties	अपने कर्त्तव्य के पालन में
In disorderly fashion	अव्यवस्थित रूप में
Indispensable for existence	अस्तित्व के लिए अपरिहार्य
In dispute	विवादग्रस्त
Individual account	व्यक्तिगत खाता
Individual benefit	व्यक्तिगत फ़ायदा
Individual cases will be decided on merits	प्रत्येक मामले पर उसके गुणदोषों के आधार पर निर्णय किया जाएगा
Individual character, man of high	उनका व्यक्तिगत चरित्र ऊँचे दर्जे का है
Individual civil rights	व्यक्तिगत सिविल अधिकार
Individual inspection	पृथक्-पृथक् निरीक्षण
Indoor patient	भरती हुआ रोगी
In due course	यथासमय, यथावधि, उचित समय पर
In due course of law	विधि के सम्यक् अनुक्रम में
In due time	सम्यक् समय में
Indulge in	का आनंद लूटना, में मग्न हो जाना, आसक्त होना
Indulgence shown by you	आपने जो अनुग्रह किया है
In duplicate	दो प्रतियों में

Industrial depression	औद्योगिक मंदी
Industrial dispute	औद्योगिक विवाद
Industrial employment	औद्योगिक रोजगार
Industrial enterprise	औद्योगिक उद्यम
Industrial establishments	औद्योगिक प्रतिष्ठान
Industrial estate	औद्योगिक क्षेत्र
Industrial monopoly	औद्योगिक एकाधिकार
Industrial relations	औद्योगिक संबंध
Industrial undertaking	औद्योगिक उपक्रम
Industrial worker	औद्योगिक कामगर
In each case	हर मामले में
In effect	1. वस्तुतः 2. प्रभावशील
Inefficient hand	अदक्ष कर्मचारी
In either of which cases	दोनों दशाओं में से हरएक में
Ineligible for	के लिए अपात्र
In esse	अस्तित्वयुक्त
In evasion of	का अपवंचन करके
Inevitable accident	अपरिहार्य दुर्घटना
Inevitable loss	अपरिहार्य हानि
Inevitable payment	अनिवार्य भुगतान
In excess of	—से अधिक
In excess of his powers	अपनी शक्तियों से अधिक
In excess of the award	पंचाट से अधिक
In exercise of	—के प्रयोग में, —के उपयोग में, —का प्रयोग करते हुए
In exercise of the powers conferred by section —	धारा—द्वारा प्रदत्त शक्तियों का उपयोग/प्रयोग करते हुए
In extensive form	विस्तृत रूप में
In extenso	सविस्तार, विस्तार से
In fact	वस्तुतः, तथ्यत.
In fair measure	पर्याप्त मात्रा में
In fairness	न्याय/औचित्य की दृष्टि

In favour of	1. —के पक्ष में 2. —के नाम में प्रवृत्त/लागू
Infectious disease	संक्रामक रोग
Inference, draw	1. अनुमान करना, अनुमान लगाना 2. निष्कर्ष निकालना
Inference suggested	इंगित अनुमान
Inferior goods	घटिया माल
Inferiority complex	हीन भावना
Inferior quality	घटिया किस्म
Inferior service	निम्न सेवा
Inferior to	—से घटिया
In figures	अंकों में
Infirm person	अशक्त व्यक्ति
Inflated rate of pay	वेतन की बढ़ी हुई दर
Inflationary trends	मुद्रास्फीति की प्रवृत्ति
In force	लागू, प्रवृत्त, प्रभावशील
In form accordingly	तदनुसार सूचित करें
Informal discussion	अनौपचारिक चर्चा/बातचीत
Inform all concerned	सर्व संबंधित को सूचित करें
Informally, ascertained	अनौपचारिक रूप से पता कर लिया है
Information has already been obtained from the office concerned	संबंधित कार्यालय से सूचना पहले ही मँगा ली गई है
Information has been sent under this office letter No —	इस कार्यालय के पत्र संख्या—के अधीन सूचना भेजी जा चुकी है
Information is not complete	सूचना पूरी नहीं है, जानकारी अधूरी है
Information is still awaited from some of the	कुछ—से सूचना अभी भी नहीं मिली है
Informative brochure	सूचनाप्रद विवरण पुस्तिका
Informative note	सूचनाप्रद टिप्पणी
Inform the candidate	उम्मीदवार को सूचित किया जाए

Infringement of performing right	प्रस्तुतीकरण अधिकारों का अतिलंघन
In full	पूरा, पूर्णतः
In full and final payment	कुल और चुकता भुगतान
In furtherance of	को आगे बढ़ाने के लिए, को अग्रसर करने में
In furtherance of work	काम को आगे बढ़ाने के लिए
In future	भविष्य में, आगे
In general	सामान्य रूप से, आमतौर पर
In good circumstances	अच्छी परिस्थितियों में
In good credit	अच्छा प्रत्यय
In good faith	सद्भावपूर्वक, सद्भावना से
In good faith for consideration	सद्भावपूर्ण और सप्रतिफल
In good health	स्वस्थ
In good order	1. सुव्यवस्थित 2. अच्छी स्थिति में
In good repairs	अच्छी हालत में
In good spirit	सद्भावना से
In good spirit, to take	1. बुरा नहीं मानना 2. सद्भावपूर्वक ग्रहण करना
In habitable condition	रहने योग्य हालत में
In hand	हस्तगत
Inherent defect	अन्तर्निहित त्रुटि
Inherent lacuna	अन्तर्निहित कमी
Inherent power	अन्तर्निहित शक्ति
Inheritance tax	उत्तराधिकार कर
Inherited property	विरासत में मिली सम्पत्ति
In his absence	उनकी अनुपस्थिति में
In his defence	अपने बचाव में
In his discretion	अपनी समझ से, अपने विवेक के अनुसार
In his favour	उसके पक्ष में
In his judgement	उसके निर्णय में
In his life time	उसके जीवनकाल में

In his own interest	उसके अपने हित में
In his present duties	अपने विद्यमान कर्त्तव्यों में
In his view	उसकी दृष्टि में
In implementing the decision	निर्णय को कार्यान्वित करने में
In instalments	किस्तों में
In issue	विवाद्य
Initial account	प्रारंभिक लेखा
Initial capital	आरंभिक पूंजी
Initial constitution	आरंभिक गठन
Initial expenses	प्रारंभिक व्यय
Initial investment	प्रारंभिक विनिधान
Initialled by	द्वारा संक्षिप्त हस्ताक्षर किए गए
Initial pay	प्रारंभिक वेतन
Initiate action	कार्रवाई शुरू कीजिए
Initiate action, to	कार्रवाई आरंभ करना
Initiate proceedings	कार्यवाहियाँ शुरू करना
Initiation of prosecution	अभियोजन प्रारंभ करना
Initiative, on his own	स्व प्रेरणा पर
Initiative, to take	सूत्रपात करना, पहल करना
In its discretion	स्वविवेक से
In its discretion, entirely	पूर्णतः स्वविवेक से
Injunction, grant	व्यादेश देना
Injunction, interim	अन्तरिम व्यादेश
Injunction, mandatory	आज्ञापक व्यादेश
Injunction, perpetual	शाश्वत व्यादेश
Injunction, prohibitory	प्रतिषेधात्मक व्यादेश
Injunction, temporary	अस्थायी व्यादेश
Injure character	शील को दोष लगाना
Injure party	क्षतिग्रस्त पक्ष
Injurious effect	हानिकारक प्रभाव
Injurious to health	स्वास्थ्य के लिए हानिकर
Injury personal	वैयक्तिक क्षति
Injury to life	जीवन को क्षति
In keeping with	—के अनरूप

In kind	वस्तु रूप में
Inland letter	अन्तर्देशीय पत्र
In law	विधि की दृष्टि में
In lieu of	—के बदले में, —के स्थान पर, —के बजाय
In like manner	समान रीति से, उसी प्रकार, वैसे ही
In limine	आरंभ में ही
In loco parents	माता पिता के स्थान में
In lump sum	एक बार में, एकमुश्त
In matter of	—के विषय में
In memorium	स्मृति में
In modification of—	—का संशोधन/आशोधन करते हुए
In money	धन रूप में
In my opinion	मेरी राय में
In near future	निकट भविष्य में
In obedience to	के पालन में
In occupation	अधिभोगी
In official capacity	पद की हैसियत से, अधिकारी के रूप में
In one's bad books	कृपा न रहना
In on's good boods	कृपापात्र होना
In open court	खुली अदालत/खुले न्यायालय में
In operation	अमल में, प्रवर्त्तन में, कार्यान्वयन में
In order	1. व्यवस्थित, यथाक्रम, क्रम से 2. संगत, ठीक, सही 3. विधिवत्
In order of merit	योग्यता क्रम में
In order of preference	अधिमान/अधिमान्यता के क्रम से
In order of priority	प्राथमिकता क्रम से, अग्रता क्रम से
In order that	इसलिए कि, जिससे कि
In order to	—के लिए
In order to avoid delay	जिससे देर न हो, विलम्ब से बचने के लिए
In order to ensure that	यह सुनिश्चित करने के लिए कि
In order to obtain	प्राप्त करने के लिए

In order to safeguard against	—से बचाव के लिए
Inordinate delay	अत्यधिक विलम्ब
In other respects	अन्य बातों में
In pari causa	एक ही विषय के
In pari delicto	समदोषी
In pari materia	एक ही विषय के
In part	अंशतः
In partial modification	आंशिक परिवर्तन करते हुए
In particular	विशेषतः, खासकर, विशेष रूप से
In parts	कई भागों में
In perpetuity	सदैव, सदा के लिए, शाश्वत
In person	स्वयं, व्यक्ति के रूप में
In personal capacity	वैयक्तिक हैसियत से
In personem	व्यक्ति बँधी
In place of	—के स्थान पर, —के स्थान में
In plain language	सीधी भाषा में
In point of law	विधि की दृष्टि से
In posse	संभव
In possession of—	—के कब्जे में
In practice	व्यवहार में
In preference to—	—की अपेक्षा, पर अधिमान देकर
In presence of	—के समक्ष, —के सामने
In presenti	वर्त्तमान में, तत्समय
In principle	सिद्धान्त रूप में
In priority to other duties	दूसरे कर्त्तव्यों से अधिक जरूरी समझकर
In progress	1. चालू है 2. प्रगति पर
In proof of the payment	भुगतान के प्रमाणस्वरूप
In proper perspective	सही परिप्रेक्ष्य में
In proper sequence	ठीक अनुक्रम में
In prosecuting of	—के चलाने में, —की पूर्ति करने में
In public interest	लोकहित में, लोकहित की दृष्टि से
In pursuance of	—के अनुसार, का अनुसरण करते हुए, —के अनुसरण में

In quadruplicate	चार प्रतियों में
In question	संबंधित, प्रश्नगत
In quintuplicate	चार प्रतियों में
Inquire in camera	बंद कमरे में जाँच
Inquire into the offence	अपराध की जाँच करना
Inquiring authority	पाँच प्राधिकारी
Inquiring into the case has been completed	मामले की जाँच कर ली गई है
Inquiry, local	स्थानीय जाँच
Inquiry on oath	शपथ पर जाँच
Inquiry, preliminary	प्रारंभिक जाँच
In reference to	—के संदर्भ में
In regard to	—के बारे में, —के विषय में
In regular order	नियमित क्रम में
In relation to	के संबंध में
In rem	सर्वबंधी
In replacement of	के स्थान पर
In reply to	—के उत्तर में
In representative capacity	प्रतिनिधि के रूप में
In respect of	—के विषय में, —के बारे में, —की बाबत, —के संबंध में, —की दृष्टि से
In respect thereof	उसके संबंध में
In response to	के उत्तर में, के विषय में
In restraint of	—का अवरोधी
In reverse direction	विपरीत दिशा में
Insanitary dwelling	अस्वास्थकर आवास
In separate parts	पृथक्-पृथक् भागों में
In sequence	लगातार, क्रमबद्ध रूप में
Insert in	में रखना
Insertion in document	दस्तावेज में जोड़ना
In service training	सेवाकालीन प्रशिक्षण
In session	1. सत्र चालू है 2. सत्र में

In several parts	कई भागों में
In sextuplicate	छह प्रतियों में
In significant amount	नगण्य राशि, बहुत कम धन
In similar circumstances	वैसी ही परिस्थितियों में
In situ	स्वस्थाने
In so far as	जहाँ तक कि
In so far as they are inconsistent with the provisions	जहाँ तक वे उपबंधों से असंगत हों
Insolvent circumstances	दिवाले की परिस्थितियाँ
Insolvent debtor	दिवालिया ऋणी/कर्जदार
Insomuch as	यहाँ तक कि, क्योंकि
Insomuch that	जहाँ तक कि
In specie	1. मुद्रा में 2. वस्तु रूप में
Inspecting officer	निरीक्षण अधिकारी
Inspection after execution	निष्पादन के बाद निरीक्षण
Inspection at site	मौके पर निरीक्षण
Inspection Book	निरीक्षण पुस्तिका
Inspection certificate	निरीक्षण प्रमाणपत्र
Inspection house	निरीक्षण गृह
Inspection note	निरीक्षण टिप्पणी
Inspection of document	दस्तावेजों का निरीक्षण
Inspection report	निरीक्षण रिपोर्ट
Inspect the spot	स्थल का निरीक्षण कीजिए, मौके का मुआइना करना
Inspire respect	श्रद्धा का भाव जागृत करना
Inspiring confidence	विश्वास जागृत करने का गुण
In spirit as well as in letter	तत्वतः और अक्षरशः
In spite of a thorough search	भली भाँति ढूंढ़ने पर भी
In spite of handicaps	बाधाओं के होते हुए भी
In spite of repeated reminder	बार-बार याद दिलाने पर भी
In spite of the fact	इस तथ्य के बावजूद
Installation charges	स्थापित करने का खर्च

Instalment actually in default	वह किस्त जिसके संबंध में वास्तव में व्यतिक्रम हुआ है
Instance, in the first	प्रथमतः, पहले तो
Instance, in this	इस मामले में
Instance of, at that	की प्रेरणा पर, के कहने से
Instance of, at the	की प्रेरणा पर, के अनुरोध/आवेदन पर
Instantaneous action	तुरत कार्रवाई
Instant death	तत्काल मृत्यु
Instant hurt	तत्काल उपहति/चोट
Instead of	के बजाय, के स्थान पर
Instigated by	द्वारा उकसाया गया
Institute an enquiry	जाँच प्रारंभ करना
Institute a suit	वाद चलाना/शुरू करना
Institute prosecution	अभियोजन चलाना
Institutional training	संस्थागत प्रशिक्षण
Institution known as	—नामक संस्था
Instructions are solicited	कृपया अनुदेश दें/हिदायत दी जाएँ
Instructions awaited	अनुदेशों/हिदायतों की प्रतीक्षा है
Instructions have been issued	हिदायत जारी कर दी गयीं
Instructions were issued, but these have not been acted upon	हिदायतें दी गई थीं लेकिन उन पर अमल नहीं किया गया
Instrument creating a power of attorney	मुख्तारनामा अर्जित करने वाली लिखत
Instrument of gift	दान की लिखत
Instrument of mortgage	बंधकपत्र
Instrument of trust	न्यास की लिखत
In substitution for	के स्थान पर
In substitution of	के स्थान में/पर
In subversion of	के ध्वंसात्मक रूप में
In succession	लगातार, अनुक्रम से
Insufficient cause	अपर्याप्त कारण
Insufficient grounds	अपर्याप्त आधार
Insufficient provision	अपर्याप्त उपबंध

Insulting language	अपमानजनक भाषा
In supersession of—	—का अधिक्रमण करते हुए
In support of	—की पुष्टि में, —का समर्थन करते हुए
Insurance agent	बीमा एजेंट
Insurance cover	बीमा-रक्षण
Insurance, general	साधारण बीमा
Insurance, life	आजीवन बीमा
Insurance policy	बीमा पालिसी
Insurance premium	बीमा किस्त
Insured letter	बीमा किया हुआ पत्र
Insured on—	बीमा किया गया
Integral part	अभिन्न अंग
Integrated courses	एकीकृत/समेकित पाठ्यक्रम
Integrated development	एकीकृत विकास
Integrated unit	समाकलित एकक
Integrity is beyond doubt	सत्यनिष्ठा संदेह से परे है
Integrity was unquestioned	चरित्रबल/सत्यनिष्ठा निर्विवाद
Intellectual approach	बौद्धिक दृष्टिकोण
Intellectual attainment	बौद्धिक उपलब्धि
Intelligence branch	आसूचना शाखा
Intended leave	आशयित छुट्टी
Intended lessee	आशयित पट्टेदार
Intended marriage	आशयित विवाह
Intended resolution	आशयित संकल्प
Intended to be used	उपयोग किए जाने के लिए आशयित
Intended to take effect	प्रभावी होने के लिए आशयित
Intended trustee	आशयित न्यासी
Intending bidder	इच्छुक बोलीदार
Intending purchaser	आशयित क्रेता
Intend to engage	लगाने का इरादा रखना
Intensive cultivation	गहन खेती
Intensive drive	गहन प्रयास, तीव्र अभियान
Intensive training	गहन प्रशिक्षण

Intentional insult	साशय अपमान
Intentionally done	जानबूझकर किया गया
Intention, common	सामान्य आशय
Intention, contrary	प्रतिकूल आशय
Intention is	मंशा/आशय यह है
Intention to deceive	प्रवंचना करने का आशय
Inter alia	अन्य बातों के साथ-साथ, और बातों में
Inter connected	आपस में संबंधित
Inter departmental reference	अन्तर्विभागीय पत्राचार
Inter disciplinary committee	अन्तरविषयक समिति
Interest accrued	प्रोद्भूत/इकट्ठा हुआ ब्याज
Interest created	सृष्ट हित
Interested party	हित रखनेवाला पक्षकार
Interest fails	हित निष्फल हो जाता है
Interest-free	ब्याज मुक्त
Interest-free loan	ब्याज-मुक्त ऋण/उधार
Interest is vested	हित निहित है
Interest of justice	न्याय-हित
Interest of labour	श्रमिक-हित
Interest of the general public	जनसाधारण का हित
Interest payable	देय ब्याज
Interest recoverable	ब्याज जो वसूल किया जाना है
Interests of Govt.	शासन का हित
Interest subsisted	हित विद्यमान था
Interest, vested	निहित हित
Interference, undue	अनुचित हस्तक्षेप
Inter-Govt. adjustment	अन्तःशासकीय समायोजन
Interim agreement	अन्तरिम करार/समझौता
Interim arrangement	अन्तरिम प्रबन्ध
Interim award	अन्तरिम पंचाट
Interim casual vacancy	अन्तरिम आकस्मिक रिक्ति
Interim custody	अन्तरिम अभिरक्षा
Interim Govt.	अन्तरिम सरकार

Interim information	अन्तरिम जानकारी
Interim injunction	अन्तरिम व्यादेश
Interim payment	अन्तरिम राहत/सहायता
Interim reply may be given	अन्तरिम उत्तर भेज दिया जाए
Interim report	अन्तरिम रिपोर्ट
Intermediate loan	मध्यकालिक कर्ज
Intermediate person	मध्यवर्ती व्यक्ति
Intermediate station	मध्यवर्ती स्टेशन
In terms	वस्तुतः
In terms of	के रूप में
In terms of money	धन के रूप में
Internal administration	आंतरिक प्रशासन
Internal arrangement	आंतरिक व्यवस्था
Internal audit	आंतरिक लेखा परीक्षा
Internal finance	आंतरिक वित्त
Internal political situation	आंतरिक राजनीतिक स्थिति
Internal security	आंतरिक सुरक्षा
International agreement	अन्तर्राष्ट्रीय करार
International conference	अन्तर्राष्ट्रीय सम्मेलन
International law	अन्र्राष्ट्रीय विधि
International organisation	अन्तर्राष्ट्रीय संगठन
International understanding	अन्तर्राष्ट्रीय सद्भावना
Interpretation clause	निर्वचन खंड
Interpreted and admitted correct	निर्वचन के बाद ठीक माना गया
Interrupted service	विच्छिन्न सेवा
Interruption in service	सेवा में व्यवधान
Inter se	आपस में, पारस्परिक
Intersectional movement register	अन्तरानुभागीय संचलन रजिस्टर
Intersectional references	अन्तरानुभागीय पत्राचार
Inter-state affairs	अन्तर्राज्यीय मामले
Interval of time	समय का अन्तराल
Intervening area	अन्तर्वर्ती क्षेत्र

Intervening period	बीच की अवधि
Inter vivos	जीवित व्यक्तियों के बीच
In that behalf	उस विषय में, उसके संबंध में, उस बारे में
In that respect	उस प्रयोजन के लिए, तत्संबंधी
In the above circumstances	उपर्युक्त परिस्थितियों में
In the absence of any rules, past practice is the law	नियमों के अभाव में पिछली परिपाटी कानून है
In the absence of information	सूचना/जानकारी के अभाव में
In the aggregate	कुल मिलाकर
In the alternative	अनुकल्पी
In the capacity of	के रूप में, की हैसियत से
In the case of	1. —की स्थिति में, —की दशा में 2. —के विषय में
In the circumstances of	—की परिस्थितियों में
In the circumstances stated	उल्लिखित परिस्थितियों में
In the concluding para	अन्तिम पैरा में
In the course of	—के दौरान
In the course of duty	काम के दौरान, काम करते-करते
In the course of the suit	वाद के दौरान
In the course of trial	विचारण के दौरान
In the discharge of official duties	शासकीय कर्त्तव्यों के पालन में
In the estimation	दृष्टि में
In the event of	—के होने पर, —की अवस्था में
In the event of death	मृत्यु की दशा में
In the execution of office	पद के निष्पादन में
In the exercise of	—का प्रयोग करते हुए
In the existing vacancy	मौजूदा खाली जगह में
In the field	कार्य-क्षेत्र में
In the first instance	प्रारंभ में, पहले तो
In the following manner	नीचे लिखी गई/बताई गई रीति से
In the forenoon	दोपहर पूर्व, पूर्वाह्न में
In the form prescribed	विहित प्रपत्र में, निर्धारित फ़ार्म में

In the immediate future	निकट भविष्य में
In the interest of	—के हित में, —के लिए
In the interest of justice	न्याय के हित में
In the interest of public service	लोक सेवा के हित में
In the judgement of	—के निर्णय में
In the least	कम-से-कम
In the light of	—को ध्यान में रखते हुए
In the light of previous precedents	पूर्व-उदाहरणों के अनुसार
In the light of the facts mentioned above	उपर्युक्त तथ्यों के आधार पर
In the manner hereinafter appearing	इसमें इसके आगे बतलाई गई रीति से
In the manner provided	उपबंधित रीति से
In the matter of	के विषय में
In the mean time	इसी बीच
In the mean time following remarks will be passed in the register	इस बीच रजिस्टर में निम्नलिखित कैफ़ियत दर्ज कर दी जाएगी
In the mean while	तब तक
In the name of	के नाम से
In the nature	1. —के प्रकार का 2. —के स्वरूप का
In the nature of surety	प्रतिभू के स्वरूप
In the opinion of the Govt.	सरकार की राय में
In the ordinary course of business	कारबार/कामकाज के सामान्य अनुक्रम में
In theory	सिद्धान्त रूप में
In the performance of his duties	अपने कर्त्तव्यों के पालन में
In the place of	के स्थान पर
In the possession	कब्जे में
In the preceding paragraph	इससे पहले के पैरा में

In the prescribed manner	निर्धारित ढंग/रीति से
In the prescribed proforma	विहित/निर्धारित प्रोफ़ार्मा में
In the presence of	—के समक्ष, —के सामने, —की उपस्थिति में
In the prevailing circumstances	वर्त्तमान परिस्थितियों में
In the safe custody	सुरक्षित अभिरक्षा में
In the same interest	एक ही हित में
In the same way	उसी तरह, उसी भाँति
In the sense	इस अर्थ में
In the time of	—के जीवनकाल में
In the usual way	सामान्य रूप से
In the view	की दृष्टिगोचरता में
In the way of	के रूप में
In this behalf	1. इसके लिए, इस निमित्त 2. इस विषय में, इस संबंध में
In this case	इस मामले/विषय में
In this connection attention is invited to the notice	इस संबंध में नोटिस की ओर ध्यान दिलाया जाता है
In this connection I have to state that—	इस संबंध में मुझे यह कहना है कि—
In this connection it may be pointed out	इस संबंध में यह उल्लेखनीय है कि
In this instance	इस मामले में
In this state of affairs	इस परिस्थिति में
In this view of the matter	मामले को इस दृष्टि से देखते हुए
Intimate knowledge	गहरी जानकारी
Intimation of acceptance	स्वीकृति की सूचना
Intimation to us, under	हमें सूचना देते हुए
In time	समय से, समय रहते, समय पर
In token of	1. प्रमाण स्वरूप 2. प्रतीक स्वरूप
In token of the fact	तथ्य के प्रमाणस्वरूप
In token thereof	उसी के प्रतीक स्वरूप
In toto	पूरी तरह से, पूर्णतया

Intoxication, state or	मत्तता की हालत/अवस्था
In transit	मार्ग में
Intra-vires	शक्ति के अधीन
Intricate matter	पेचीदा मामला
Intricate problems	पेचीदी समस्याएँ
Intrinsic value	वास्तविक मूल्य
Introduce a bill	विधेयक प्रस्तुत करना
Introduction	1. परिचय 2. प्रवर्तन (विषय) 3. प्रारंभ
Introduction to the book	पुस्तक की भूमिका
Intrude upon the privacy	एकांत में बाधा डालना
In trust	न्यास के रूप में
In unequivocal terms	स्पष्ट शब्दों में, असंदिग्ध शब्दों में
Invalid action	अवैध कार्रवाई
Invalidation of proceedings	कार्यवाहियों का अमान्यकरण
Invalid pension	अशक्तता पेंशन
Inventory of furniture	फर्नीचर की सूची
Inventory of the property	सम्पत्ति तालिका
Investigation of the case	मामले की जाँच
Investigation, preliminary	प्रारंभिक अन्वेषण
Investment value	निवेश मूल्य
In view of	—की दृष्टि से, —को ध्यान में रखकर, —को ध्यान से देखते हुए
In view of the changed policy	परिवर्तित नीति को देखते हुए
In view of circumstances stated above	ऊपर बताई गई परिस्थितियों में
In view of the present exigencies of work to deal with	कार्य करने की वर्त्तमान आवश्यकताओं को ध्यान में रखते हुए
In view of the urgency	तात्कालिक आवश्यकता को देखते हुए
In view of what has been stated above	जो कुछ ऊपर कहा गया है उसे देखते हुए
In violation of	का अतिक्रमण करके
In virtue of	के आधार पर

Invitation is accepted	आमंत्रण स्वीकार है
Invitation of tender	टेंडर माँगना
Inviting a reference to	का हवाला देते हुए
Inviting your attention to	की ओर आपका ध्यान आकर्षित करते हुए
Involve a risk to the life	जीवन जोखिम में डालना/पड़ना
Involves any connection	किसी प्रकार का संबंध अन्तर्ग्रस्त है
Involving question of policy	जिसमें नीति का प्रश्न (निहित) हो
Inward register	आवक रजिस्टर
Inward returns	आवक विवरणियाँ
Inwards entry	आवक प्रविष्टि
In witness whereof	जिसके साक्षीस्वरूप
In working order	चालू हालत में
In writing	लिखित रूप में
In writing under his hand, order	स्वहस्ताक्षरित लिखित आदेश द्वारा
I proceed exparte	मैं एक पक्षीय कार्रवाई करता हूँ
Ipso facto	इसी बात से, यथातथ्यतः
Ipso jure	विधितः
I regret to inform	मैं खेद के साथ सूचित करता हूँ
I reiterate my former comments	मैं अपनी पूर्व टीका-टिप्पणियों को दोहराता हूँ
Irrecoverable amount	न वसूल हो सकने वाली रक़म
Irregular action	अनियमित कार्रवाई
Irregular employment	अनियमित रोजगार
Irregular proceedings	अनियमित कार्यवाहियाँ
Irrelevant fact	विसंगत तथ्य
Irrelevant matter	विसंगत बात
Irrelevant to the issue	विषय से असम्बद्ध
Irrespective of	का विचार किए बिना
Irrespective of the fact	इस बात के होते हुए भी
Irrespective of the value	मूल्य का विचार किए बिना
Irrespective of whether or not	चाहे—हो या न हो
Irresponsible person	अनुत्तरदायी व्यक्ति

Irresponsible words	अनुत्तरदायी शब्द
Irrevocable decision	अटल निर्णय
Irrigation cess	सिंचाई उपकर
Irritable temper	चिड़चिड़ा मिजाज
Is a very vital point in the case	यह मामले का अत्यन्त महत्त्वपूर्ण पहलू है
I see no reason to interfere	मुझे हस्तक्षेप करने का कोई कारण दिखाई नहीं देता
Is frequently the case	बहुधा ऐसा हुआ करता है
Is gradually picking up	धीरे-धीरे काम समझ रहे हैं
I shall be greatful	मैं कृतज्ञ रहूँगा
I shall be highly obliged	मैं अत्यन्त आभारी रहूँगा
I shall be obliged	मैं अनुगृहीत होऊँगा
Is hereby informed	इसके द्वारा सूचित किया जाता है, —को सूचित किया जाता है
Is in the process of finalisation	अन्तिम रूप दिया जा रहा है
Is not likely to materialise	कार्यान्वित होने की संभावना नहीं है
Is not permitted by the rules	नियम-सम्मत नहीं है
Is not practicable	यह व्यवहार्य नहीं है
Is not reasonably practicable	युक्तियुक्त रूप से व्यवहार्य नहीं है
Is not traceable	कहीं नहीं मिल रहा
Isolated document	एकल दस्तावेज़
I solicit your orders	मैं आपसे आदेश चाहता हूँ, मैं आपसे आदेश देने का निवेदन करता हूँ
Is punishable under rule—	नियम—के अधीन दण्डनीय है
Is referred to—	—को निर्दिष्ट है
Is requested to persue the note	—से अनुरोध है कि टिप्पणी का अवलोकन करें
Is reverted to his substantive post	उन्हें अपने मूल पद पर लौटाया जाता है
Is self-explanatory	स्वतः स्पष्ट है
Is set aside	1. अलग रखा जाता है 2. रद्द किया जाता है
Issue an order	आदेश जारी करना

ıssue a precept	आज्ञा पत्र निकालना
Issue as amended	यथा संशोधित जारी करें
Issue as modified	यथा संशोधित भेजिए
Issue as redrafted	फिर से तैयार किया हुआ पत्र भेजिए
Issue a warrant	वारंट जारी करें
Issue branch	निर्गम शाखा
Issue by registered post	रजिस्ट्री डाक द्वारा भेजिए/भेजो
Issue call for tenders	टेंडर मँगाइए
Issued certificate	दिया गया प्रमाणपत्र
Issue diary	निर्गम-डायरी
Issued, licence	दिया गया लाइसेंस, लाइसेंस दिया गया
Issued on—	—को जारी किया गया
Issue generally	साधारण रूप से निकालना
Issue immediate reminder	स्मरण-पत्र तत्काल भेजिए
Issue, in	विवाद्य विषय
Issue, matters in	विवाद्य विषय
Issue note	निर्गम टिप्पणी
Issue notice to the—	—को सूचना भेजिए
Issue of cheque	चैक काटना
Issue of fact	तथ्य विवाद्यक
Issue of Law	विधि विवाद्यक
Issue of passes	पास जारी करना
Issue of permit	आज्ञापत्र जारी करना
Issue of process	आदेशिका जारी करना
Issue of store	सामान देना
Issue of this is authorised	इसको जारी करने की इजाजत है
Issue reminder urgently	तुरन्त अनुस्मारक भेजें
Issues agreed upon	विवाद्यक जिन पर रजामंदी हो गई
Issues are settled	विवाद्यक स्थिर किए गए
Issues have been framed	विवाद्यक की रचना की गई है
Issues of the case	मामले के विवाद्यक/वादपद
Issues of the law	विधि विवाद्यक
Issue telegraphic instructions	तार से अनुदेश भेजिए
Issue to-day	आज ही जारी करें

Issue voucher	निर्गम-वाउचर
Issue warning	चेतावनी है
Issue wireless message	बेतार संदेश भेजिए
Issuing an order	आदेश भेजना
Issuing concern	निर्गमन करने वाला समुत्थान
I suggest	मेरा सुझाव है
Is without jurisdiction	अधिकारिता नहीं है, क्षेत्राधिकार रहित है
It appears that	ऐसा जान पड़ता है कि
It could be visualised	इसकी कल्पना की जा सकती है
Item by item	मदवार
Item in suspence	उचन्त मद
Item on agenda	कार्यसूची की मद/का विषय
It gives us pleasure to inform you	आपको सूचित करते हुए हर्ष है
It has been brought to my notice	यह मेरी जानकारी में लाया गया है
It has been decided	यह निश्चय किया गया है
It has been discoverd	यह पता लगा है
It has been noticed that	यह देखा गया है कि
It has since been decided	और अब यह निश्चित किया गया है
It is a matter of regret	खेद का विषय है
It is an open secret that	खुला रहस्य है कि
It is a side issue	यह एक गौण प्रश्न है
It is conceded	यह मान लिया गया है
It is defective	यह खराब/दोषपूर्ण है
It is desirable	यह वांछनीय है
It is felt that	यह जान पड़ता है कि
It is fit case for appeal	अपील करने के लिए यह अत्यन्त उपयुक्त मामला है
It is for consideration whether—	अतः यह विचारणीय है कि क्या—
It is for orders whether—	अतः यह आदेश दिया जाए कि क्या—
It is further requested	यह भी प्रार्थना है

It is hereby agreed	इसके द्वारा यह करार किया गया
It is highly objectionable	यह अत्यंत आपत्तिजनक है
It is implied	आशय यह है
It is irregular and cannot be covered by any stretch of interpretation of the rules	यह अनियमित है और चाहे जिस तरह व्याख्या कीजिए इसे नियमसंगत नहीं ठहराया जा सकता
It is my submission	मेरा निवेदन है
It is natural that—	यह स्वाभाविक है कि—
It is neither a case for prosecution nor for departmental action	इस मामले में न मुकदमा चलाया जा सकता है न विभागीय कार्रवाई की जा सकती है
It is not applicable	यह लागू नहीं है
It is not feasible	यह व्यवहार्य नहीं है
It is noticed that	यह देखा गया है कि
It is notified for general information	आम सूचना के लिए इसे अधिसूचित किया जाता है
It is not proposed to hold an open enquiry in this case	इस मामले में खुली जाँच करने का विचार नहीं है
It is obligatory	यह अनिवार्य है
It is obvious	यह स्पष्ट है कि
It is possible that	यह संभव है कि
It is presumed that	यह धारणा है कि
It is quite evident	यह बिल्कुल स्पष्ट है
It is regretted that	खेद है कि
It is reiterated	यह दुहराया जाता है
It is requested	यह निवेदन है, अनुरोध है
It is respectfully submitted	सादर निवेदन है
It is suggested that	यह सुझाव दिया जाता है
It is understood	मालूम हुआ है कि
It is unreasonable to insist on the—	पर जोर देना अनुचित है
It is within the powers	यह अपने अधिकार में है
It leaves no margin	इसमें कोई गुँजाइश नहीं
It may also be mentioned	यह भी कहा जा सकता है

It may be pointed out that	यह बताया जाए कि——
It may be recollected	आपको याद होगा कि
It may further be added	यह भी बताया जाता है, यह और कहा जा सकता है कि
It means	इसका यह अर्थ है, तात्पर्य है
It met under the chairmanship of—	इसकी बैठक —की अध्यक्षता में हुई
It requires prior approval	इसके लिए पूर्व अनुमोदन आवश्यक है
I trust	मुझे विश्वास है
It seems	मालूम होता है
It shall be lawful	यह विधि सम्मत होगा
It should be obtained by personal contact	इसे व्यक्तिगत सम्पर्क द्वारा प्राप्त किया जाए
It was held	यह ठहराया गया
It was manipulated	जोड़-तोड़ भिड़ा लिया गया था
It will be construed	इससे यह समझा जाएगा, इसका यह अर्थ/आशय समझ लिया जाएगा
It will be greatly appreciated if the requisite information is expedited	यह अपेक्षित सूचना शीघ्र भेज दें तो विशेष कृपा होगी
It will be highly appreciated	बड़ी कृपा होगी
It will be inexpedient	यह समीचीन नहीं होगा
It will be necessary to obtain following particulars	नीचे लिखे ब्यौरे प्राप्त करना जरूरी होगा
It will be remembered	यह स्मरणीय है कि
It will be seen	यह देखने में आता है कि
It will facilitate	इससे सुविधा होगी
It would be against public interest to give the permission	अनुमति देना लोकहित के प्रतिकूल होगा
It would be incumbent upon—	—के लिए यह आवश्यक होगा
It would be noticed	यह देखने योग्य है कि
It would depend upon	यह इस बात पर निर्भर करेगा

I wish to inform you that	मैं आपको बताना चाहता हूँ कि
I would like to see	मैं देखना चाहूँगा

J

Job classification	कार्य-वर्गीकरण
Job requirements	कार्य-संबंधी अपेक्षाएँ
Job work	फुटकर काम
Joinder of causes of action	वाद हेतुकों का संयोजन
Joinder of charges	आरोपों का संयोजन
Joinder of parties	पक्षकारों का संयोजन
Joined his duty	कार्यभार ग्रहण किया
Joined improperly	अनुचित तौर पर संयोजित
Joining date	कार्य/पद-ग्रहण तारीख
Joining period	कार्य/पद-ग्रहण अवधि
Joining report	पद-ग्रहण रिपोर्ट
Joining time	पद-ग्रहण अवधि
Joining time allowance	पद-ग्रहण-काल भत्ता
Joining time pay	पद-ग्रहण अवधि-वेतन
Joint agreement	संयुक्त करार/समझौता
Joint and several responsibility	संयुक्त और पृथक् उत्तरदायित्व
Joint annuity	संयुक्त वार्षिकी
Joint application	संयुक्त आवेदन-पत्र
Joint attestation	संयुक्त अनुप्रमाणन
Joint committee	संयुक्त समिति
Joint concurrence	संयुक्त सहमति
Joint conference	संयुक्त सम्मेलन
Joint consultation	संयुक्त परामर्श
Joint contract	संयुक्त संविदा
Joint control	संयुक्त नियंत्रण
Joint decree	संयुक्त डिक्री/डिगरी

Joint decree-holder	संयुक्त डिक्रीदार
Joint direction	संयुक्त निदेश
Joint electorate	संयुक्त निर्वाचक मंडल
Joint enquiry has been ordered	संयुक्त जाँच का आदेश दिया गया है
Joint funds	संयुक्त निधियाँ
Joint holder	संयुक्त धारक
Joint interest	संयुक्त हित
Joint liabilities	संयुक्त दायित्व
Joint lives, during their	जब तक वे जीवित रहें
Jointly and severally	संयुक्त रूप से और पृथक्-पृथक्
Jointly concerned	संयुक्त तौर पर संबंधित
Jointly interested	संयुक्ततः हित रखने वाले
Jointly owe	संयुक्ततः देनदार
Jointly owned	संयुक्ततः स्वामित्व
Jointly tried	संयुक्त रूप से विचारित
Joint meeting	संयुक्त बैठक/अधिवेशन
Joint occupation	संयुक्त अधिभोग
Joint owner	संयुक्त स्वामी
Joint parties	संयुक्त पक्षकार
Joint personal security	संयुक्त वैयक्तिक प्रतिभूति
Joint possession	संयुक्त कब्जा
Joint project	संयुक्त परियोजना
Joint promisor	संयुक्त वचनदाता
Joint property	संयुक्त सम्पत्ति
Joint representation	संयुक्त अभ्यावेदन
Joint resolution	1. संयुक्त प्रस्ताव 2. संयुक्त संकल्प
Joint responsibility	सामूहिक उत्तरदायित्व
Joint sitting	संयुक्त बैठक
Joint supervision	संयुक्त पर्यवेक्षण
Joint survey	संयुक्त सर्वेक्षण
Joint tenants	संयुक्त किरायेदार, संयुक्त काश्तकार
Joint venture	सह-उद्यम
Joint work	संयुक्त कार्य

Journal of proceedings	कार्रवाई रोजनामचा
Journey on tour	दौरे पर यात्रा
Journey on transfer	स्थानांतरण/तबादले पर यात्रा
Journey, unauthorised	अप्राधिकृत यात्रा
Judgment delivered	फैसला सुनाया गया
Judgment delivered, to hear	सुनने के लिए निर्णय सुनाया गया
Judgment, dissenting	विसम्मत निर्णय
Judgment is not rhyme with the facts	निर्णय तथ्यों से मेल नहीं खाता
Judgment of the public	जनता की राय, लोक-निर्णय
Judgment, the best of my	अपनी सर्वोत्तम विवेक बुद्धि से
Judicial act	न्यायिक कर्म
Judicial and official acts	न्यायिक और शासकीय कार्य
Judicial assistance	न्यायिक सहायता
Judicial authority	न्यायिक प्राधिकार
Judicial award	न्यायिक अधिनिर्णय
Judicial balance and steadiness	न्याय संबंधी संतुलन
Judicial documents	न्यायिक दस्तावेज
Judicial duty	न्यायिक कर्त्तव्य
Judicial enquiry	न्यायिक जाँच
Judicial formulation of law	विधि की न्यायाधीशों द्वारा रचना
Judicial lock up	न्यायिक हवालात
Judicially, acting	न्यायिकतः कार्य करते हुए
Judicially interpreting	न्यायिक निर्वचन करते हुए
Judicial machinery	न्यायिक तंत्र
Judicial member	न्यायिक सदस्य
Judicial notice	न्यायिक अवेक्षा
Judicial oath	न्यायिक शपथ
Judicial office	न्यायिक पद
Judicial officer	न्यायिक अधिकारी
Judicial power	न्यायिक अधिकार/शक्ति
Judicial principles	न्यायिक सिद्धांत
Judicial procedure	न्यायिक प्रक्रिया/कार्यविधि
Judicial proceedings	न्यायिक कार्यवाहियाँ

Judicial process	न्यायिक प्रक्रिया
Judicial pronouncement	न्यायिक निर्णय
Judicial record	न्यायिक अभिलेख
Judicial reference	न्यायिक निर्देश
Judicial report	न्यायिक रिपोर्ट
Judicial separation	न्यायिक विच्छेद
Judicial service	न्यायिक सेवा
Judicial sobriety	न्यायिक गांभीर्य
Judicial stamp	न्यायिक मुद्रांक
Judicial tribunal	न्यायिक अधिकरण
Judicial work of high order	उच्चकोटि का न्यायिक कार्य
Judicious taxation	विवेकसम्मत कराधान
Junior grade	अवर-पद-क्रम
Junior in rank	पद में कनिष्ठ
Junior staff	कनिष्ठ/कनीय कर्मचारी
Junior time scale	अवर समयमान
Juridical custom	न्यायिक आचार/रूढ़ि
Jurisdictional area	अधिकारिता वाला क्षेत्र
Jurisdictional basis	अधिकारिता विषयक आधार
Jurisdictional purpose	अधिकारिता का प्रयोजन
Jurisdictional value	अधिकारिता का मूल्य
Jurisdiction, appellate	अपीली अधिकारिता
Jurisdiction as to time	समय के बारे में अधिकारिता
Jurisdiction barred	विचाराधिकार की रोक
Jurisdiction, equal	समान अधिकारिता
Jurisdiction, inferior	अवर अधिकारिता
Jurisdiction, local	स्थानीय अधिकारिता
Jurisdiction not vested in it by law	अधिकारिता, जो विधि द्वारा निहित नहीं है
Jurisdiction ordinary	मामूली अधिकारिता
Jurisdiction, original	आरंभिक अधिकारिता
Jurisdiction, pecuniary	धन संबंधी अधिकारिता
Jurisdiction, superior	वरिष्ठ/वरीय अधिकारिता
Jury man	जूरी सदस्य

Jus ad rem	अपूर्ण अधिकार
Jus civile	सिविल विधि/कानून
Just adequate	प्रायः पर्याप्त
Just and convenient	न्यायसंगत और सुविधापूर्ण
Just and equitable	न्यायसंगत और साम्यिक,
Just and expedient	न्यायसंगत और समीचीन
Just and reasonable	उचित और युक्तिसंगत
Just a routine type	लकीर पर चलने वाले
Just below	ठीक नीचे
Just cause	न्यायसंगत कारण
Just decision	न्यायसंगत विनिश्चय
Jus tertii	पर व्यक्ति का अधिकार
Just excuse	न्यायसंगत कारण
Justice and circumstances	न्याय और मामले की परिस्थितियाँ
Justice, equality and conscience	न्याय, साम्य और शुद्ध अन्तःकरण
Justice of the case	मामले में न्याय
Justifiable reason	न्यायोचित कारण
Justification for the proposal	प्रस्ताव का औचित्य
Justification has been accepted	औचित्य मान लिया गया है
Justification is necessary	औचित्य आवश्यक है
Justified by the law	विधि द्वारा न्यायनुमत
Justified the trust reposed in	व्यक्त विश्वास के योग्य प्रमाणित हुए
Justify one's action	अपने काम को उचित सिद्ध करना
Just moderate	**प्रायः साधारण**
Just now	**अभी, तुरन्त, तुरत**
Juvenile convict	**किशोर अपराधी**
Juvenile offender	किशोर दोषी/अपराधी

K

Keen interest	उत्साहपूर्ण रुचि
Keen mind	तीक्ष्ण बुद्धि
Keep abreast of the times	समय के साथ चलना
Keep alert	सतर्क रहिए
Keep in abeyance	मुल्तवी/आस्थगित रखा जाए
Keep in close touch with	निकट संपर्क बनाये रखना
Keep in confinement	परिरोध में रखना
Keep in force	प्रवृत्त रखना
Keeping in view	दृष्टि में रखते हुए
Keep in good order	सुव्यवस्थित रूप में रखना
Keeping with, in	के अनुरूप
Keep in peace	शांति कायम रखना
Keep in suspence	दुविधा में रखना
Keep pace with the work	काम पूरा करते चलना
Keep pending	1. विचाराधीन रखा जाए 2. रोकिए
Keep service before self	स्वार्थ से सेवा को अधिक महत्त्व देना
Keep this in view	इस दृष्टि में रखें
Keep up the progress	प्रगति बनाये रखें
Keep with the file	मिसिल/फ़ाइल के साथ रखिए
Kept with the file	फ़ाइल के साथ रखा गया
Key board	कुँजी पटल, की बोर्ड
Key industry	प्रमुख उद्योग
Key map	मूल नक्शा
Key post	मुख्य पद
Killed and wounded	हताहत
Kind, in	वस्तु के रूप में
Kindly accord concurrence	कृपया सहमति प्रदान करें
Kindly acknowledge receipt	कृपया पावती भेजिए
Kindly advice, if the claim may be treated as closed	कृपया सूचित करें कि क्या मामला समाप्त समझा जाए

Kindly check	कृपया जाँच कर लें
Kindly confirm	कृपया पुष्टि करें
Kindly direct them to this office	कृपया उन्हें इस कार्यालय में भेजिए
Kindly expedite reply	कृपया शीघ्र उत्तर दें
Kindly instruct further	कृपया आगे अनुदेश दें
Kindly let me know	कृपया मुझे बताइए कि—
Kindly look into it	कृपया इसे देख लें
Kindly permit	कृपया अनुमति दीजिए
Kindly record essentiality certificate	कृपया अनिवार्यता प्रमाणपत्र दें
Kindly refer to my D.O. letter—	कृपया मेरा अर्धसरकारी पत्र देखें
Kindly refer to your D.O. letter No.	कृपया अपना अर्धसरकारी पत्र सं०— देखें
Kindly review the case	कृपया मामले पर पुनर्विचार करें
Kith and kin	निकट संबंधी
Knocked-down	बोली मंजूर की (नीलाम में)
Know all men by these presents	इस लेख द्वारा सबको विदित हो
Know how	व्यवहार ज्ञान, तकनीकी जानकारी
Know how job well	काम की अच्छी जानकारी रखना
Knowingly and unlawfully	जानबूझकर और अवैध रूप से
Knowingly and wilfully	जानते हुए और जानबूझकर
Knowledge and belief, to the best of—	अधिकतम जानकारी और विश्वास के अनुसार, जहाँ तक पता है और विश्वास है
Knowledge of facts	तथ्यों की जानकारी
Known as	के नाम से ज्ञात, नामक
Known defects	ज्ञात दोष
Knows to be false	मिथ्या होने का ज्ञान है

L

Label affixed	लगाया गया लेबिल
Laborious task	श्रमसाध्य कार्य
Laborious work	श्रमसाध्य कार्य
Labour Advisory Board	श्रम सलाहकार बोर्ड
Labour Appellate Tribunal	श्रम अपील अधिकरण
Labour class	श्रमिक वर्ग
Labour colony	श्रमिक बस्ती
Labour court	श्रम न्यायालय
Labour dispute	श्रमिक-विवाद
Labour, hard	कठोर श्रम
Labour intensive industry	श्रम प्रधान उद्योग
Labour involved in gathering information	जानकारी एकत्र करने में लगनेवाली मेहनत
Labour movement	श्रमिक आंदोलन
Labour tribunal	श्रम अधिकरण
Labour turnover	श्रम आवर्त
Labour union	मज़दूर/श्रमिक संघ
Labour welfare	श्रम कल्याण
Labour welfare fund	श्रम कल्याण निधि
Lacking in common sense	सामान्य बुद्धि का अभाव
Lacking initiative and drive	उपक्रमण (अभियान चलाना) और अभिप्रेरणा का अभाव
Lacking of decision	निर्णय शक्ति का अभाव
Lacking of decision in firmly applying rules	नियमों को दृढ़ता से लागू करने की निर्णय शक्ति का अभाव
Lack of discipline	अनुशासन की कमी
Lack of harmony	तालमेल का अभाव
Lack of integrity	ईमानदारी की कमी
Lagging behind	पिछड़ा हुआ
Laid down	निर्धारित, अधिकथित, दिए गए
Laid down in	—में निर्धारित

Laid down in para—	पैरा—में दिए गए/बताए गए
Laid down procedure may be followed	बतायी गयी/निर्धारित कार्यविधि, अपनायी गयी
Laid on the table of the House	सदन के पटल पर रखा गया
Land arable	कृष्य भूमि
Land compensation	जमीन का मुआवजा
Landed property	भू-संपत्ति
Land proprietor	भू-स्वामी
Land holder	भू-धारक
Land improvement	भूमि-सुधार
Land in dispute	विवादग्रस्त भूमि
Land mark	1. युगान्तरकारी घटना, महत्त्वपूर्ण घटना 2. सीमाचिह्न
Land needed for a public purpose	सार्वजनिक कार्य के लिए अपेक्षित भूमि
Land of tenure	धृतवाली भूमि (पट्टेदारी)
Land record	भू-अभिलेख
Land revenue	भू-राजस्व
Land route	स्थल-मार्ग
Land slip	भूमि-स्खलन
Land tenure	पट्टेदारी
Land under settlement	बंदोबस्त वाली भूमि
Language and character of the original	मूल की भाषा और प्रकृति
Language commonly understood	सामान्यत: समझी जाने वाली भाषा
Language, insulting	अपमानजनक भाषा
Language to be used	काम में लायी जाने वाली भाषा
Lapsed sanction	व्यपगत मंजूरी
Lapse of grant	अनुदान का व्यपगत होना
Lapse of time	समय बीतना, बीत जाना
Lapse to government	सरकार को चला जाना
Lapsing of deposit	जमा का व्यपगमन

Large, at	स्वच्छन्द
Largely engaged	अत्यधिक व्यस्त
Last audited	अन्तिम संपरीक्षित
Last before that time	उस समय से ठीक पहले
Last foregoing section	ठीक पहले की धारा
Last mentioned	अन्त में उल्लिखित
Last mentioned period	अन्तिम वर्णित कालावधि
Last month	गत मास
Last pay certificate	अन्तिम वेतन-प्रमाणपत्र
Last preceding	ठीक पहले की, ठीक पहले वाला, अन्तिम पूर्ववर्ती
Last preceding census	अन्तिम पूर्ववर्ती जनगणना
Last preceding section	ठीक पहले की धारा
Late arrival	देर से आना
Late comer	देर से आने वाला
Late coming	देर से आना
Late fee charged	विलम्ब शुल्क प्राप्त
Late news	ताजा समाचार, छपते-छपते
Late payment	देर से भुगतान
Later act	बाद वाला अधिनियम
Later created right	बाद का अधिकार
Later on	बाद में, उसके बाद
Later part	पिछला भाग
Later reference	बाद का हवाला/संदर्भ
Latest date	सबसे बाद की तारीख
Latest decision	नवीनतम निर्णय
Law abiding	कानून को मानने वाला
Law administrably court	न्यायालय द्वारा प्रशासित विधि
Law and order	कानून और व्यवस्था
Law and order disturbances	कानून और व्यवस्था संबंधी दंगे/उपद्रव
Law and practice	विधि और प्रथा
Law Commission	विधि आयोग

Law for the time being in force	उस समय प्रभावी कानून
Lawful act	विधिसम्मत कार्य
Lawful apprehension	विधि के अनुसार पकड़ा गया
Lawful authority	वैध प्राधिकारी
Lawful capture	वैध प्रग्रहण
Lawful charge	विधिपूर्ण प्रभार
Lawful charge, having	विधिपूर्ण भारसाधन
Lawful consideration	विधिपूर्ण प्रतिफल
Lawful custody	विधिपूर्ण/वैध अभिरक्षा
Lawful debt	विधिपूर्ण ऋण
Lawful discharge of duty	कर्त्तव्य का विधिपूर्ण निर्वहन
Lawful excuse	विधिपूर्ण/वैध कारण
Lawful ground, just or	न्यायसंगत या वैध आधार
Lawful guardian	वैध संरक्षक
Lawful impediment	वैध अड़चन
Lawfully procured	विधिवत् प्राप्त किया
Lawful manner	विधिपूर्ण/वैध प्रकार
Lawful means	वैध साधन
Lawful object	विधिपूर्ण उद्देश्य
Lawful owner	वैध स्वामी
Lawful possession	वैध कब्जा
Lawful power of public servant	लोक-सेवक की वैध शक्ति
Lawful purpose	वैध प्रयोजन
Lawful sentence	वैध/विधिपूर्ण दण्डादेश
Lawful thing	वैध बात
Law, having the force of	विधि का बल रखने वाली
Law in force	प्रदत्त विधि, लागू क़ानून
Law of evidence	साक्ष्य की विधि
Law of limitation	परिसीमा—विधि
Law of nature	प्राकृतिक नियम
Law of the land	देशी/देश का कानून

Law relating to criminal procedure	दंडप्रक्रिया संबंधी विधि
Law suit	वाद, मुकदमा
Lay a foundation stone	शिलान्यास करना, आधारशिला रखना
Lay before	समक्ष रखना, सामने रखना
Lay claim to	—पर दावा जताना
Lay down	1. रख देना 2. निर्धारित करना, अधिकथित करना
Lay down the law	विधि अधिकथित करना
Lay down the procedure	प्रक्रिया अधिकथित करना
Lay hands on	1. पकड़ना 2. हड़पना
Laying down rule	नियम निर्धारित करना
Laying out	बिछाया जाना
Lay off	कामबन्दी
Lay off, retrenchment and closure	कामबन्दी, छँटनी और बंद किया जाना
Lay on the table of the House	सदन के पटल पर रखना
Lay out	अभिन्यास, नक्शा/खाका
Lead a witness	साक्षी से सूचक प्रश्न करना
Leader of Opposition	विरोधी दल का नेता
Leader of the House	सदन का नेता
Leading article	अग्र लेख
Leading counsel	मुख्य कौन्सल
Leading mark	मुख्य चिह्न
Leading personalities	प्रमुख व्यक्ति
Leading question	सूचक प्रश्न
Lean year	मंदा साल
Leased area	पट्टे पर दिया क्षेत्र
Lease deed	पट्टा विलेख
Lease for life	आजीवन पट्टा
Lease from month to month	मासानुमास पट्टा
Leasehold	पट्टे पर
Leaseholder	पट्टाधारी, पट्टाधृत

Lease hold nature, of	पट्टेधारी के स्वरूप की
Lease without term	निरवधि पट्टा
Least possible delay	जहाँ तक हो कम से कम विलम्ब
Leave account	छुट्टी लेखा
Leave admissibility certificate	छुट्टी स्वीकार्यता प्रमाणपत्र
Leave admissible	अनुज्ञेय छुट्टी
Leave allowance	छुट्टी भत्ता, अवकाश भत्ता
Leave application	छुट्टी की अर्ज़ी
Leave applied for	माँगी गई छुट्टी
Leave asked for may be sanctioned	माँगी गई छुट्टी मंजूर की गई
Leave at his credit	उसके हिसाब में जमा छुट्टी
Leave availed of	ली गई छुट्टी
Leave due	देय छुट्टी
Leave, fraction of	छुट्टी का भाग
Leave granted	स्वीकृत अवकाश
Leave is due at his credit	इनकी छुट्टी बाकी है
Leave it here	इसे यहाँ छोड़ दीजिए
Leave not due	1. छुट्टी बाकी नहीं है 2. छुट्टी शेष नहीं
Leave not earned	अनर्जित अवकाश/छुट्टी
Leave of absence	अनुपस्थिति की अनुमति
Leave of court	न्यायालय की इजाजत
Leave of the House	सदन की अनुमति
Leave on average pay	औसत वेतन छुट्टी
Leave on Medical Certificate	चिकित्सा प्रमाणपत्र पर छुट्टी
Leave on Medical Ground	चिकित्सा आधार पर छुट्टी
Leave on private affairs	निजी काम के लिए छुट्टी
Leave period	छुट्टी की अवधि
Leave preparatory to retirement	सेवानिवृत्ति-पूर्व छुट्टी, पेंशन पर जाने के पहले की छुट्टी
Leave reserve	छुट्टी रिज़र्व
Leave reserve posts	छुट्टी के लिए आरक्षित पद
Leave reserve staff	छुट्टी-रिज़र्व कर्मचारी

Leave rules	छुट्टी नियमावली
Leave salary	छुट्टी वेतन
Leave salary and pension contribution	छुट्टी वेतन और पेंशन अंशदान
Leave take in conjunction	एक ही क्रम में ली गई छुट्टी
Leave to appeal	अपील के लिए अनुमति
Leave to disclaim	दावा त्याग करने की इजाजत
Leave to issue execution	निष्पादन को जारी करने की इजाजत
Leave vacancy	अवकाश रिक्ति
Leave without pay	बिना वेतन के छुट्टी
Leave with pay	सवेतन छुट्टी/अवकाश
Ledger balance	खाता शेष
Ledger clerk	खाता क्लर्क
Ledger entry	खाताबही की प्रविष्टि
Ledger folio	खाता पन्ना
Ledger of stock	स्टाक-लेजर, खाता
Legacy for beneficiaries	हिताधिकारियों के लिए वसीयत सम्पदा
Legal act	वैध कार्य
Legal action	कानूनी/वैध कार्रवाई
Legal advice	विधिक सलाह
Legal adviser	विधिक/कानूनी सलाहकार
Legal affairs	विधिक मामले/कार्य
Legal character	विधिक स्वरूप
Legal charge	विधिक प्रभार
Legal condition	वैध शर्त
Legal consequences	विधिक परिणाम
Legal custody	विधिक अभिरक्षा
Legal defect	विधिक त्रुटि
Legal incapacity	विधिक/वैध असमर्थता
Legal interpretation	वैध निर्वचन/व्याख्या
Legal liability	विधिक दायित्व
Legally acquired	वैध रूप से अर्जित
Legally bound to appear	हाजिर होने के लिए वैध रूप से आबद्ध

Legally bound to do	करने के लिए वैध रूप से आबद्ध
Legally bound to support	पालन-पोषण करने के लिए वैध रूप से आबद्ध
Legally compellable	वैध रूप से विवश किए जाने का दायी
Legally competent	विधि द्वारा सक्षम
Legally disqualified	विधितः निर्रहित/अयोग्य
Legally evicted	वैध रूप से बेदख़ल किया गया
Legally recoverable	वैध रूप से वसूलीय/वसूली योग्य
Legal necessity	वैध आवश्यकता
Legal objection	कानूनी आपत्ति
Legal obligation	वैध बाध्यता
Legal opinion	कानूनी/वैध राय
Legal position	कानूनी स्थिति
Legal practice	वकालत
Legal practitioner	वकील
Legal procedure	वैध प्रक्रिया
Legal proceedings	कानूनी कार्यवाहियाँ
Legal process	विधिक प्रक्रिया
Legal remembrancer	विधि परामर्शी
Legal representation	1. वैध अभ्यावेदन 2. विधिक/वैध प्रतिनिधित्व
Legal representative	वैध प्रतिनिधि
Legal result	विधिक परिणाम
Legal right	वैध अधिकार
Legal right of possession	कब्जे का वैध अधिकार
Legal tender	1. वैध मुद्रा 2. वैध निविदा
Legible handwriting—	सुवाच्य लिखाई
Legislative Assembly	विधान सभा
Legislative body	विधायी निकाय
Legislative business	विधायी कार्य
Legislative capacity	विधायी हैसियत
Legislative Council	विधान परिषद्
Legitimate origin	आरंभ से ही वैध

Legitimate purpose	वैध प्रयोजन
Legitimate use	विधिसम्मत उपयोग
Length of continuous service	लगातार सेवाकाल
Length of notice	सूचना की कालावधि/समयावधि
Length of service	सेवाकाल
Less favourable	कम अनुकूल
Less than	से कम
Less than adequate	पर्याप्त से कम
Less than proportional to	के आनुपातिक से कम
Lethal weapon	घातक हथियार
Let him come	उसे आने दीजिए
Let him see me	उसे मुझसे मिलने दीजिए
Let on hire	किराये/भाड़े पर देना
Let out	किराये पर दिया हुआ
Letter of acceptance	स्वीकृति-पत्र
Letter of administration	प्रशासन पत्र
Letter of advice	सूचना पत्र
Letter of allotment, certificate or	प्रमाणपत्र या आवंटन पत्र
Letter of appreciation	सराहना पत्र
Letter of attorney	मुख़्तारनामा
Letter of authority	प्राधिकार पत्र
Letter of credence	प्रत्यय पत्र
Letter of credit	प्रत्यय पत्र
Letter of guarantee	गारंटी-पत्र, प्रत्याभूति पत्र
Letter of introduction	परिचय पत्र
Letter of request	अनुरोध पत्र
Letting value	भाड़ा मूल्य
Letting value of land	भूमि का भाड़ा मूल्य
Let us wait for sometime	हम कुछ समय और प्रतीक्षा कर लें
Level, decided at high	उच्च स्तर पर निर्णीत
Level headed officer	संतुलित पदाधिकारी
Level of prices	मूल्य स्तर
Levels of land, take	भूमि का तल मापन करना

Levied by attachment	कुर्की द्वारा उद्गृहीत
Levy a tax	कर उगाहना
Levy of cess	उपकर उगाहना
Lex talionis	प्रतिषेध विधि
Liabilities and assets	दायित्व और परिसम्पत्तियाँ
Liabilities lawfully incurred	विधितः उठाये गए दायित्व
Liability, legal	विधिक दायित्व
Liability, limited	परिसीमित दायित्व
Liability of a capital nature	पूंजी की प्रकृति वाला दायित्व
Liable for debts	ऋणों का देनदार
Liable to account	लेखा/हिसाब देने का जिम्मेदार
Liable to attachment	कुर्की के दायित्व के अधीन
Liable to be apprehended	पकड़े जाने के दायित्व के अधीन
Liable to be confiscated	जब्त किए जाने लायक
Liable to be punished	दण्डनीय
Liable to disciplinary action	अनुशासनिक कार्रवाई का भागी
Liable to fine	जुर्माने से दण्डनीय
Liable to forfeiture, has become	समपहरणीय हो गई है
Liable to pay	देनदार
Liable to pay the duty	शुल्क का सदाय करने का दायी
Liable to penalty	शास्ति का दायी
Liable to punishment	दण्डनीय
Liable to termination on one week's notice	एक सप्ताह के नोटिस पर समाप्त किया जा सकता है
Liaison officer	सम्पर्क अधिकारी
Libellous matter	अपमान लेखीय सामग्री
Liberal interpretation	उदार अर्थ-निर्वचन/व्याख्या
Licence fee	लाइसेंस फ़ीस
Licence holder	लाइसेंसधारी, लाइसेंसदार
Licensed dealer	अनुज्ञप्त व्योहारी/डीलर
Licensed vendor	लाइसेंस-प्राप्त विक्रेता
Lie from, no appeal shall	से कोई अपील नहीं होगी
Lien on post	पद पर लियन
Lien, right of	धारणा-अधिकार

Lien thereof, in	उसके बदले में
Life annuity	आजीवन वार्षिकी
Life, for	जीवन पर्यन्त
Life imprisonment	आजीवन कारावास
Life long	आजीवन
Life saving means	प्राणरक्षक साधन
Life time	जीवन काल
Light house	प्रकाश स्तम्भ
Light of, in the	को ध्यान में रखते हुए
Lightning strike	तत्काल हड़ताल
Light responsibility	हल्की जिम्मेदारी
Likeable officer	पसंद के लायक पदाधिकारी
Like amount	समान राशि
Like interest	वैसे ही हित
Likely to adversely effect	प्रतिकूल प्रभाव पड़ने की संभावना
Likely to arise	उत्पन्न होने की संभावना
Like manners	वैसी ही रीति
Like powers	वैसी ही शक्तियाँ
Like sanction	वैसी ही मंजूरी
Likewise	उसी प्रकार, वैसे ही
Limine, in	आरंभ में ही
Limitation is void	मर्यादा शून्य है
Limitation of resources	साधनों की कमी
Limited by guarantee	प्रतिभूति से सीमित
Limited by notice	सूचना से परिसीमित
Limited by this act	इस अधिनियम से सीमित
Limited capacity	सीमित सामर्थ्य
Limited concern	सीमित देयता प्रतिष्ठान
Limited interest	परिसीमित हित
Limited liability	सीमित दायित्व
Limited period	सीमित कालावधि
Limited tender	सीमित टेंडर
Limited time	परिसीमित समय
Limit of time	समय-सीमा

Limit, time	काल-सीमा
Line of action	कार्य की दिशा
Line of communication	संचार मार्ग/पथ
Linked file	संबद्ध/संलग्न फ़ाइल
Linked file is kept below	संबद्ध फ़ाइल नीचे लगी है
Link language	सम्पर्क भाषा
Link the file	फ़ाइल जोड़ें/संयुक्त करें
Liquidated damages	परिनिर्धारित/निर्धारित हर्जाना
Liquidated demand	निर्धारित माँग
Liquidation of debt	ऋण-समापन
Lis pendesis	विचाराधीन वाद
List of absentees	अनुपस्थित व्यक्तियों की सूची
List of business	कार्य-सूची
List of first payment	पहले भुगतान की सूची
Literacy campaign	साक्षरता अभियान
Litera legis	विधि के शब्द
Literal translation	शाब्दिक अनुवाद
Livestock development	पशुधन विकास
Living conditions	1. निर्वाह की परिस्थितियाँ 2. निवास की परिस्थितियाँ
Living expense	निर्वाह ख़र्च
Living wage	निर्वाह मजूरी
Loan at short notice	अल्पसूचना पर उधार
Loans and advances	उधार तथा अग्रिम
Loans on mortgage	बंधक कर्ज़
Local act	स्थानीय अधिनियम
Local administration	स्थानीय प्रशासन
Local authorities	स्थानीय प्राधिकारी
Local body	स्थानीय निकाय
Local expression	स्थानिक शब्द प्रयोग
Local fund accounts	स्थानीय निधि लेखा
Local inquiry	स्थानीय जाँच
Local limit	स्थानीय सीमा
Locally recruited	स्थानीय रूप से भरती किया गया

Local purchase	स्थानीय खरीद
Local self-government	स्थानीय स्वायत्त शासन
Local usage	स्थानीय प्रथा
Locate the irregularities	अनियमतियों का पता लगायें
Lock out	तालाबंदी
Lock up	हवालात, हिरासत
Loco parentis	माता-पिता के स्थान पर
Locus standi	वैध स्थिति
Lodge an account	लेखा दाख़िल करना
Lodge a protest	प्रतिवाद करना
Lodge objection in writing	लिखित आपत्ति दाखिल करना
Lodge suit	वाद प्रस्तुत करना
Lodging charges	आवास व्यय
Log book	कार्य पंजी, लॉग बुक
Logical action	तर्कसंगत कार्रवाई
Long delays	अधिक विलम्ब
Long distance route	लम्बी दूरी का मार्ग
Long hand judgement	हस्तलिपि में निर्णय
Long over due	बहुत पहले से अपेक्षित, निर्धारित समय से काफ़ी पिछड़ गया है
Long range planning	दीर्घकालिक योजना
Long standing complaint	पुरानी शिकायत
Long term changes	दीर्घकालिक/दीर्घकालीन परिवर्तन
Long term credit	दीर्घकालिक उधार
Long term lease	लम्बे समय का पट्टा
Long term loan	दीर्घावधि ऋण
Look after the work	काम देखें
Look into the matter	मामले पर ध्यान दें
Loose about utterances	बोलचाल में संयम का अभाव
Lose status	प्रतिष्ठा खोना
Losses may be written off	नुकसान को बट्टेखाते डाला जाए
Loss in transit	मार्ग में खो जाना

Loss is not due to negligence, carelessness or dishonesty on the part of any staff	किसी कर्मचारी की लापरवाही, असावधानी या बेईमानी के कारण यह हानि नहीं हुई है
Loss occasioned by neglect	असावधानी से हुई हानि
Loss of business	कारबार की हानि
Loss of life	जीवन-हानि
Loss of office	पद-हानि
Loss of time	समय की हानि
Loss sustained	हुई हानि, हानि उठायी गई
Lost and found	खोया-पाया
Lost property	खोया सामान
Lot of delay has occurred in the disposal of this case	इस मामले के निपटारे में बहुत अधिक विलम्ब हो गया है
Lot of work	बहुत अधिक काम
Low birth rate	निम्न जन्मदर
Low cost	सस्ता
Lower age limit	निचली उम्र की सीमा
Lower class	निम्न वर्गीय
Lower division	निम्न श्रेणी
Lower in rank	पंक्ति में निम्नतर
Lower limit	निचली सीमा
Lower selection grade	निम्न प्रवर क्रम
Lower stage in time scale	समयमान में निचली अवस्था
Lowest price	निम्नतम मूल्य
Lowest quotation	न्यूनतम भाव/कोटेशन
Lowest quotations may be accepted	सबसे कम दर स्वीकार कर ली जाए
Lowest rate	निम्नतम दर
Lowest rate acceptable	न्यूनतम दर स्वीकार्य है
Low income group	अल्प आय वर्ग
Loyal, wholly	पूर्णतः निष्ठावान
Lucid and precise	स्पष्ट और ठीक
Lucrative offer	लाभदायक प्रस्ताव
Lump sum	एकमुश्त

Lump sum grant	एकमुश्त अनुदान
Lurking doubt	मामूली संदेह
Lying to credit	जमाखाते में पड़ी

M

Machinery of Govt.	शासन-तन्त्र
Madam, Dear	प्रिय महोदया
Made it quite clear	यह बिल्कुल स्पष्ट कर दिया
Made known	जानकारी दी गई
Made to order	आर्डर से बनाया गया
Magisterial functions	मजिस्ट्रेटीय कृत्य
Magisterial powers	मजिस्ट्रेट की शक्तियाँ
Magistrate, committing	सुपुर्द करने वाला मजिस्ट्रेट
Magistrate, having jurisdiction	अधिकारिता रखने वाला मजिस्ट्रेट
Mailing list	डाक सूची
Main feature	मुख्य विशेषता
Main heading	मुख्य शीर्षक
Main office	प्रधान कार्यालय
Maintain account	लेखा रखना
Maintain an action	अनुयोजन करना
Maintain good behaviour	सदाचारी बना रहना
Maintain grip over staff	स्टाफ़ पर काबू रखना
Maintain law and order	शांति और व्यवस्था बनाये रखना
Maintain proper account	उचित हिसाब रखना
Maintenance allowance	निर्वाह भत्ता
Maintenance and repairs	रखरखाव और मरम्मत
Maintenance charges	अनुरक्षण/रखरखाव व्यय
Maintenance grant	1. अनुरक्षण/रखरखाव अनुदान 2. भरण-पोषण अनुदान

Maintenance of building	भवन-अनुरक्षण
Maintenance of discipline	अनुशासन बनाए रखना
Maintenance of good order	व्यवस्था बनाए रखना
Maintenance of law and order	विधि और व्यवस्था बनाए रखना
Maintenance of peace and order	शांति और व्यवस्था बनाए रखना
Maintenance of works	संकर्मों का अनुरक्षण
Major and minor works	प्रधान तथा गौण निर्माण कार्य
Major head	मुख्य शीर्ष
Majority, absolute	स्पष्ट बहुमत
Majority community	बहुसंख्यक समुदाय
Majority of	अधिकांश
Majority of its number	बहुमत
Majority of not less than two third	दो-तिहाई से अन्यून बहुमत
Majority of votes	बहुमत
Majority vote	बहुमत
Major repairs	बड़ी मरम्मत
Major works	बड़े निर्माण कार्य
Make a memorandum	ज्ञापन बनाना
Make a minute	कार्यवृत्त/सारांश तैयार करना
Make an assertion	निश्चयपूर्वक कहना
Make a note	नोट करना
Make allowance	छूट देना
Make a partition	विभाजन करना
Make apology	माफ़ी माँगना
Make available	सुलभ कराना, जुटाना
Make award	पंचाट देना/अधिनिर्णय देना
Make away with	लेकर भाग जाना
Make best of one's capacities	अपनी सामर्थ्य का यथाशक्ति उपयोग करना
Make better provision	अच्छा उपबन्ध करना
Make contract	संविदा करना

Make default in performance of duty	कर्त्तव्य पालन में चूक करना
Make due provision	सम्यक् व्यवस्था करना
Make good	चुका देना, पूरा करना
Make good the deficiency	कमी पूरी करना
Make good the loss	हानि की पूर्ति करना
Make head way	1. प्रगति करना 2. प्रशस्त करना
Make interim arrangement	अन्तरिम प्रबंध करना
Make order	आदेश करना/देना
Make over	देना
Make public	लोकविदित करना
Make special note of the decision	इस निर्णय को विशेष रूप से नोट कर लें
Make up his deficiency	अपनी कमियों को दूर करना
Make use of—	—का उपयोग करना
Making good the sum	पूरी धनराशि देना
Making headway	1. प्रगति करना 2. प्रशस्त करना
Malafides	असद्भावपूर्वक
Mala in se	स्वतः दोषपूर्ण
Malicious act	द्वेषपूर्ण कार्य
Malus usuo	कुप्रथा
Manage himself	अपनी देखभाल करना
Management, affairs of	प्रबंधसंबंधी कार्य कलाप
Management expenses	प्रबंध व्यय
Management personnel	प्रबंध कार्मिक
Managerial capacity	प्रबंधकीय हैसियत
Managerial work	प्रबंधकीय कार्य
Manage the heavy work	भारी काम को संभालना
Managing agency	प्रबंध अधिकरण
Managing committee	प्रबंध समिति
Managing director	प्रबंध निदेशक
Mandatory injunction	आज्ञापक व्यादेश

Mandatory provision	आज्ञापक उपबंध
Mandatory rule	आज्ञापक नियम
Mandatory term	आज्ञापक निबंधन
Mandays lost	नष्ट श्रमदिन
Man hours	श्रम घंटे
Manipulation of account	हिसाब में जोड़तोड़ करना
Mankind, ordinary expectation of	मानव की मामूली प्रत्याशा
Manner and form	रीति और रूप
Manner, in the prescribed	विहित रीति से, निर्धारित ढग से
Manner of termination of service	सेवा समाप्ति की रीति
Manner prescribed	विहित रीति
Man of high character	चरित्र ऊँचे दर्जे का है
Manpower control	जनशक्ति नियंत्रण
Manpower directorate	जनशक्ति निदेशालय
Man, sane	स्वस्थचित्त व्यक्ति
Manual delivery	हाथ से देना
Manual labour	शारीरिक श्रम
Marginal case	सीमांत मामला
Marginal entry	पार्श्व की प्रविष्टि
Marginally noted	हाशिये में नोट किया
Marginal note	हाशिये की टिप्पणी
Margin of deviation	अन्तर की मात्रा
Margin of case	सीमांत मामला
Margin of profit	लाभ की गुंजाइश
Marine survey	समुद्री सर्वेक्षण
Marked absent	अनुपस्थिति लगा दी
Market rate	बाजार दर
Market report	बाजार रिपोर्ट
Marking and sorting	चिह्न लगाना और छाँटना
Mark of honour	सम्मान प्रतीक
Mark of identification	पहचान चिह्न
Mark of injury	क्षति चिह्न

Marks obtained	प्राप्त अंक, प्राप्तांक
Marriage certificate book	विवाह प्रमाणपत्र पुस्तक
Martial law	1. सैनिक शासन 2. सैनिक कानून
Martyr's Day	शहीद दिवस
Mass awakening	जन-जागरण
Mass contact	जन-सम्पर्क
Massive demonstration	विराट प्रदर्शन
Mass media	जनसंपर्क-माध्यम
Mass movement	जन-आंदोलन
Mass picketing	सामूहिक धरना
Mass production	बड़े पैमाने पर उत्पादन
Mass unemployment	व्यापक बेरोजगारी
Master of details	सूक्ष्म ब्यौरा देने में प्रवीण
Master plan	मास्टर प्लान, महायोजना
Matching contribution	समरूप अभिदाय
Matching grants	समतुल्य अनुदान
Material alteration	सारभूत परिवर्तन
Material change	महत्त्वपूर्ण परिवर्तन
Material circumstances	महत्त्वपूर्ण परिस्थितियाँ
Material defect	तात्त्विक त्रुटि
Material error	तात्त्विक गलती
Material evidence	सारवान साक्ष्य
Material fact	सारवान तथ्य
Material feature	सारवान बात
Material form	सारवान रूप
Material for reply	उत्तर के लिए सामग्री
Material information	महत्त्वपूर्ण जानकारी
Material irregularity	सारवान अनियमितता
Materially affect	तात्त्विक रूप से प्रभाव डालना
Materially false	तात्त्विक रूप से मिथ्या
Materially increase	तात्त्विक वृद्धि होना
Materially interfere	तत्वतः विघ्न डालना
Material part	महत्त्वपूर्ण भाग

Material proposition	महत्त्वपूर्ण प्रतिपादन
Material question	सारवान प्रश्न
Material statement	सारवान कथन
Material thing	महत्त्वपूर्ण भौतिक चीज
Material time	महत्त्वपूर्ण समय
Maternity leave on full pay	पूर्ण वेतन पर प्रसूति अवकाश
Matter and style	विषय और शैली
Matter connected therewith	तत्संबद्ध विषय
Matter has already been considered	मामले पर विचार किया जा चुका है
Matter has been examined	मामले की जाँच की गई है
Matter in controversy	विवादग्रस्त विषय
Matter in difference	मामले पर मतभेद
Matter in dispute	विवादग्रस्त विषय
Matter in issue	विवाद्य विषय
Matter in question	प्रश्नगत विषय
Matter is dropped	मामले को समाप्त कर दिया गया
Matter is receiving attention	मामले पर ध्यान दिया जा रहा है
Matter is still under consideration	मामला अभी विचाराधीन है
Matter is under consideration	मामला विचाराधीन है
Matter is under correspondence	मामले के संबंध में पत्र-व्यवहार चल रहा है
Matter is under disposal	मामले का निपटारा हो रहा है
Matter is under investigation	मामले की जाँच की जा रही है
Matter may be referred to	यह विषय—को भेजा जाए, मामला को भेजा जाए
Matter may be treated as most urgent	मामला अत्यन्त आवश्यक समझा जाए
Matter needs thorough investigation	मामले में पूरी तरह जाँच की आवश्यकता है
Matter of chance	संयोग की बात
Matter of extreme urgency	अत्यन्त आवश्यक मामला
Matter of fact	तथ्य की बात

Matter of fact, as a	वस्तुतः, वास्तव में
Matter of fact statement	यथातथ्य कथन
Matter of general interest	साधारण हित का विषय
Matter of policy	नीति संबंधी विषय
Matter of principle	सैद्धांतिक बात
Matter of procedure	प्रक्रिया संबंधी मामला
Matter of protocol	नयाचार का मामला
Matter of public interest	लोकहित की बात
Matter of public nature	लोकप्रकृति की बात/का मामला
Matter of right, as a	अधिकार के रूप में/साधिकार
Matters connected therewith	उससे सम्बद्ध विषय
Matter should be considered urgent	मामला अत्यन्त आवश्यक समझा जाए
Matters of a routine nature	नेमी स्वरूप के मामले
Matter specified above	ऊपर निर्दिष्ट मामले
Matter under correspondence	इस विषय पर पत्राचार हो रहा है
Matter under reference	निर्देशाधीन विषय
Mature age	परिपक्व अवस्था
Matured claim	परिपक्व दावा
Matured for payment	भुगतान के लिए परिपक्व
Matured officer	परिपक्व अधिकारी
Maximum consumption	अधिकतम उपभोग
Maximum demand	अधिकतम माँग
Maximum price	अधिकतम कीमत
Maximum rate	अधिकतम दर
Maximum water lèvel	अधिकतम जलस्तर
May a reference be made to	क्या —को लिखा जाए
May be admitted	प्रविष्ट किया जा सकता है
May be admitted to bail	—की जमानत की जाए
May be approved	अनुमोदित किया जाए
May be called	बुलाया जाए, कहा जाए
May be cancelled	रद्द किया जाए
May be commenced	प्रारंभ/शुरू किया जाए
May be considered	विचार किया जाए

May be dealt with	बरती जा सकेगी
May be debited to	नामे डाला जाए
May be deferred to	को रखा जाए/हटाया जाए
May be excused	क्षमा करें, माफ़/क्षमा किया जाए
May be filed	फ़ाइल किया जाए
May be forwarded to	अग्रेषित किया जाए
May be informed accordingly	तदनुसार सूचित किया जाए
May be obtained	प्राप्त किया जाए
May be passed for payment	भुगतान के लिए पारित किया जाए
May be permitted	अनुमति दें
May be perused	अवलोकन करें, कृपया देख लें
May be prescribed	विहित किया जाए
May be reckoned as	रूप में शुमार कर लिया जाए
May be recorded	लेखबद्ध किया जाए
May be recovered	वसूल किया जा सकता है
May be regretted	खेद प्रकट किया जाए
May be requested to clarify	स्पष्ट करने के लिए निवेदन किया जाए
May be returned	लौटा दिया जाए
May be reverted to the former post	पिछले पद पर परावर्तित कर दिया जाए
May be sanctioned	मंजूर किया जाए
May be sent direct to —	—को सीधे भेज दिया जाए
May be taken into account	ध्यान रखा जाए
May be taken into closed	समाप्त समझा जाए
May be treated as urgent	इसे अत्यावश्यक समझा जाए
May by law determine	विधि द्वारा अवधारित करें
May call for	मँगा सकता है
May charge the amount	रकम चार्ज कर सकता है
May deem necessary	आवश्यक समझें
May direct	निदेश दे सकेगा
May extend	विस्तारण कर सकेगा
May fix	नियम कर सकेगा
May glance through	— पर निगाहें डाल लें
May he be requested to clarify	उनसे स्पष्ट करने का अनुरोध

May I know	क्या मैं जान सकता हूँ.
May kindly accord sanction	कृपया मंजूरी दें
May kindly see for remarks	कृपया उसे देखें और अपने विचार प्रकट करें
May like to see	शायद देखना चाहें
May perhaps feel inclined to consider the proposal favourably	—कदाचित प्रस्ताव पर अनुकूल दृष्टि से विचार करना चाहें
May plead	अभिवचन कर सकेगा
May please furnish the requisite information	कृपया अपेक्षित सूचना दें
May please see after issue	जारी होने से पहले कृपया देख लें
May please see for information	कृपया सूचनार्थ देख लें
May please see with reference to marginal 'A'	हाशिये के 'क' के संदर्भ में कृपया देखें
May presume	उपधारणा कर सकेगा
May proceed	अग्रसर हो सकेगा
May prove	साबित कर सकेगा
May take steps	कार्यवाही कर सकेगा
May the matter pend.	क्या मामले पर निर्णय रोक रखा जाए
May the proposal be accepted	क्या प्रस्ताव स्वीकार कर लिया जाए
May we alter the destination	क्या गन्तव्य बदल दिया जाए
May we alter the route	क्या रास्ता बदल दिया जाए
Meaning of, within the	के अर्थ में
Means adopted	किये गए उपाय
Means, by all	निस्सन्देह, अवश्यमेव
Means, by any	किसी भी प्रकार से
Means-ends relationship	साधन-साध्य संबंध
Means, illegal	अवैध साधन
Means of access	पहुँच मार्ग
Means of communication	संचार साधन
Means of livelihood	आजीविका के साधन
Means of living	जीविका के साधन

Means of transport	परिवहन-साधन
Means, unlawful	विधिविरुद्ध साधन
Meantime, in the	इस बीच, अभ्यंतर काल में
Measure, immediate	तुरंत उपाय
Measurement book	माप-पुस्तक
Mechanical defect	मशीन की खराबी
Mechanical operation	मशीनी संक्रिया
Mediation board	मध्यस्थता मंडल
Medical aid	डाक्टरी सहायता
Medical attendance rules	चिकित्सा नियमावली
Medical attention	चिकित्सीय ध्यान
Medical benefit	चिकित्सा सुविधा
Medical certificate of fitness	स्वस्थता प्रमाणपत्र
Medical certificate of sickness	अस्वस्थता प्रमाणपत्र
Medical charges	चिकित्सा व्यय
Medical examination	डाक्टरी परीक्षा
Medical fitness	स्वस्थता प्रमाणपत्र
Medical grounds	अस्वस्थता का आधार
Medical leave	बीमारी की छुट्टी
Medically fit	पूर्णतः स्वस्थ
Medical practice	डाक्डरी पेशा/व्यवसाय
Medical relief	चिकित्सा संबंधी सहायता
Medical report	डाक्टरी रिपोर्ट
Mediocre in ability	मध्यम योग्यता के, सामान्य योग्यता
Medium current liabilities	चालू दायित्वों का निर्वाह करना
Medium term credit	मध्यावधि उधार
Medium term loan	मध्यावधि कर्ज
Meeting dispersed	सभा विसर्जित हुई
Meeting has been fixed	बैठक निश्चित हो गई है
Meeting has been postponed	बैठक स्थगित कर दी गई
Meeting in camera	बंद बैठक, गुप्त बैठक
Meeting, public	सार्वजनिक सभा
Meetings and proceedings	सभाएं और कार्यवाहियां
Meet liabilities	दायित्वों की पूर्ति करना

Meet the end of justice	न्याय का उद्देश्य पूरा होना
Meet the requirements	आवश्कताएँ पूरी करना
Member, Associate	सहयुक्त सदस्य
Member, coopted	सहयोजित सदस्य
Member-in-charge	प्रभारी सदस्य
Member of Parliament	संसद-सदस्य
Member secretary	सदस्य सचिव
Membership list	सदस्यता सूची
Memo of minor points	गौण विषयों का ज्ञापन, ज्ञाप
Memoranda of documents	दस्तावेजों के ज्ञापन
Memorandum book	याददाश्त पुस्तक
Memorandum of a body	निकाय का ज्ञापन
Memorandum of an agreement	करार का ज्ञापन
Memorandum of appeal	अपील का ज्ञापन
Memorandum of documents	दस्तावेजों का ज्ञापन
Memorandum of objections	आपत्ति-ज्ञापन, आक्षेप-ज्ञापन
Memorandum of settlement	समझौता ज्ञापन
Memorandum of substance	सार का ज्ञापन
Memo under reference	निर्देशाधीन ज्ञापन
Menial establishment	चतुर्थ श्रेणी स्थापना
Menials paid from contingencies	आकस्मिकताओं में से वेतन पाने वाले नौकर-चाकर
Mental capacity	मानसिक सामर्थ्य
Mental condition	मानसिक दशा
Mentioned above	उपरिलिखित, उपर्युक्त
Mentioned against each	प्रत्येक के सामने दर्ज
Mentioned therein	उसमें उल्लिखित
Mercy petition	दया याचिका
Mere possibility of a like nature	इसी प्रकृति की संभावना मात्र
Mere supposition	कल्पना मात्र
Merged states	विलीन राज्य
Merger of grades	ग्रेडों का विलयन
Meriting consideration	विचार करने योग्य

Merit list	योग्यता-क्रम सूची
Meritorious officer	गुणसम्पन्न अधिकारी
Meritorious service	सराहनीय सेवा
Merits and demerits	गुण-दोष
Merits of performance	कृति के गुणागुण/गुणदोष
Merits of the application	आवेदन के गुणागुण/गुणदोष
Merits of the case	मामले के गुणदोष
Merits of the claim	दावा (दावे) के गुणदोष
Merit tempered with seniority	योग्यता प्रधान ज्येष्ठता गौण
Mesne profits	अन्तःकालीन लाभ
Metalled road	पक्की सड़क
Meter reading	मीटर वाचन
Method of accounting	लेखा पद्धति
Method of compulsion	विवश करने का साधन
Method of disposal	निपटारे की रीति
Method of exploitation	समुपयोजन पद्धति
Method of instruction	शिक्षण का तरीका
Meticulously correct in his work	अपने कार्य के प्रति समग्रतः सावधान
Metropolitan area	महानगर क्षेत्र
Middle class family	मध्यवर्गीय परिवार
Middle income group	मध्यम आय वर्ग
Mid-term election	मध्यावधि चुनाव
Migration certificate	प्रवास प्रमाणपत्र
Mileage allowance	मील भत्ता
Military area	सैनिक क्षेत्र
Mind, sound	स्वस्थ चित्त
Mineral resources	खनिज सम्पत्ति
Minimum amount	न्यूनतम राशि
Minimum distribution	न्यूनतम वितरण
Minimum living wage	न्यूनतम निर्वाह मजदूरी
Ministerial staff	लिपिक वर्गीय कर्मचारी
Minor child	अव्यस्क/नाबालिग बच्चा
Minor deviation	मामूली अन्तर

Minor head	गौण शीर्ष
Minor irregularity	मामूली अनियमितता
Minor irrigation	लघु सिंचाई
Minority community	अल्पसंख्यक जाति
Minority government	अल्पमत सरकार
Minority opinion	अल्संख्यकों का मत
Minor offence	लघु/छोटा अपराध
Minor punishment	कम दण्ड
Minor schemes	गौण/छोटी योजनाएँ
Minor works	लघु निर्माण कार्य
Minus item	ऋणात्मक मद
Minute of dissent	विसम्मति टिप्पणी
Minutes book	कार्यवृत्त पुस्तक
Minutes of sitting	बैठक का कार्यवृत्त
Minutest details	सूक्ष्मतम विवरण
Misappropriated amount	दुर्विनियोजित राशि
Misappropriation of accounts	लेखा दुर्विनियोजन
Misappropriation of money	धन का ग़बन/दुर्विनियोग
Misappropriation of property	संपत्ति का दुर्विनियोजन
Miscarriage of justice	न्याय की हत्या
Miscellaneous demand	विविध माँग
Miscellaneous deposits	विविध जमा
Miscellaneous expenditure	विविध खर्च
Miscellaneous general services	विविध सामान्य सेवाएँ
Miscellaneous register	प्रकीर्ण रजिस्टर
Misconception of fact	तथ्य का भ्रम
Misleading information	भ्रामक सूचना
Misleading statement	भ्रामक कथन/बयान
Misrepresentation of facts	तथ्यों की ग़लत बयानी
Missionary spirit	सेवा भाव
Missionary zeal, with	जोश-खरोश से
Misstatement be rectified	गलत विवरण सुधार लिया जाए
Mistake in fact	तथ्य की भूल
Mistake of fact	तथ्य की भूल

Mistake, under a	भूल में, भूल से
Misuse of powers	अधिकारों का दुरुपयोग
Mixed economy	मिश्रित अर्थव्यवस्था
Mobile dispensary	गश्ती/चलत दवाखाना
Mobile party	गश्ती पार्टी
Mobile squad	गश्ती दल
Mobilization of resources	संसाधन जुटाना
Mob mentality	भीड़ की मनोवृत्ति
Model rules	आदर्श नियम
Mode of life	जीवन का ढंग
Mode of payment	भुगतान का तरीका
Mode of proceeding	कार्यवाही का ढंग
Mode of recovery	वसूली का ढंग
Moderate ability	मध्यम योग्यता
Moderate language	संयत भाषा
Moderate means	सीमित साधन
Moderate views	संयत दृष्टिकोण, नरम विचार
Modern equipment	आधुनिक उपकरण
Modesty, insult the	लज्जा का अनादर करना
Modus operandi	कार्य-प्रणाली
Modus vivendi	निर्वाह रीति, अस्थायी व्यवस्था
Momentary importance	क्षणिक महत्त्व
Monetary fund	मुद्राकोष
Monetary grant	आर्थिक अनुदान
Monetary limit	आर्थिक-सीमा
Money bill	धन-विधेयक
Money credited to public accounts	लोक-लेखाओं में जमाधन
Money decree	धन डिगरी (डिक्री)
Money in circulation	संचलनगत मुद्रा
Money out of consolidated fund	संचित निधि से धन
Money paid receipt	भुगतान की रसीद
Money, public	लोकधन

Monopoly control	एकाधिकार नियंत्रण
Monopoly price	एकाधिकार कीमत
Monthly allowance	मासिक भत्ता
Monthly arrear statement	बचे हुए काम का मासिक विवरण
Monthly basis	मासिक तौर पर
Monthly contribution	मासिक अंशदान
Monthly instalment	मासिक किस्त
Monthly progress report	मासिक प्रगति प्रतिवेदन/रिपोर्ट
Monthly rate	मासिक दर
Monthly requirements	मासिक आवश्यकताएँ
Monthly return	मासिक प्रविवरण
Monthly statement	मासिक विवरण
Month-to-month	प्रतिमास, महीने-दर-महीने
Moral obligation	नैतिक दायित्व
Moral rectitude	आचार-विचार की शुद्धता
Moral turpitude	नैतिक अधमता
More convenient	अधिक सुविधाजनक
More fitted	अधिकतर उपयुक्त
More or less	न्यूनाधिक
More than average	औसत से अधिक
More than once	एक बार से अधिक
More to follow	और भी है
Mortgage bond	बंध-पत्र
Mortgage by conditional sale	सशर्त विक्रय बंधक
Mortgage deed	बंधक विलेख
Mortgaged money	बंधक धन
Mortgaged property	बंधक सम्पत्ति
Mortgaged, simple	सादा बंधक
Most deserving	सर्वाधिक पात्र
Most essential	अत्यन्त आवश्यक
Most immediate	सर्वथा तत्काल
Most secret	परम गुप्त
Most urgent	**परम आवश्यक, अत्यन्त जरूरी**

Motion for consideration	विचारार्थ प्रस्ताव
Motion moved	प्रस्ताव प्रस्तुत हुआ
Motion of adjournment	स्थगन प्रस्ताव
Motion of no-confidence	अविश्वास प्रस्ताव
Motion of thanks	धन्यवाद प्रस्ताव
Motor car allowance	कार भत्ता
Movable court	चल न्यायालय
Move a resolution	1. प्रस्ताव रखना 2. संकल्प प्रस्तुत करना
Movement of population	जनसंख्या का गमनागमन
Movement of troops	सैनिक हलचल
Movement register	संचलन रजिस्टर
Much time has elapsed	काफ़ी समय बीत गया है
Multifarious duties	बहुमुखी कर्त्तव्य
Multilateral agreement	बहुपक्षीय समझौता
Multi-member constituency	बहुसदस्यीय निर्वाचन क्षेत्र
Multinational organisation	बहुराष्ट्रीय संगठन
Multiparty system	बहुदलीय पद्धति
Multi purpose project	बहुउद्देश्यीय परियोजना
Multipurpose society	बहुउद्देश्यीय समिति
Multi racial society	बहुजातीय समाज
Multi-storeyed	बहु-मंजली
Municipal corporation	नगर निगम
Municipal council	नगरपालिका
Municipal funds	नगरपालिका-धन
Municipal tax	नगरपालिका-कर
Mushroom growth	1. सहसा वृद्धि 2. अति वृद्धि
Must be rigidly adhered to	कड़ाई के साथ पालन किया जाए
Muster roll	मस्टर रोल, उपस्थिति नामावली
Mutation proceedings	नामान्तरण कार्यवाहियाँ
Mutatis mutandis	यथोचित परिवर्तनों सहित
Mutilated bill	कटा-फटा बिल
Mutual agreement	पारस्परिक करार

Mutual aid pact	परस्पर-सहायता समझौता
Mutual benefit	पारस्परिक फ़ायदा
Mutual consent	पारस्परिक सम्मति
Mutual understanding	आपसी समझबूझ
My dear Sir	प्रिय महोदय
My personal opinion differs from your suggestion	मेरी व्यक्तिगत राय आपके सुझावों से भिन्न है
My personal opinion in the matter is that	इस मामले में मेरी व्यक्तिगत राय यह है कि

N

Naked power	पशु शक्ति, अनियंत्रित शक्ति
Name card	नाम पर्ची, नाम कार्ड
Name has been entered in the list	नाम सूची में दर्ज कर लिया गया है
Name plate	नाम पट्ट
Narrative of the case	प्रकरण का तथ्य-वर्णन
Narrow escape	बाल-बाल बचना
Narrow majority	बहुत थोड़ा बहुमत
Narrow mentality	संकीर्ण मनोवृत्ति
National anthem	राष्ट्री-गीत/गान
National awakening	राष्ट्रीय जागृति
National committee	राष्ट्रीय समिति
National development	राष्ट्रीय विकास
National economy	राष्ट्रीय अर्थ-व्यवस्था
National employment service	राष्ट्रीय रोजगार सेवा
National extensional development block	राष्ट्रीय विस्तार विकास खंड
National health service	राष्ट्रीय स्वास्थ्य सेवी
National highway	राष्ट्रीय राजपथ/राजमार्ग

National importance	राष्ट्रीय महत्त्व
National incompe	राष्ट्रीय आय
National integration	राष्ट्रीय एकता
Nationality of origin	उद्भव की राष्ट्रिकता
Nationalization of bank	बैंक-राष्ट्रीयकरण
Nationalization of industry	उद्योग का राष्ट्रीयकरण
National sample survey	राष्ट्रीय नमूना सर्वेक्षण
National savings scheme	राष्ट्रीय बचत योजना
National security	राष्ट्रीय सुरक्षा
National spirit	राष्ट्रीय भावना
National wealth	राष्ट्रीय सम्पत्ति
Nation wide programme	राष्ट्रव्यापी कार्यक्रम
Natural calamity	प्राकृतिक विपदा/विपत्ति
Natural condition	प्राकृतिक दशा
Natural consequence	स्वाभाविक परिणाम
Natural deposit	प्राकृतिक निक्षेप
Natural event	प्राकृतिक घटना
Natural forces	प्राकृतिक शक्तियाँ
Naturalisation of aliens	विदेशियों का देशीयकरण
Natural justice	नैसर्गिक न्याय
Natural phenomenon	नैसर्गिक घटना
Natural presumption	सहज धारणा
Natural resources	प्राकृतिक संसाधन
Nature and character	प्रकृति और लक्षण
Nature and composition	प्रकृति और गठन
Nature and degree of the offence	अपराध की प्रकृति और मात्रा
Nature of act	कार्य की प्रकृति
Nature of agency	अभिकरण की प्रकृति
Nature of commission	कमीशन का प्रकार
Nature of interest	हित की प्रकृति
Nature of proceeding	कार्यवाही की प्रकृति
Nature of the allegation	आरोपों का स्वरूप
Nature of the case	मामले की प्रकृति

Nature of the claim	दावे की प्रकृति
Nature of the transaction	संव्यवहार की प्रकृति
Nature of the work	कार्य का स्वरूप
Naughty problems	विकट समस्या
Naval officer	नौ सेना अधिकारी
N B. (Nota Bene)	भली भाँति ध्यान दें
Near at hand	पास में
Nearest to one third	एक तिहाई के निकटतम
Nearly resembles	निकट सादृश्य है
Nearness of kin	रक्त संबंध की निकटता
Necessary action	आवश्यक कार्रवाई
Necessary action may be taken	आवश्यक कार्रवाई की जाए
Necessary correction may be carried out	आवश्यक संशोधन कर लिया जाए
Necessary draft put up	अपेक्षित प्रारूप प्रस्तुत है
Necessary expenses	आवश्यक व्यय
Necessary facilities may be made available	आवश्यक सुविधाएँ दी जाएँ
Necessary precautions	आवश्यक पूर्वोपाय/एहतियात
Necessary provision has been made	1. आवश्यक उपबंध बना दिए गए हैं 2. आवश्यक रसद का इन्तजाम कर दिया है
Necessary report is still awaited	अपेक्षित रिपोर्ट की अभी तक प्रतीक्षा है
Necessary steps ahould be taken	आवश्यक कार्रवाई की जाए
Necessity, legal	वैध आवश्यकता
Needed for public purpose	लोक प्रयोजन के लिए आवश्यक
Needful done	अपेक्षित कार्रवाई हो चुकी है
Needful, do the	आवश्यक कार्रवाई करें
Needful has been done	आवश्यक कार्रवाई की जा चुकी है
Needs amendment	संशोधन अपेक्षित है
Needs close supervision	सूक्ष्म पर्यवेक्षण आवश्यक है
Needs guidance	मार्गदर्शन की आवश्यकता है

Needs more of push	अधिक जोर लगाने की आवश्यकता है
Needs no comments	टिप्पणी की आवश्यकता नहीं है
Needs to be more balanced	अधिक संतुलन वांछनीय है
Negative reply	नकारात्मक उत्तर
Neglecting his legitimate duties	अपने वैध कर्त्तव्यों की उपेक्षा करते हुए
Neglect of duty	कर्त्तव्य की उपेक्षा
Negligible quantity	नगण्य मात्रा
Negotiable instrument	परक्राम्य/बेचनी लिखत
Negotiable receipt	परक्राम्य/बेचनी रसीद
Negotiated contract	बातचीत से तय ठेका/संविदा
Negotiation agreement	वार्ता समझौता
Neighbouring place	पड़ोस का स्थान/गाँव
Neighbouring state	पड़ोसी राज्य
Neither—nor	न—और न ही
Neither party	कोई भी पक्षकार नहीं
Nemo	कोई नहीं
Nepotism and corruption	भाई-भतीजावाद और भ्रष्टाचार
Net amount	शुद्ध राशि
Net amount payable Rs.—	शुद्ध देय राशि
Net consideration	शुद्ध प्रतिफल
Net fixed assets	शुद्ध स्थिर आस्तियाँ
Net income	शुद्ध आय
Net loss	शुद्ध घाटा
Net price	शुद्ध कीमत/मूल्य
Net proceeds	शुद्ध आगम
Net profit	शुद्ध लाभ
Net result	अन्तिम लाभ/परिणाम
Net value	शुद्ध मूल्य
Never grudges extra work	अतिरिक्त कार्यों के लिए कभी आना-कानी नहीं
Nevertheless	ऐसा होने पर भी, तथापि, तो भी
New arrangement	नया प्रबंध ठहराव
New assignment	नया काम

New chapter | नया अध्याय
New ground of claim | दावे का नया आधार
New items of expenditure | खर्च की नई मदें
Newly installed | नया लगाया गया
Newly set up | नए चलाए गए
New procedure has been introduced | नई पद्धति चालू की गई है
News agency | समाचार संवाद समिति/एजेंसी
News and views | समाचार और विचार
New set up | नया ढाँचा
News reporter | संवाददाता
News service | समाचार सेवा
New syllabus | नया पाठ्यक्रम
New trial | नया विचारण
Next below rule | तत् निम्न नियम
Next day afterwards | ठीक आगामी दिन
Next following | ठीक नीचे लिखे, ठीक आगामी
Next general election | आगामी साधारण निर्वाचन
Next hearing | अगली सुनवाई
Next hearing has been fixed for— | —को होगी
Next hereinafter mentioned | इसमें इसके ठीक पश्चात् वर्णित
Next increment in the officiating post is due | स्थानापन्न पद पर अगली वेतन-वृद्धि देय
Next of rank | पंक्ति में ठीक नीचे
Next of seniority | वरिष्ठता में इससे ठीक नीचे
Next preceding | ठीक पहले का, ठीक पूर्व का
Next succeeding | ठीक बाद का, उसके बाद ही का
Next succeeding day | ठीक अगला दिन
Next succeeding meeting | ठीक बाद की बैठक
Next working day | अगला कार्य दिवस
Nexus | संबंध
Night duty | रात की ड्यूटी
Night shift | रात की पारी

No action	कोई कार्रवाई नहीं, किसी कार्रवाई की आवश्यकता नहीं
No action necessary, file	कोई कार्रवाई आवश्यक नहीं है, फ़ाइल कीजिए
No action seems to be called on our part	हमारी ओर से इस पर कोई कार्रवाई अपेक्षित नहीं जान पड़ती
No admission	प्रवेश निषेध, अन्दर आना मना है
No admission except on official business	बिना सरकारी काम के प्रवेश न करें
No appeal shall lie from—	—की कोई अपील न होगी
No bar	कोई रोक नहीं
No change is considered necessary	कोई परिवर्तन आवश्यक नहीं
No citizen shall be ineligible	कोई नागरिक अपात्र नहीं हो
No comments	कोई टिप्पणी नहीं
No confidence motion	अविश्वास प्रस्ताव
No decision has so far been taken in the matter	इस मामले में अभी तक कोई निर्णय नहीं लिया गया
No delay call	अविलम्ब कॉल
No demand certificate	बेबाकी पत्र, बेबाकी प्रमाणपत्र
No exact precedent is available	कोई सुस्पष्ट पूर्व उदाहरण नहीं मिलता
No execution shall be issued	कोई भी निष्पादन जारी नहीं किया जाएगा
No exit	बाहर जाने का रास्ता नहीं है
No funds are available	रक़म उपलब्ध नहीं है
No further action is called for	आगे कोई कार्रवाई अपेक्षित नहीं है
No further action is necessary	आगे कोई कार्रवाई आवश्यक नहीं है
No further action is required	आगे कोई कार्रवाई जरूरी नहीं है
No instruction	कोई अनुदेश/हिदायत नहीं
Noise, without	शांत भाव से
No knowledge	कोई जानकारी नहीं है
No longer in existence	अस्तित्व में न रहना
No-loss no-profit basis	न हानि न लाभ आधार

Nomadic tribe	यायावर जनजाति
No maxima or minima have been laid down	कोई अधिकतम या न्यूनतम सीमा निर्धारित नहीं की गयी है
Nominal cost	नाममात्र लागत
Nominal difference	नाममात्र का अन्तर
Nominal inspection	नाममात्र का निरीक्षण
Nominal rent	नाममात्र किराया
Nominated member	मनोनीत सदस्य
Nomination of candidate	अभ्यर्थियों का नाम निर्देशन
Nomination of member	सदस्यों का नामन
Nomination paper	नामांकन पत्र, नामजदगी पर्चा
Non-aggression treaty	अनाक्रमण संधि
No-agricultural income	कृषि-इतर आय
Non-alignment	गुट-निरपेक्षता
Non-appearance	गैर-हाजिरी/अनुपस्थिति
Non-availability of funds	निधियों की अनुपलब्धता
Non-bailable offence	ग़ैर जमानती अपराध
Non-cognizable offence	असंज्ञेय अपराध
Non-committal answer	गोलमोल उत्तर
Non-compliance of these orders will be severely viewed in future	इन आदेशों का पालन न होने पर भविष्य में कड़ा रुख अपनाया जाएगा
Non-confidential record	अगोपनीय अभिलेख
Non-controversial	निर्विवाद
Non-cooperation	असहयोग
Non-delivery advice	वितरण न होने की सूचना
Non-disclosure	प्रकट न किया जाना
Non-divisible expenditure	अविभाज्य व्यय
Non-edible	अखाद्य
No need to send a reply	उत्तर भेजने की आवश्यकता नहीं है
Non-essential services	अनावश्यक सेवाएँ
Non-exempted goods	छूट-रहित वस्तुएँ
Non-fulfilment	पालन न किया जाना
Non-gazetted	अराजपत्रित

Non-govt. delegate	ग़ैर-सरकारी प्रतिनिधि
Non-judicial	न्यायिक-इतर
Non-ministerial	अलिपिक वर्गीय
Non-observance of rule	नियम का अपालन
Non-official	ग़ैर-सरकारी, अशासकीय
Non-official bill	अशासकीय बिल
Non-official member	ग़ैर-सरकारी सदस्य
Non-party Government	निर्दलीय शासन
Non-payment certificate	गैर अदायगी प्रमाणपत्र
Non-pensionable	पेंशन-रहित
Non-performance	न किया जाना
Non-plan expenditure	ग़ैर-योजना खर्च
Non-practising allowance	प्रेक्टिस बंदी भत्ता
Non-production	पेश न करना
Non-productive consumption	अनुत्पादी उपभोग
Non-recurring expenditure	अनावर्ती व्यय
Non-recurring grant	अनावर्ती अनुदान
Non-resident interest	अनिवासी हित
Non-satisfaction	तुष्टि न होना
Non-selection post	अप्रवरण पद
Non-statutory	असांविधिक
Non-technical post	ग़ैर-तकनीकी पद
Non-violent resistance	अहिंसक प्रतिरोध
Non-working day	अवकाश का दिन
No objection certificate	अनापत्ति प्रमाणपत्र/पत्र
No profit no loss	लाभ-हानि रहित
No progress	कोई प्रगति नहीं
No reason to doubt	सन्देह का कोई कारण नहीं
No reference is coming	पिछला निर्देश नहीं मिल रहा है
'No rent' land	बेलगान भूमि
No reply	कोई जवाब नहीं
Normal expenditure	सामान्य ख़र्च
Normal term of office	सामान्य पदावधि
Normal wastage	सामान्य छीजन

Normal working hours	सामान्य कार्य समय
'No strike' clause	'हड़ताल नहीं' खंड
No such representation has been received	इस तरह का कोई अभ्यावेदन नहीं मिला है
Nota bene (N.B.)	विशेष ध्यान दीजिए
Not appearing in public	जो लोक समक्ष नहीं आती
Notary public	नोटरी पब्लिक
Not available	अप्राप्य
Not commonly used	सामान्यतः प्रयुक्त नहीं की जाती
Note and return	नोट करके वापिस करें
Note at foot	पाद टिप्पणी
Note book	नोट बुक
Noted and returned	नोट करके वापिस किया जाता है
Noted below	नीचे लिखा गया
Noted for future guidance	भविष्य में मार्गदर्शन के लिए नोट कर लिया
Noted, thanks	नोट किया, धन्यवाद
Note of dissent	असहमति/विसम्मति टिप्पणी
Note of protest	विरोध/प्रतिवाद पत्र
Note of refusal	इंकार का टिप्पण
Notes and orders at page—	पृष्ठ—पर दिये गये आदेशों तथा टिप्पणियाँ
Note sheet	नोट शीट
Notes on pages—ante	पिछले पृष्ठ—पर की टिप्पणियाँ
Not exceeding	से अधिक नहीं
Not forming part of	का भाग न होने वाला
Not for sale	बिकाऊ नहीं
Not guilty	निर्दोष
Nothing hereinafter contained shall effect	इसकी कोई भी बात प्रभाव नहीं डालेगी
Nothing in clause 2 shall effect—	खण्ड 2 की किसी बात का—पर प्रभाव नहीं होगा
Nothing in this article shall apply to—	पर इस अनुच्छेद की कोई बात लागू नहीं होगी

Nothing in this article shall prevent—	इस अनुच्छेद की किसी बात से—में बाधा नहीं होगी
Nothing in this clause shall be construed	इस खण्ड की किसी बात का यह अर्थ नहीं लगाया जाएगा
Nothing is due from—	—से कोई लेना शेष नहीं है
Nothing shall derogate from the power of Parliament	कोई बात संसद की शक्ति का अल्पीकरण नहीं करेगी
Nothing special to mention	विशेष रूप से उल्लेखनीय कुछ भी नहीं
No thoroughfare	आम/सार्वजनिक रास्ता नहीं
Notice board	सूचनापट्ट, नोटिस बोर्ड
Notice inviting tenders	टेंडर मँगाने की सूचना
Notice in writing	लिखित सूचना
Notice of admission case	मामले की स्वीकृति की सूचना
Notice of civil suit	वाद/दीवानी मुकदमे की सूचना
Notice of demand	माँग की सूचना
Notice of deposit	निक्षेप की सूचना
Notice of discharge	सेवा-मुक्ति की सूचना
Notice server	नोटिस तामील करने वाला
Notification declaring forests reserved	वनों को रक्षित घोषित करने वाली अधिसूचना
Notified area	अधिसूचित क्षेत्र
Notified by proclamation	उद्घोषणा द्वारा अधिसूचित
Notified for general information	जनसाधारण की जानकारी के लिए अधिसूचित
No time y follow up action was taken	यथासमय अनुवर्ती कार्रवाई नहीं की गई
Not inconsistent with any of the provisions	जो किसी उपबंध से असंगत न हों
Noting and drafting	टिप्पण और मसौदा/प्रारूप लेखन
Noting on (pre) page 3 ante recall the case	पीछे पृष्ठ 3 की टिप्पणी इस मामले का स्मरण कराती है
Not in vogue	प्रचलित नहीं है
Not later than—	तारीख—के बाद नहीं
Not less than	से कम नहीं

Not less than two years	कम-से-कम दो वर्ष
Not more than	से अधिक नहीं, अधिक-से-अधिक
Not more than one	एक से अधिक नहीं
Not necessarily	आवश्यकता नहीं कि
Not negotiable	अपर क्राम्य
Not only this—but also	यही नहीं—बल्कि—भी
Not otherwise provided for	जिसके संबंध में अन्य उपबंध न हो
Not payable before	—के पूर्व अदेय
Not payable before 1st of the next month	अगले मास की पहली तारीख के पूर्व अदेय
Not proved	साबित/सिद्ध नहीं हुआ
Not qualified	योग्य/अर्ह नहीं है
No travelling allowance will be allowed	कोई यात्रा-भत्ता नहीं दिया जाएगा
Not satisfactory	संतोषजनक नहीं है
Not subject to the jurisdiction of	—की अधिकारिता के अधीन नहीं
Not to be tolerated	सहन नहीं किया जा सकता
Not to yield to pressure	दबाव के आगे नहीं झुकना
Not traceable	पता नहीं चलता, अप्राप्य
Not transferable	दूसरे को नहीं दिया जा सकता, अहस्तांतरणीय
Notwithstanding any rule	किसी नियम के होते हुए भी
Notwithstanding anything	किसी बात के होते हुए भी
Notwithstanding anything contained in the rule	नियमों में किसी बात के होते हुए भी
Notwithstanding anything to the contrary	किसी प्रतिकूल बात के होते हुए भी
Not yet received	अभी तक नहीं मिला/मिली
Now and again	समय-समय पर
Now and then	जब-तब
No work strike	कामबंदी हड़ताल
Null and void	अकृत और शून्य
Numbered paragraph	संख्या अंकित पैरा

Numbering of document	दस्तावेज संख्या-अंकन
Numerical data	संख्यात्मक आंकड़े
Numerical order	संख्या क्रम
Numerical return	संख्यात्मक (प्र) विवरण
Numerical strength	संख्या बल
Numerous details	बहुत से ब्यौरे
Nursing service	उपचार-सेवा

O

Oath of allegiance	राजनिष्ठा/निष्ठा का शपथ
Oath of office	पद की शपथ
Oath of secrecy	गोपनीयता की शपथ
Oath, on	शपथ पर
Obedience to law	कानून का पालन
Obedience to summons, in	सम्मन के पालन में
Obedience to the notice	सूचना के पालन में
Obiter dictum	इतर उक्ति
Obituary notice	निधन-सूचना
Object and reason	उद्देश्य एवं कारण
Object beneficial to mankind	मानवजाति के लिए फायदाप्रद उद्देश्य
Object, common	सामान्य उद्देश्य
Objectionable action	आपत्तिजनक कार्य
Objectionable, it is highly	यह बहुत ही आपत्तिजनक है
Objectionable matter	आपत्तिजनक वस्तु/विषय
Objection being sustained	आक्षेप को मान लिए जाने पर
Objection book	आपत्ति पुस्तक
Objection is allowed	आक्षेप मंजूर किया
Objection is not valid	आपत्ति वैध नहीं है
Objection is taken	आपत्ति मान्य है
Objection is withdrawn	आपत्ति वापस ली जाती है

Objection note	आपत्ति टिप्पणी
Objections have been dealt with	आपत्तियों/आक्षेपों पर विचार कर कर लिया गया है
Objection statement	आपत्ति विवरण
Ojective examination	वस्तुनिष्ठ परीक्षण
Objective resolution	उद्देश्यों का कथन
Objective study	वस्तुपरक अध्ययन
Object of any description	किसी प्रकार की वस्तु
Object of financing	वित्त पोषण करने का उद्देश्य
Object of legislation	विधान का उद्देश्य
Object of public utility	लोक उपयोगिता का उद्देश्य
Object of body	निकाय के उद्देश्य
Obligation to give information	सूचना देने का दायित्व
Obligation, under	बाध्यता के अधीन
Obligatory attendance	अनिवार्य उपस्थिति
Obligatory between parties	पक्षकारों के बीच आबद्ध कर
Obligatory duties	अनिवार्य कर्त्तव्य
Obligtory expenses	अनिवार्य व्यय
Obligatory functions	अनिवार्य कार्य
Obliged, I shall be	मैं अनुगृहीत होऊंगा
Obliged to answer	उत्तर देने के लिए बाध्य
Oblige himself to pay	देने के लिए अपने को बाध्य करना
Observance of rule	नियमों का पालन
Observation post	निगरानी चौकी
Observations made above	ऊपर व्यक्त किए गए विचार
Observation to be made	प्रेक्षण का किया जाना
Observe and follow order	आदेशों का अनुपालन और अनुसरण करना
Observe punctuality	समय का पालन करना
Observer delegate	प्रेक्षक प्रतिनिधि
Obsolete pattern	अप्रचलित प्रकार
Obstructions caused	उत्पन्न बाधाएँ
Obtain declaration	घोषणापत्र प्राप्त करें
Obtaind by fraud	कपट द्वारा अभिप्राप्त

Obtain evidence	साक्ष्य अभिप्राप्त करना
Obtain formal sanction	औपचारिक मंजूरी प्राप्त करें
Obtain signature	हस्ताक्षर/दस्तख़त कराइए
Obvious error	स्पष्ट गलती
Obvious, it is	यह स्पष्ट है
Obvious meaning	स्पष्ट अर्थ
Obvious mistake	स्पष्ट भूल
Obvious partiality	स्पष्ट पक्षपात
Occasional checks	यदाकदा पड़तालें
Occasion arises, when	जब अवसर आये
Occasioned by negligence	उपेक्षा से हुई
Occasioned by omission	लोप के कारण हुई
Occasioned by the wrongful act	सदोष कार्य से घटित
Occasioned thereby	—उसके कारण हुई
Occupancy, actual	वास्तविक अधिभोग
Occupancy right	मौरूसी हक़, अधिभोग-अधिकार
Occupancy tenant	मौरूसी काश्तकार
Occupational survey	व्यवसायगत सर्वेक्षण
Occupation, in	अधिभोगी
Occupation, regular	नियमित उपजीविका
Occupier of the house	गृह का अधिभोग
Occupying so much space	इतनी जगह घेरे हुए
Occurrence of vacancy	पदरिक्ति होना
Octroi barrier	चुंगी चौकी/नाका
Octroi duty	चुंगी
Odd jobs	छिटपुट काम
Odd number	विषम संख्या
Of a different quality	भिन्न प्रकार का
Of a formal character	औपचारिक प्रकार का
Of a high standard	उच्च स्तर का
Of and from the same	उसके बारे में और उससे
Of any description	किसी भी प्रकार का
Of a routine nature	नेमी प्रकार का
Of casual nature	नैमित्तिक प्रकृति का

Of either sex	किसी भी लिंग का
Of even number	1. सम संख्यक 2. इसी संख्या का
Off day	खाली दिन
Off duty	1. काम पर न होना 2. कार्य-समय के बाद
Offence affecting the human body	मानव शरीर पर प्रभाव डालने वाला अपराध
Offence complained off	अपराध, जिसकी शिकायत की गई है
Offence is a continuing nature	अपराध चालू रहने वाला है
Offence under section—is clearly established	धारा—के अधीन अपराध स्पष्टतः सिद्ध हो चुका है
Offensive action	आक्रामक कार्रवाई
Offensive expressions	अप्रिय/कटु वचन
Offensive language	अप्रिय/कटु भाषा
Offer insult	अपमान करना
Offer objection	आक्षेप पेश करना
Offer of appointment	नियुक्ति प्रस्ताव
Offer of mediation	मध्यस्थता-प्रस्ताव
Offer remarks	विचार प्रकट करना, अभ्युक्ति देना
Offer to perform	पालन करने की प्रस्थापना
Off hand	1. तत्काल 2. तात्कालिक
Office accommodation	कार्यालय के लिए स्थान
Office and fair copies put up for approval	कार्यालय एवं स्वच्छ प्रतियाँ अनुमोदन के लिए प्रस्तुत
Office bearer	पदधारी
Office consider that	कार्यालय के विचार में—, कार्यालय का विचार है कि—
Office copy	कार्यालय प्रति
Office copy and fair copy for signature	कार्यालय प्रति और स्वच्छ प्रति हस्ताक्षर के लिए
Office, elective	निर्वाचन पद
Office expenses	कार्यालय व्यय

Office, head of	कार्यालय का प्रधान
Office hours	कार्यालय समय
Office, in	पदस्थ
Office is to be abolished	पद उत्सादित होना है
Office management	कार्यालय प्रबंध
Office manual	कार्यालय निर्देशिका/नियम पुस्तिका
Office may note it carefully	कार्यालय इसे सावधानीपूर्वक नोट कर ले
Office may please examine	कार्यालय कृपया इसकी जाँच करें
Office memorandum	कार्यालय ज्ञापन
Office note	कार्यालय का नोट/टिप्पणी
Office of distinction	विशिष्ट पद
Office of issue	निर्गम कार्यालय
Office of profit	लाभ पद
Office order	कार्यालय आदेश
Office proposes	कार्यालय का प्रस्ताव है—
Officer addressed	संबोधित अधिकारी
Officer commanding	कमान अफ़सर
Officer, District	जिलाधिकारी
Office-record	कार्यालय अभिलेख
Officer-in-charge	प्रभारी अधिकारी
Officer-in-command	अधिकारी जो समादेशन कर रहा है
Officer of average merit	औसतन योग्य पदाधिकारी
Officer on special duty	विशेष कार्य अधिकारी
Officer receiving charge	कार्यभार प्राप्त करने वाला अधिकारी
Officer specially empowered	विशेषतः सशक्त अधिकारी
Officer subordinate	अधीनस्थ अधिकारी
Officer superior	वरिष्ठ अधिकारी
Officer with future	होनहार अधिकारी
Offices, good	सत् प्रयत्न
Office staff	कार्यालय कर्मचारी वर्ग
Office superintendent	कार्यालय अधीक्षक
Office to note and comply	कार्यालय ध्यान दे और पालन करे
Office to take action	कार्यालय कार्रवाई करे

Office will put up draft	कार्यालय मसौदा/प्रारूप प्रस्तुत करे
Official	1. पदधारी
	2. पदीय
	3. शासकीय
	4. अधिकृत
Official act	पदीय कार्य
Official announcement	सरकारी घोषणा
Official body	शासकीय निकाय
Official business	सरकारी काम
Official capacity	पद की हैसियत
Official capacity, in	पद की हैसियत से
Official certificate	शासकीय प्रमाणपत्र
Official character	पदीय हैसियत
Official chief	कार्यालय का मुख्य
Official communique	सरकारी विज्ञप्ति
Official correspondence	सरकारी पत्र-व्यवहार
Official decorum	शासकीय शिष्टाचार
Official designation	सरकारी पदनाम
Official duty	सरकारी ड्यूटी
Official function	सरकारी समारोह, सरकारी कृत्य
Official gazette	राजपत्र, गज़ट
Official language	राजभाषा
Official liquidator	सरकारी समापक
Official list	अधिकृत सूची
Officially recognised	सरकारी मान्यता प्राप्त
Official mark	शासकीय चिह्न
Official member	शासकीय सदस्य
Official name	पदीय नाम
Official papers	सरकारी कागज़-पत्र
Official position	शासकीय स्थिति
Official purpose	सरकारी काम/प्रयोजन
Official rank	शासकीय रैंक/पद
Official reception	सरकारी स्वागत/स्वागत-समारोह
Official record	शासकीय अभिलेख

Official reply	सरकारी उत्तर
Official report	सरकारी रिपोर्ट
Official residence	सरकारी वास/निवास
Official seal	आधिकारिक मुद्रा
Official secret	शासकीय गुप्त बात
Official source	सरकारी सूत्र
Official statement	सरकारी वक्तव्य
Official statistics	सरकारी आँकड़े
Official superior	पदीय वरिष्ठ
Official title	पदीय नाम
Official translation	अधिकृत अनुवाद
Official version	सरकारी कथन
Official visit	सरकारी/राजकीय यात्रा
Officiating appointment	स्थानापन्न नियुक्ति
Officiating arrangements proposed	प्रस्तावित स्थानापन्न व्यवस्था
Officiating pay	स्थानापन्न वेतन
Officiating promotion	स्था-प्रोन्नति
Officiating service	स्थानापन्न सेवा
Off the record talk	आपसी बातचीत
Of full age	पूर्ण वय/उम्र का
Of great significance	बहुत महत्त्व का
Of highly technical nature	अत्यंत तकनीकी प्रकृति का
Of his own accord	स्वेच्छा से, अपनी मर्जी/इच्छा से
Of his own motion	अपनी स्वतन्त्र इच्छा से
Of inferior quality	घटिया किस्म का
Of no avail	निष्प्रयोजन, निष्फल
Of no effect	प्रभावहीन
Of one opinion	एक राय के, एकमत
Of rare competence	असाधारण क्षमता का
Often times right	बहुधा ठीक
Of the kind mentioned in—	—में वर्णित प्रकार का
Of the same nature	उसी प्रकृति का
O.K. (All correct)	सब ठीक है, अच्छा

Old age pension	वृद्धावस्था पेंशन
Omission, illegal	अवैध लोप
Omission to frame a change, effect of	आरोप विरचित न करने का प्रभाव
Omit from the list	सूची में छोड़ देना
Omitted to be done	करने से छूट गया
'On account' bill	लेखागत बिल
On account of—	1. मद्धे, के लेखे 2. — के कारण
On account of ill health	स्वास्थ्य ठीक न होने के कारण
On account of payments	संदायों के कारण
On account of reasons given above	ऊपर दिए गए कारणों से
'On account' payment	लेखागत अदायगी
On a certain day	किसी निश्चित दिन
On a conviction	दोषसिद्धि पर
On a limited scale	सीमित मात्रा में
On all-fours	सदृश्य, अनुरूप
On an ad hoc basis	तदर्थ आधार पर
On an average	औसतन
On and from the date of	की तारीख से
On an enactment, arising	अधिनियमित से उद्भूत
On a point of law	विधि के प्रश्न पर
On a poll	मतांकन पर
On approval	अनुमोदनार्थ
On a trial	विचारण पर
On average pay	औसत वेतन पर
On behalf of	—की ओर से
On bended knees	घुटने टेक कर
On ceasing to be such member	ऐसे सदस्य न रहने पर
On compassionate grounds	दया के आधार पर
On condition that—	इस शर्त पर कि
On conviction	दोष सिद्ध किए जाने पर
On credit	उधार

On demand	माँग पर, माँग किए जाने पर
On deputation	प्रतिनियुक्ति पर, डेपुटेशन पर
On due date	नियत तारीख को
On duty	काम पर
One man, one vote	एक व्यक्ति, एक मत
One party system	एकदलीय पद्धति
One payment, in	एक संदाय में
One price policy	एक दाम नीति
One way traffic	एकतरफ़ा यातायात
On examination into the matter	मामले की जाँच करने पर
One year's completed service	एक वर्ष की पूरी सेवा
On file please	कृपया मिसिल के साथ प्रस्तुत करें
On good cause shown	अच्छा हेतुक दर्शित करने पर
On grounds of	—के आधार पर
On his account	उसके हिसाब में
On his behalf	अपनी ओर से
On his own motion	स्वप्रेरणा से
On his own risk	उसकी अपनी जोखिम पर
On his trial	अपने विचारण में
On humanitarian grounds	मानवीय आधार पर
On India Govt. Service	भारत सरकार सेवार्थ
On its face	देखते ही
On its merits	उसके गुणागुण के आधार पर
On large scale	बड़े पैमाने पर
On medical grounds	अस्वस्थता के कारण
On merits	गुण-दोष के आधार पर
On no account	किसी भी अवस्था में नहीं
On occasions like this	इस तरह के अवसरों पर
On or about—	—को या उसके आसपास
On or after the day	उस दिन या उसके पश्चात्
On payment	संदाय किए जाने पर
On perusal of the application	आवेदन पत्र देखने पर

On presentment	1. प्रस्तुत करने पर 2. दिखाने पर
On probation	परिवीक्षा पर
On probation of good conduct	सदाचरण की परिवीक्षा पर
On reasonable ground	युक्तिसंगत आधार पर
On receipt of	—के मिलने पर
On receipt of your reply	आपका उत्तर प्राप्त होने पर
On reconsideration	पुनर्विचार करने पर
On relief by—	—के द्वारा पदयुक्त किये जाने पर
On scrutiny into the matter	मामले की छानबीन करने पर
On such terms and condition	ऐसे निबंधनों और शर्तों पर
On the advice of	—की सलाह पर, के परामर्श से
On the basis of	—के आधार पर
On the completion of	की समाप्ति पर, के पूरा होने पर
On the contrary	इसके विपरीत/प्रतिकूल
On the expiry of	की समाप्ति पर
On the face of it	देखते ही, प्रत्यक्षत:
On the face of the application	आवेदन देखते ही
On the face of the record	अभिलेख को देखते ही
On the following points	निम्नलिखित मुद्दों पर
On the ground	के आधार पर
On their own initiative	उनकी अपनी पहल पर
On the job training	कार्यरत रहकर प्रशिक्षण
On the lines of	इसी प्रकार
On the matter, decision	विषय पर विनिश्चय
On the occurrence of	के होने पर, के घटित होने पर
On the one hand	एक ओर, एक तरफ़
On the other hand	1. दूसरी ओर 2. इसके मुकाबले
On the part of	की तरफ़ से, की ओर से
On the part of the candidate	अभ्यर्थी की तरफ़ से
On the same facts	उन्हीं तथ्यों पर
On the spot	घटनास्थल पर
On the stage	रंगमंच पर

On the subject noted above	उपर्युक्त विषय पर
On the table of the House	सदन के पटल पर
On the whole	कुल मिलाकर
On transfer from	—से स्थानांतरण होने पर
Onus of proof	सिद्ध करने का दायित्व
On verification	जांच पर, जांच से
Onward despatch	आगे भेजना
Open a case	मामले का कथन आरंभ करना
Open an account	खाता/हिसाब खोलना
Open arrest	खुली गिरफ़्तारी
Open delivery	खुली सुपुर्दगी
Open fire	गोली चलाओ
Open general licence	निर्बाध आम लाइसेंस
Opening balance	प्रारंभिक शेष
Opening ceremony	उद्घाटन समारोह
Opening entry	प्रारंभिक प्रविष्टि/इंदराज
Opening portion, in the	प्रारंभिक भाग में
Open letter	खुला पत्र
Open market	खुला बाजार
Open market, from	खुली प्रतियोगिता से
Open part file	खंड फ़ाइल खोलें
Open secret	सुविदित तथ्य
Open session	खुला अधिवेशन
Open tender	खुला टेंडर
Open the case	बहस प्रारंभ करना
Open to inspection	निरीक्षण के लिए खुला
Open violence	खुली हिंसा
Operate as, shall	का प्रभाव रखेगी
Operating cost	प्रचालन व्यय/लागत
Operating staff	प्रचालन कर्मचारी/अमला

Operation	1. प्रवर्तन 2. प्रचालन 3. संक्रिया 4. क्रियान्वयन, कार्यान्वयन 5. शल्य क्रिया 6. चलाना
Operation, long term	दीर्घकालीन प्रवृत्ति/प्रचालन
Operation of fund	निधि की संक्रिया
Operation of law, by	विधि की क्रिया द्वारा
Operation of rules	नियमों का प्रवर्तन
Operation of schemes	स्कीमों का कार्यान्वयन
Operation shall prevail	आपरेशन प्रभावी होगा
Operative part	प्रभावी भाग
Opportune moment	उपयुक्त समय
Opportunity to be heard	सुनवाई का अवसर
Opposed to (of being)	—के प्रतिकूल, —के विरुद्ध
Opposite direction	उलटी दिशा
Opposite party	विपक्ष, विरोधी दल
Opposite side	सामने, दूसरी ओर
Opposition benches (party)	विपक्ष, विरोधी दल
Oppress any person	किसी व्यक्ति को सताना
Optimistic estimate	आशावादी अनुमान/प्राक्कलन
Optimum condition	अनुकूलतम अवस्था
Optimum point	अनुकूलतम बिन्दु
Optimum utilisation	अधिकतम उपयोग
Option for	के लिए विकल्प
Option for pension	पेंशन के लिए विकल्प
Option has to be given	विकल्प देना
Option left to you	आपके विकल्प पर छोड़ दिया जाता है, आपकी इच्छानुसार
Option of, at the	के विकल्प पर
Oral account	मौखिक वृत्तांत
Oral admission	मौखिक स्वीकृति
Oral agreement	मौखिक समझौता

Oral consultation	मौखिक परामर्श/सलाह मशविरा
Oral evidence	मौखिक साक्ष्य/गवाही
Oral examination	मौखिक परीक्षा, मौखिकी
Orally examine	मौखिक परीक्षा करना
Oral message	मौखिक संदेश
Oral reply	मौखिक उत्तर
Oral statement	मौखिक कथन
Order capable of execution	निष्पादन योग्य आदेश
Order communicated	आदेश भेज दिया गया
Order, conditional	सशर्त आदेश
Order incidental	आनुषंगिक आदेश
Order in writing	लिखित आदेश
Order is passed, before	आदेश पारित किए जाने के पूर्व
Order is restored	शांति कायम की गई है
Order issuing	आदेश निकालना
Orderly proceedings	व्यवस्थित कार्यवाहियाँ
Order, making an	आदेश करना
Order may be issued	आदेश जारी कर दिया जाए
Order of a general nature	सामान्य प्रकार का आदेश
Order of attachment	कुर्की का आदेश
Order of confirmation	पुष्टि का आदेश
Order of detention	निरोध का आदेश
Order of merit	गुणानुक्रम, योग्यताक्रम
Order of nature	प्रकृति की व्यवस्था
Order of performance	पालन का क्रय
Order of precedence	पूर्वता क्रम
Order of preference	अधिमान क्रम
Order of priority	अग्रता क्रम
Order of release	छोड़ने का आदेश
Order of the competent authority	समर्थ प्राधिकारी का आदेश
Order of the lower court	निचले न्यायालय का आदेश
Order of time, in	समय क्रमानुसार
Order of transfer	अन्तरण का आदेश

Order, Original	मूल आदेश
Order passed on appeal	अपील पर दिया गया आदेश
Order, pronouncing an	आदेश सुनाना
Orders are solicited	आदेश प्रार्थित हैं
Order, standing	स्थायी आदेश
Order to pay	संदाय का आदेश
Order was cancelled	आदेश रद्द कर दिया गया
Ordinary and additional powers	मामूली और अपर शक्तियाँ
Ordinary call	साधारण कॉल
Ordinary course	मामूली अनुक्रम
Ordinary course of business	कामकाज का मामूली अनुक्रम
Ordinary course of official duty	पदीय कर्त्तव्य का मामूली अनुक्रम
Ordinary repair	मामूली मरम्मत
Ordinary significance	साधारण अर्थ
Ordinary standard	साधारण स्तर
Organise on sound footing	ठोस आधार पर संगठित करना
Organization and methods	संगठन और पद्धति
Organizing qualities	संगठन गुणवत्ता
Oriental studies	प्राच्य विद्या
Original	1. उद्गम 2. मूल
Original bond	मूल बंधपत्र
Original copy	मूल प्रति
Original decree	मूल डिक्री
Original document	मूल दस्तावेज
Original draft	मूल प्रारूप
Original estimate	मूल अनुमान/प्राक्कलन
Original file	मूल फ़ाइल
Original judgement	मूल निर्णय
Original manuscript	मूल पांडुलिपि
Original order	मूल आदेश
Original, returned in	मूल रूप से लौटाया जाता है

Original shape	मूल आकार
Original, this is in	यह मूल में है, यह ठीक है
Original will	मूल विल
Original work	मौलिक कार्य
Ostensible means of subsistence	निर्वाह के ज्ञात साधन
Other part	दूसरा पक्ष
Other ranks	अन्य श्रेणियाँ
Other side's version	दूसरे पक्ष का कथन
Other than	के अतिरिक्त, से भिन्न, को छोड़कर, के बिना
Otherwise action will be taken	अन्यथा कार्रवाई की जाएगी
Otherwise affect	अन्यथा प्रभाव डालना
Otherwise than	से अन्यथा
Otherwise than in clerical capacity	लिपिकीय हैसियत से भिन्न हैसियत में
Otherwise than on a police report	पुलिस रिपोर्ट पर से अन्यथा
Otherwise transferred	अन्यथा अन्तरित
Out agency	बाह्य अभिकरण
Out and out	पूर्ण रूप से
Outbreak of disease	बीमारी फैलना
Outbreak of hostilities	संघर्ष का प्रारंभ, युद्ध का छिड़ जाना
Outdoor work	बाहर का काम
Outfit allowance	वर्दी भत्ता
Outgoing file	जानेवाली फ़ाइल
Outgoing member	पद छोड़ने वाला सदस्य
Outgoing partner	बाहर जाने वाला भागीदार
Outlay, capital	पूंजी परिव्यय
Outlay on the plan	योजना पर होने वाला व्यय
Outlying areas	बाहरी क्षेत्र
Out of date	अप्रचलित, पुराना
Out of order	1. नियम बाह्य 2. खराब, चालू नहीं, बिगड़ा हुआ

Out of stock	स्टाक में नहीं है
Out of turn	पारी के बाहर
Out of turn allotment	बिना पारी आवंटन
Out of turn promotion	बिना पारी पदोन्नति
Out of use	उपयोग में नहीं
Outside his jurisdiction	अपने क्षेत्राधिकार से बाहर
Outside the normal scope	सामान्य परिधि के बाहर
Outstanding balance	बकाया रक़म
Outstanding claims	बकाया दावे
Outstanding demand	परादेय माँग
Outstanding devotion to duty	प्रकृष्ट कर्त्तव्य-निष्ठा
Outstanding for the time being	तत्समय विद्यमान
Outstanding liability	बकाया दायित्व
Outstanding work	उत्कृष्ट कार्य
Outstation allowance	बाह्य स्थान भत्ता
Out to-day	आज ही भेजिए
Out-turn certificate	निकासी प्रमाणपत्र
Outward register	जावक रजिस्टर
Outward return	जावक विवरणियाँ
Over age	अधिक उम्र का
Overall charge	समग्र प्रभार
Overall deficit	कुल घाटा
Overall improvement	सर्वांगीण उन्नति
Overall responsibility	संपूर्ण उत्तरदायित्व
Over and above the (limit)	(सीमा) से अधिक
Overboard, thrown	वाहर फेंक दिया गया
Overcome, be	अभिभूत होना
Over commission	अधिभाषी कमीशन
Overdue	1. पुराना, बाकी 2. कालातीत
Over estimate	अधिक अनुमान लगाना
Overhauling	पूरी मरम्मत
Overhead and general charge	ऊपरी खर्चे और साधारण प्रभार
Overhead charges	ऊपरी खर्चे

Overhead expenses	उपरिव्यय
Over payment	अधिक भुगतान
Over riding decision	अधिभावी निर्णय
Over riding effect	अध्यारोही प्रभाव
Over-rule	विरुद्ध व्यवस्था देना
Over rule the plea	अभिवाक् को नामंजूर करना
Overseas allowance	समुद्रपार भत्ता
Overseas service	समुद्रपार सेवा
Overstayal of leave	छुट्टी से अधिक ठहरना
Overstay leave	छुट्टी के उपरांत अनुपस्थित रहना
Over the phone	टेलीफ़ोन पर
Overtime allowance	अतिरिक्त समय भत्ता, समयोपरि भत्ता
Overtime rate	अतिकालिक दर
Overtime wages	अतिकालिक मजदूरी
Overwhelming proof	अति सबल प्रमाण
Over worked	काम से थका हुआ
Overwriting should be avoided	लिप्त लेखन से बचिए
Owing, by	द्वारा देय
Owing to	के कारण, कारण से
Own accord, of his	स्वप्रेरणा से
Own hand, with his	स्वयं अपने हाथ से
Own, his	स्वयं अपनी
Owning authority	मालिक प्राधिकारी
Own knowledge, from his	स्वयं अपनी जानकारी से
Own motion	स्वप्रेरणा
Own risk, on his	अपनी ही जोखिम पर
Own title	अपना हक़
'Own your telephone' scheme	'अपना निजी टेलीफ़ोन' योजना

P

Pace of work	कार्य की रफ़्तार
Package deal	इकमुश्त सौदा
Package programme	पैकेज कार्यक्रम
Page—for perusal and orders please	कृपया पृष्ठ—देखें और आदेश दें
Page reference	पृष्ठ का हवाला
Pages consequently numbered	क्रमवर्ती संख्यांक पड़े हुए पृष्ठ
Pagination has not been done correctly	पृष्ठ संख्या ठीक नहीं डाली गई है
Paid and cancelled	भुगतान किया और रद्द किया
Paid by transfer	अन्तरण द्वारा भुगतान
Paid employee	वेतन पाने वाला कर्मचारी
Paid employment	सवेतन नियोजन
Paid holidays	सवेतन अवकाश दिन
Paid in advance	अग्रिम रूप से संदत्त
Paid in cash	नकद दिया गया
Paid in my presence	मेरे सामने चुकाया
Paid in priority	प्राथमिकता देकर चुकाया गया
Paid off	भुगतान कर दिया गया
Paid out of fund	निधि से दिया गया
Paid up capital	समादत्त पूंजी
Paid up holiday	समादत्त धृति
Paid up value	प्रदत्त मूल्य
Pains and suffering	पीड़ा और यातना
Pains to take particular	विशेष कष्ट उठाना
Panel of experts	विशेषज्ञों का पैनल
Panel of names	नाम सूची/नामिका
Paper for disposal	निपटाने के लिए कागज
Papers are placed below	काग़ज नीचे रखे हैं
Papers are sent herewith	काग़जपत्र इसके साथ भेज रहे हैं
Papers at once	कागज फ़ौरन पेश करें

Papers do not appear to have been received	ऐसा प्रतीत नहीं होता कि कागज प्राप्त हुए हैं
Papers have been amalgamated	कागज मिला लिए गए हैं
Papers may be passed on to	कागज —को भेज दिये जाएँ
Papers please	कृपया कागज पेश करें
Papers put up as desired	निदेशानुसार कागज प्रस्तुत हैं
Papers submitted	कागज प्रस्तुत हैं
Papers under consideration (P.U.C.)	विचाराधीन पत्र (वि० का०)
Paper transaction	कागजी लेनदेन
Parallel case	समान मामला
Paramount consideration	सर्वोपरि ध्यान
Par at	सममूल्य पर
Par avion	हवाई डाक से
Parent cadre	मूल काडर
Parent department	मूल विभाग
Par excellence	उत्कृष्ट, श्रेष्ठ
Pari passu	के साथ-साथ
Parity principle	समता सिद्धान्त
Parity rate	समता दर
Parliamentary affairs	संसदीय मामले
Parliamentary committee	संसदीय समिति
Parliamentary constituency	संसदीय निर्वाचन-क्षेत्र
Parliamentary democracy	संसदीय लोकतंत्र
Parliamentary proceedings	संसदीय कार्यवाहियाँ
Parliamentary secretary	संसदीय सचिव
Parol, by	मौखिक रूप से
Part file	खंड फाइल
Partial implementation	आंशिक क्रियान्वयन
Partial loss	आंशिक हानि
Partially exempt	आंशिक छूट-प्राप्त
Partial modification	आंशिक संशोधन
Partial payment	आंशिक भुगतान/अदायगी
Partial ratification	आंशिक अनुसमर्थन

Partial strike	आंशिक हड़ताल
Particular class of persons	विशिष्ट वर्ग के लोग
Particular, in	विशेष रूप से, विशेषतः
Particular instance	विशिष्ट उदाहरण
Particular person call	उद्दिष्ट व्यक्ति काल
Particulars, give	विवरण दें
Particulars, with full	पूरे विवरण/ब्यौरे सहित
Parties concerned	संबंधित पक्षकार
Part, in	अंशतः
Partly in order	अंशतः ठीक
Partner in—	—में भागीदार
Partnership deed	भागीदारी विलेख
Part of, forming	का भागरूप
Part owner	भागिक मालिक
Part payment	आंशिक भुगतान/अदायगी
Part payment, in	भाग का संदाय
Part performance	भागिक फलन
Part time employment	अंशकालिक रोज़गार
Part with	अलग करना, अलग होना
Part with the possession	कब्जे से अलग कर देना
Party in fault	वह पक्ष, जिसका कसूर है
Party in person	स्वयं पक्षकार
Party in possession	कब्जा रखने वाला पक्षकार
Party-in-power	सत्तारूढ़ दल
Party prosecuting suit	वाद चलाने वाला पक्षकार
Party, third	तृतीय पक्षकार
Party to a submission	निवेदन का पक्षकार
Party to a suit	वाद का पक्षकार
Party to the proceeding	कार्यवाही का पक्षकार
Par value	सम मूल्य
Passage, common	सामान्य मार्ग
Passage from this book	इस पुस्तक का उद्धरण
Pass-book	पास बुक
Pass down	निकलना

Passed before a final order	अन्तिम आदेश पारित किए जाने से पूर्व
Passed for payment	भुगतान के लिए स्वीकृत/पास किया
Passed for Rs.	—रुपये मंजूर किए गए
Passes, interest	हित का संक्रमण होता है
Passing of	पारण/पारित होना
Passing of a bill	विधेयक पारित होना
Passing off	चला देना
Passing out parade	समापन परेड
Passing phase	अस्थायी अवस्था
Passive resistance	निष्क्रिय प्रतिरोध
Pass judgement	निर्णय देना
Pass on	आगे बढ़ना
Pass order	आदेश देना
Passport office	पासपोर्ट कार्यालय
Pass sentence	दण्डादेश देना
Pass through	में से होकर गुजरना
Past and current prices	पिछली और अभी की कीमतें
Past command	भूतपूर्व समादेश
Past member	पूर्व सदस्य
Past precedents	पूर्व उदाहरण
Past relations	भूतपूर्व संबंध
Past service	पूर्व सेवा, पिछली नौकरी
Patch work	छुटपुट काम
Patent error	प्रत्यक्ष गलती
Patent office	पेटेन्ट कार्यालय
Paternal land	पैतृक भूमि
Patron-in-chief	मुख्य संरक्षक
Pattern, cropping	फसल क्रम
Pattern of assistance	सहायता का स्वरूप
Paucity of finance	वित्त की कमी
Pauper appeals	अकिंचन अपीलें
Pauper suit	अकिंचन वाद
Payable on demand	माँग पर देय
Payable to/at	को/पर देय

Payable to bearer	वाहक देय
Payable to order	आदेशानुसार देय
Pay adequate attention	यथेष्ट ध्यान देना
Pay day	वेतन दिन
Pay, duly	सम्यक् रूप से देना
Payment is good	संदाय प्रभावी है
Pay roll	वेतन पत्रक/चिट्ठा
Pay, substantive	अधिष्ठायी वेतन
Pay to—	—को अदा करना/करो
Peace and good govt.	शांति और सुशासन
Peace conference	शांति सम्मेलन
Peaceful agitation	शांतिपूर्ण आंदोलन
Peaceful co-existence	शांतिपूर्ण सह-अस्तित्व
Peaceful conduct	शांतिमय आचरण
Peaceful picketing	शांतिपूर्ण धरना
Peace, public	लोकशांति
Peace, the	परिशांति
Peacetime economy	शांतिकालीन अर्थव्यवस्था
Peak period	व्यस्ततम समय
Pecuniary interest	आर्थिक हित
Pecuniary jurisdiction	धनसंबंधी अधिकारिता
Pecuniary liability	धनसंबंधी दायित्व
Pecuniary loss	धनीय हानि
Pecuniary penalty	धनसंबंधी शास्ति
Pecuniary resources	धनसंबंधी साधन
Pecuniary reward	धनसंबंधी इनाम
Penal code	दंड संहिता
Penal interest	दंडस्वरूप ब्याज
Penal law	दंड विधि
Penal rent	दंडस्वरूप किराया
Penal servitude	सपरिश्रम कारावास
Penalty for contravention of certain orders	कुछ आदेशों के उल्लंघन के लिए दंड
Penalty or punishment	शास्ति या दंड

Penalty rent	दंडस्वरूप किराया
Penalty stipulated for	अनुबद्ध शास्ति
Pen-cum-tool down strike	'कलम औजार बंद' हड़ताल
Pendency of a case	मामले का लंबित होना
Pending adjustments	समायोजन होने तक
Pending cases	लंबित/विचाराधीन मामले
Pending clearance	निकासी होने तक
Pending conclusion of enquiry	जाँच समाप्त होने तक
Pending confirmation	पुष्टि होने तक
Pending decision	निर्णय होने तक
Pending disposal of	निपटान होने तक
Pending orders of the govt.	शासन के आदेश होने तक
Pending receipts	—के प्राप्त होने तक
Pending the conclusion of enqiury	जाँच समाप्ति होने तक
Pending till the decision is taken on the file	फ़ाइल पर निर्णय होने तक इसे रोकें
Pen down strike	कलम रोको हड़ताल
Pensionable service	पेंशनी सेवा, पेंशन वाली सेवा
Pensionary benefits	पेंशनिक फायदे
Pensionary charges	पेंशन-संबंधी प्रभार
Pension card	पेंशन कार्ड
Pension payment order	पेंशन अदायगी आदेश
Pension rules, liberalised	उदारीकृत पेंशन नियम
Penultimate paragraph of the note	टिप्पणी का अन्तिम से पहला/उपान्त्य पैरा
Peon book	पियन बुक
Per annum	प्रति वर्ष, सालाना
Per bearer	पत्रवाहक द्वारा, दस्ती
Per capita income	प्रति व्यक्ति आय
Per cent	प्रतिशत, फीसदी
Percentage increase	प्रतिशतता वृद्धि
Per contra	समानान्तर स्तम्भ में
Per contra credit	दूसरी ओर जमा

Per diem — प्रतिदिन
Per diem of absence — ग़ैरहाजिरी की अवधि
Peremptory summons — बाध्यकारी समन
Performance increased — काम में सुधार हुआ
Performance in public — सार्वजनिक रूप से प्रस्तुत करना
Performance of an act — कार्य करना
Performance of conditions — शर्तों का पालन
Performance of duties — कर्त्तव्यों का अनुपालन
Performance of functions — कृत्यों का पालन
Performance of promise — वचन का पालन
Performance of service — सेवा करना
Performance register — निष्पादन रजिस्टर
Performed specifically — पालन विनिर्दिष्टतः किया गया
Performing condition, acceptance by — शर्तों के पालन द्वारा प्रतिग्रहण
Perform the duties — कर्त्तव्यों का पालन करना
Perform the obligations — बाध्यताओं को पूरा करना
Perform the work in public — उस कृति को सार्वजनिक रूप से प्रस्तुत करना
Peril of life — जीवन को जोखिम
Peripheral area — उपांत क्षेत्र
Period begins to run — काल चलना प्रारंभ होता है
Period ending — को समाप्त होने वाली अवधि
Periodical audit — आवधिक लेखा-परीक्षा
Periodical blocks — नियतकालिक खंड
Periodical check — आवधिक जाँच, समय-समय पर पड़ताल
Periodical inspection — नियतकालिक निरीक्षण
Periodical valuation — नियतकालिक मूल्यांकन
Periodical verification — नियतकालिक सत्यापन
Periodic report — आवधिक रिपोर्ट
Periodic review — आवधिक समीक्षा
Period of apprenticeship — शिक्षुता की अवधि
Period of dissolution — विघटन की अवधि

Period of limitation परिसीमन-अवधि
Period of overstay अतिवास की कालावधि
Period of service सेवाकाल
Period of suspension निलम्बन की अवधि
Period of time समय की अवधि
Period under review समीक्षाधीन अवधि
Perishable nature शीघ्रनाशी प्रकृति
Permanent address स्थायी पता
Permanent advance स्थायी अग्रिम
Permanent appointment स्थायी नियुक्ति
Permanent dwelling स्थायी निवास
Permanent home स्थायी निवास
Permanent lessee स्थायी पट्टेदार
Permanently settled स्थायी रूप से बन्दोबस्त किया हुआ
Permanently useless स्थायी रूप से बेकार
Permanent post स्थायी पद
Permanent recognition स्थायी मान्यता
Permanent sense of grudge असंतोष की स्थायी भावना
Permanent settlement स्थायी बंदोबस्त
Permanent tenant स्थायी कृषक
Permanent use स्थायी उपयोग
Permanent works स्थायी संकर्म
Per mensem मासिक, प्रतिमास
Permissible limit अनुज्ञेय सीमा
Permissible maximum अनुज्ञेय अधिकतम
Permissible quota अनुज्ञेय कोटा
Permission in writing लिखित अनुज्ञा/अनुमति
Permission to prefix and suffix पहले और बाद में जोड़ने की अनुमति
Permit card अनुज्ञापत्र, परमिट कार्ड
Permit holder अनुज्ञा/परमिटधारी
Permit, issue of अनुज्ञापत्र देना
Permitted, cannot be अनुमति नहीं दी जा सकती
Perpetual lease शाश्वत पट्टा
Perpetual settlement शाश्वत बंदोबस्त

Perpetual succession	1. शाश्वत/स्थाया उत्तराधिकार 2. निरन्तर क्रम
Perpetuate the memory	स्मृति कायम रखना
Perpetuity, transfer in	शाश्वत रूप में अन्तरण
Per se	स्वतः
Persistently make default	बार-बार व्यतिक्रम करना
Persistent negligence	लगातार उपेक्षा
Persisting in refusal	इन्कार पर डटा रहना
Person accountable	देनदार/जिम्मेदार व्यक्ति
Person accused	अभियुक्त व्यक्ति
Person acquitted	दोषमुक्त व्यक्ति
Person aggrieved	व्यथित व्यक्ति
Personal action	वैयक्तिक कार्य
Person alleging himself to be the owner	अपने को स्वामी अधिकथित करने वाला व्यक्ति
Personal appearance	स्वयं अपनी हाजिरी
Personal attention is required	व्यक्तिगत से ध्यान देना आवश्यक है
Personal bond	मुचलका, बंधपत्र
Personal capacity, in	व्यक्तिगत रूप से
Personal correction	शारीरिक सजा
Personal deposit account	व्यक्तिगत जमा लेखा
Personal effects	निजी सामान/निजी प्रभाव
Personal file	वैयक्तिक फ़ाइल
Personal ground	वैयक्तिक आधार
Personal hearing	व्यक्तिगत सुनवाई
Personal injury	शारीरिक क्षति
Personal interview	वैयक्तिक साक्षात्कार
Personality test	व्यक्तित्व-परीक्षण
Personally liable	वैयक्तिक रूप से संदायी
Personally work for gain	अधिलाभ के लिए स्वयं काम करना
Personal pay	वैयक्तिक वेतन
Personal quality	वैयक्तिक गुण
Personal remark	व्यक्तिगत आक्षेप
Personal representative	निजी प्रतिनिधि

Personal service	व्यक्तिगत सेवा
Personal use	व्यक्तिगत उपयोग
Persona non grata	अवांछित व्यक्ति
Person claiming under him	उसके अधीन दावा करने वाला व्यक्ति
Person competent to act on his behalf	उसकी ओर से कार्य करने के लिए सक्षम व्यक्ति
Person convicted	दोषसिद्ध व्यक्ति
Person dealing	व्यवहार करने वाला व्यक्ति
Person empowered	सशक्त व्यक्ति
Person having better title	बेहतर हक़ रखने वाला व्यक्ति
Person having dealings with—	—से लेनदेन रखने वाला व्यक्ति
Person, in	स्वयं
Person in question	संबद्ध व्यक्ति
Person, may appear in	स्वयं हाजिर हो सकता है
Personnel administration	कार्मिक अधिकारी
Personnel Officer	कार्मिक अधिकारी
Personnel policy	कार्मिक नीति
Persuasive force	आग्रह-बल
Pertaining to	से सम्बद्ध, के संबंध में
Pertinent matters	सम्बद्ध बातें
Perusal, for	अवलोकनार्थ
Petition for mercy	दया याचिका
Petition of appeal	अपील की अर्जी
Petition retating to—	—से संबंधित अपील
Petty cash receipts	खुदरा रोकड़ रसीदें
Petty construction	छोटे-मोटे निर्माण
Petty time-barred claim	मियाद के बाद आया हुआ छोटा-मोटा दावा
Physical ability test	शारीरिक योग्यता परीक्षण
Physical check	1. शारीरिक जांच 2. वस्तुगत पड़ताल
Physical comfort	शारीरिक सुख
Physical condition	शारीरिक स्थिति

Physical feature	1. भौतिक विशेषता 2. शारीरिक आकृति
Physical fitness	शारीरिक स्वस्थता
Physical fitness certificate	शारीरिक स्वस्थता प्रमाणपत्र
Physically fit	शरीर से स्वस्थ
Physically handicapped	विकलांग
Physical verification of stock	स्टाक का वास्तविक सत्यापन
Picking up well	काम अच्छी तरह सीख रहे हैं
Pick up well	काम अच्छी तरह सीखना
Piece and bonus plan	उजरत और लाभांश योजना
Piecemeal planning	खंडश: आयोजन
Piece-rate basis, on	मात्रानुपाती दर पर
Piece work	उजरती काम
Piece worker	उजरती कामगार
Pilot project	प्रायोगिक परियोजना
Pilot studies	आरम्भिक अध्ययन
Pilot survey	प्रायोगिक सर्वेक्षण
Pin-drop silence	1. चुप्पी 2. पूर्ण शांति/नीरवता
Pious obligation	पुनीत कर्त्तव्य
Placed at the disposal of	—को सौंपा गया, —को सुलभ कराया गया
Placed below	नीचे रखा
Placed under suspension	निलम्बित किया गया
Place him under suspension	उसे निलम्बित कीजिए
Place of birth	जन्म स्थान
Place of business	व्यापार-स्थल
Place of confinement	परिरोध स्थान
Place of departure	प्रस्थान का स्थान
Place of occurrence	घटना-स्थल
Place of public entertainment	सार्वजनिक मनोरंजन स्थल
Place of registration	रजिस्ट्रीकरण का स्थान
Place of residence	निवास स्थान
Place of safety	सुरक्षित स्थान

Place on file	फ़ाइल पर रखें
Place order	आदेश भेजिए/दीजिए
Place under suspension	निलम्बन करना
Placing of limitation	मर्यादाओं का लगाया जाना
Plain clothed	बिना वर्दी, सादी पोशाक में
Plain language	सरल भाषा
Plain speaking	स्पष्टवादी
Plaintiff failed to appear	वादी उपस्थित नहीं हुआ
Plan expenditure	योजना व्यय
Planned development	योजनाबद्ध विकास
Planned economy	योजनाबद्ध अर्थव्यवस्था
Planned family	नियोजित परिवार
Planning and method	आयोजना और पद्धति
Planning commission	योजना आयोग
Plea advanced by him	उसके द्वारा प्रस्तुत तर्क
Plead guilty	अपराध स्वीकार करना
Plea of guilty	दोषी होने का अभिवचन
Pleasant manners	प्रिय बर्ताव
Pleasant to deal with	उसके साथ काम करने में प्रसन्नता है
Please acknowledge receipt	कृपया पावती भेजिए
Please adduce evidence	कृपया साक्ष्य प्रस्तुत कीजिए
Please advise	कृपया सलाह दें
Please advise all concerned	कृपया सर्वसंबंधित को सूचित करें
Please appear in person	कृपया स्वयं उपस्थित हों
Please arrange to spare Shri— at the earliest	कृपया श्री—को यथाशीघ्र भारमुक्त करने का प्रबंध करें
Please bring	कृपया लाइए
Please call for	कृपया बुला लें
Please carryout the orders	कृपया आदेशों का पालन करें
Please check up	कृपया जाँच करें
Please circulate and file	कृपया घुमाकर फ़ाइल करें
Please comply before due date	समय से पहले इसका पालन किया जाए
Please confirm	कृपया पुष्टि करें
Please discuss	चर्चा कीजिए, कृपया चर्चा करें

Please do the needful	कृपया उचित कार्रवाई करें
Pleased to withdraw	वापस लेते हैं
Please examine	कृपया जाँच कीजिए
Please expedite	कृपया शीघ्र निबटाइए
Please expedite compliance	कृपया शीघ्र अनुपालन कीजिए
Please expedite return of the file	कृपया इस फ़ाइल को शीघ्र लौटाएँ
Please explain	कृपया स्पष्ट करें
Please fix the date and time of the meeting	कृपया बैठक की तारीख और समय नियत करें
Please frame charge sheet with statement of facts	तथ्यों के विवरण के साथ आरोपपत्र तैयार कीजिए
Please give priority to—	—को प्राथमिकता दीजिए
Please hand over charge	कार्यभार सौंप दीजिए
Please inform accordingly	तद्नुसार सूचित कर दें
Please instruct	कृपया हिदायत दें
Please investigate and report	कृपया जाँच करके रिपोर्ट दें
Please issue the D.O.	अर्धशासकीय पत्र भेजिए
Please issue reminder	कृपया अनुस्मारक भेजें
Please make a special note of this decision	कृपया इस निर्णय को विशेष रूप से नोट कर लीजिए
Please note down on the notice board	कृपया नोटिस बोर्ड पर लिख दें
Please note in the register	रजिस्टर में कृपया नोट करें
Please obtain on personal contact	कृपया व्यक्तिगत सम्पर्क स्थापित करके प्राप्त कीजिए
Please obtain the explanation	कृपया जवाब-तलब करें
Please prepare precis of the case	मामले की संक्षेपिका तैयार कीजिए
Please put up	प्रस्तुत कीजिए
Please put up a self-contained note	कृपया स्वतःपूर्ण टिप्पणी प्रस्तुत कीजिए
Please put up case file	मामले की फ़ाइल प्रस्तुत कीजिए
Please put up draft reply	कृपया उत्तर का मसौदा पेश करें

Please put up papers early	कृपया जल्दी कागज प्रस्तुत करें
Please put up precedent	पूर्व-उदाहरण प्रस्तुत कीजिए
Please put up with previous papers	पूर्व पत्रों के साथ प्रस्तुत कीजिए, कृपया इसे पिछले कागजों के साथ प्रस्तुत करें
Please quote authority	प्राधिकार प्रस्तुत कीजिए
Please recast draft as discussed	विचार-विमर्श के अनुसार मसौदे में परिवर्तन करें
Please reconcile the discrepancy in the entries	कृपया प्रविष्टियों की असंगतियाँ ठीक कीजिए
Please refer to this office memo. under reference	इस कार्यालय का निर्देशित ज्ञापन देखिए
Please reply by return and oblige	कृपया लौटती डाक से उत्तर देकर अनुगृहीत करें
Please reply forthwith	कृपया अविलम्ब भेजिए
Please see overleaf	कृपया पिछला पृष्ठ देखें
Please see the preceding notes	कृपया पिछली टिप्पणियाँ देख लें
Please see the undersigned	कृपया हस्ताक्षरकर्त्ता से मिलिए
Please send a copy of your letter	कृपया अपने पत्र की प्रतिलिपि भेजें
Please send alternative proposals	कृपया वैकल्पिक प्रस्ताव भेजिए
Please sign the certificate below	कृपया नीचे रखे प्रमाण-पत्र हस्ताक्षर कर दें
Please speak	बात कीजिए, कृपया मिलें
Please state definite reasons	निश्चित कारण बतलाइए
Please state for the information of the Govt.	सरकार की जानकारी के लिए कृपया बतलाइए
Please submit explanation on or before	कृपया अपना जवाब—को या इससे पहले दें
Please submit preliminary report	प्रारंभिक रिपोर्ट प्रस्तुत कीजिए
Please submit without further delay	कृपया अविलम्ब प्रस्तुत करें

Please take delivery	(पार्सल) छुड़ा लीजिए
Please take special note of—	—पर विशेष रूप से ध्यान दीजिए
Please take suitable measures	कृपया उचित कार्रवाई कीजिए
Please treat as most urgent	इसे अत्यन्त आवश्यक समझें
Please treat this as strictly confidential	इसे सर्वथा गोपनीय समझिए
Please turn over	कृपया पृष्ठ उलटें
Please verify	कृपया जाँच पड़ताल करें, कृपया सत्यापन करें
Plea taken by the employee is not acceptable	कर्मचारी द्वारा दिया गया तर्क मान्य नहीं है
Pledged as security	प्रतिभूति के रूप में गिरवी रखी गई
Plenary session	पूर्ण अधिवेशन
Plus and minus amendments	धन-ऋण संशोधन
Plus and minus memoranda	धन-ऋण ज्ञापन
Point at issue	विचारणीय प्रश्न, वाद प्रश्न
Point for determination	अवधारण के लिए प्रश्न
Point of fact	तथ्य की बात
Point of law	विधि की बात
Point of order	व्यवस्था-प्रश्न
Point of view	दृष्टिकोण
Points of dispute	विवाद के मुद्दे
Points of substance	सार की बात
Points raised in—	—में उठाए गए मुद्दे
Point to point adjustment	बिन्दुवार समायोजन
Police action	पुलिस कार्रवाई
Police custody	पुलिस की हिरासत
Police force	पुलिस बल/दल
Police grid system	पुलिस ग्रिड व्यवस्था
Police investigation	पुलिस अन्वेषण
Police relief fund	पुलिस राहत कोष
Police report	पुलिस रिपोर्ट
Police station	पुलिस थाना
Policy, matter of	नीति विषयक मामले

Policy question	नीतिगत प्रश्न
Policy statement	नीतिसंबंधी वक्तव्य
Polished youth	सुसंस्कृत युवक
Polite in manners	व्यवहार में नम्र
Political activity	राजनीतिक क्रियाकलाप
Political agent	राजनीतिक एजेंट/अभिकर्त्ता
Political agitation	राजनीतिक आंदोलन
Political character	राजनीतिक/राजनैतिक स्वरूप
Political development	राजनीतिक गतिविधि/घटनाक्रम
Political manipulation	राजनीतिक जोड़-तोड़
Political party	राजनीतिक दल
Political pressure	राजनीतिक दवाब
Political sufferer	राजनीतिक पीड़ित
Polling booth	मतदान बूथ
Polling centre	मतदान केन्द्र
Poll sh ll be taken	मतदान होगा
Pool staff	पूल कर्मचारी
Popular aspirations	लोक आकांक्षाएँ
Popular front	जनमोर्चा
Popular government	लोकप्रिय सरकार
Population growth	जनसंख्या वृद्धि
Population ratio	जनसंख्या अनुपात
Portion marked 'A'	'क' चिह्नित भाग
Position in life	जीवन में स्थिति
Position of disadvantage	हानिकर स्थिति
Position of management	प्रबंध का पद
Position will ease	स्थिति सुधर जाएगी
Possess commendable group	समझ सराहनीय हैं
Possess considerable drive and initiative	पर्याप्त उपक्रमण और अभिप्रेरणा विद्यमान है
Possession, bonafide	वास्तविक कब्जा
Possession, immediate	तुरन्त कब्जा
Possession, party in	कब्जा रखने वाला पक्षकार

Possessor of the document	दस्तावेज पर कब्जा रखने वाला व्यक्ति
Possible right	संभव अधिकार
Possibility of a like nature	इसी प्रकृति की संभावना
Postal ballot	डाक मतपत्र
Postal certificate	डाक प्रमाणपत्र
Postal copy of the telegram for confirmation	तार की डाक-प्रति पुष्टि के लिए
Post date	आगे की तारीख डालना
Post dated	बाद की तारीख का
Posted in due course	सम्यक् अनुक्रम में डाक में डालना
Posthumous award	मरणोपरांत पुरस्कार
Posting and transfer order	तैनाती और स्थानांतरण आदेश
Posting, station of	तैनाती का स्थान
Post mortem	शव-परीक्षा
Postponed meeting	स्थगित बैठक
Postpone for the present	इस समय स्थगित रखें
Postpone further proceedings	आगे की कार्रवाइयाँ स्थगित
Post remained unfilled for the reason	पद खाली रहने का कारण यह है
Post Script (P.S)	पुनश्च, पश्च लेख
Post senior	ज्येष्ठ पद
Post substantive	अधिष्ठायी/मूल पद
Post supertime scale	अतिकालमान पद
Post tenure	सावधिक पद
Post the item into the register	यह मद रजिस्टर/पंजी में दर्ज कीजिए
Potential in fringement	संभाव्य अतिलंघन
Power house	बिजली घर
Power, in his	उसकी शक्ति में
Power of appointment	नियोजन की शक्ति
Power of attorney	मुख़्तारनामा
Power of procuration	प्राधिकार पत्र
Power of revision	पुनरीक्षण की शक्ति
Power of sanction	मंजूरी देने का अधिकार

Powers, exercise of	अधिकारों का प्रयोग
Powers, vested	निहित अधिकार
Power to acquire land	भूमि अर्जित करने का अधिकार
Power to adopt	दत्तक ग्रहण की शक्ति
Power to assume management	प्रबंध हाथ में लेने का अधिकार
Power to exempt	छूट देने की शक्ति
Power to issue an order	आदेश जारी करने की शक्ति
Power to legislate	विधि बनाने की शक्ति
Power to make regulations	विनियम बनाने की शक्ति
Power to prohibit commission of public nuisance	सार्वजनिक उपद्रव को रोकने की शक्ति
Power to state case	मामला कथन करने की शक्ति
Power to summon	बुलाने की शक्ति
Power to suspend execution of orders	आदेशों के निष्पादन को स्थगित करने की शक्ति
Practicable, as far as	जहाँ तक व्यवहार्य हो, जहाँ तक हो सके
Practical bent of mind	व्यावहारिक बुद्धि
Practical experience	व्यावहारिक अनुभव
Practical measures	क्रियात्मक उपाय
Practical side of the case	मामले का व्यावहारिक पहलू
Practice and procedure	पद्धति और प्रक्रिया
Practice, code of	व्यवहार संहिता
Practice, in	व्यवहार में, व्यवसाय करना
Practice normally prevailing	सामान्यतः प्रचलित प्रथा
Practice of country	देश का चलन
Practise deception	प्रवंचना करना
Praiseworthy and meritorious work	प्रशंसनीय और उत्कृष्ट कार्य
Precarious financial position	अनिश्चित वित्तीय स्थिति
Precautionary measures	पूर्व उपाय, एहतियाती कार्रवाई
Precedence, warrant of	अग्रता अधिपत्र
Precedent interest	पूर्ववर्ती हित
Preceding financial year	गत वित्तीय वर्ष

Preceding notes	पूर्वगामी टिप्पणियाँ
Preceding provisions	पूर्ववर्ती उपबंध
Precepts, legal	विधिक नियम
Precis at flag 'A' explains the point at issue	पताका 'क' पर दी गई संक्षेपिका विशेष प्रश्नों को स्पष्ट करती है
Precise account	यथार्थ विवरण
Precise knowledge	सूक्ष्म ज्ञान
Precisely expressed	ठीक-ठीक अभिव्यक्त
Precise meaning	ठीक-ठीक अर्थ
Precise terms of notice	सूचना के यथावत् शब्द
Predecessor in office	पूर्व पदाधिकारी
Predecessor in title	हक़ का पूर्वाधिकारी
Predecessor's decision	पूर्वाधिकारी का निर्णय
Pre-determined cost	पूर्व-निर्धारित लागत
Pre-eminently deserves promotion	प्रोन्नति के लिए सर्वाधिक योग्य है
Pre-employment training	रोजगार-पूर्व प्रशिक्षण
Prefer a belated claim to the post	किसी पद के लिए देर से दावा करना
Prefer an appeal	अपील करना
Prefer appeal against an order	आदेश के विरुद्ध अपील करना
Preferential payment	अधिमानी संदाय
Preferential right	अधिमानी अधिकार
Preferential treatment	पक्षपातपूर्ण व्यवहार
Prejudice of interest	प्रतिकूल प्रभाव डालना
Prejudice of, to the	प्रतिकूल प्रभाव डालने के लिए
Prejudicially affect	प्रतिकूल प्रभाव डालना
Prejudicial to	के प्रतिकूल, —के लिए हानिकर
Prejudicial to public safety	सार्वजनिक सुरक्षा के लिए हानिकर
Preliminary advice	प्रारंभिक कलह
Preliminary decree	प्रारंभिक डिक्री
Preliminary estimates	प्रारंभिक अनुमान
Preliminary inquiry	प्रारंभिक जाँच
Preliminary measures	प्रारंभिक उपाय

Preliminary report	प्रारंभिक रिपोर्ट/प्रतिवेदन
Premature death	असमय निधन, अकाल मृत्यु
Premature discovery	समयपूर्व प्रकटीकरण
Premature retirement	समयपूर्व सेवा-निवृत्ति
Premature termination	समय-पूर्व समाप्ति
Prepage, from	पिछले पृष्ठ से
Prepaid charges	पूर्वदत्त प्रभार
Preparation of feasibility report	साध्यता रिपोर्ट तैयार करना
Preparation of working plan	कार्यकारी योजना तैयार करना
Preparatory to retirement	रिटायर होने/सेवानिवृत्ति से पहले
Preparatory work	प्रारंभिक कार्य, तैयारी
Pre-partition claims	विभाजन से पहले के दावे
Pre-planned action	पूर्व-आयोजित कार्रवाई
Pre-receipted bill	रसीद सहित बिल
Prerogation of mercy	दया का परम अधिकार
Prerogative writs, high	उच्च परमाधिकार रिट
Prescribed arrangement	विहित इन्तजाम
Prescribed by law	विधि द्वारा विहित
Prescribed form	विहित/निर्धारित फ़ार्म
Prescribed manner	विहित रीति
Prescribe person	विहित व्यक्ति
Prescribe standard	विहित मान
Presence and hearing, in the	उपस्थिति में और सुनते हुए
Present an appeal	अपील पेश करना
Present his case	अपना पक्ष कथन प्रस्तुत करना
Presentation of appeal	अपील को प्रस्तुत करना
Presentation of bill	विधेयक प्रस्तुत करना, बिल पेश करना
Present position	वर्तमान स्थिति
Present possession	वर्तमान कब्जा
Preservation of order	व्यवस्था बनाए रखना
Preservation of records	रिकार्ड का परिरक्षण
Preservative treatment	परिरक्षणात्मक उपचार

Preserve order	व्यवस्था बनाए रखना
Preserve peace	शान्ति बनाए रखना
Presided over the meeting	बैठक की अध्यक्षता की
Presidential address	अध्यक्षीय भाषण
Presidential election	राष्ट्रपति का चुनाव
President is pleased	राष्ट्रपति अपने प्रसाद से
President's assent	राष्ट्रपति की अनुमति
President's proclamation	राष्ट्रपति की उद्घोषणा
Presiding officer	पीठासीन अधिकारी
Press a claim	दावे पर जोर देना
Press and platform	समाचार-पत्र और सभा
Press communique	प्रेस-विज्ञप्ति
Press conference	पत्रकार सम्मेलन
Press copy	प्रेस कापी/प्रति
Press correspondent	प्रेस-संवाददाता
Press handout	प्रेस-पत्रक
Press matter	प्रेस-सामग्री
Press note	प्रेस नोट
Press party	पत्रकार दल
Press reaction	समाचार-पत्र/पत्र-प्रतिक्रिया
Press release	प्रेस रिलीज
Press report.	प्रेस रिपोर्ट
Press reporter	संवाददाता
Press representative	पत्र-प्रतिनिधि
Press room	प्रेस-रूम, पत्रकार-कक्ष
Pressure of work	काम का बोझ/दवाब
Presume, may	उपधारण कर सकेगा
Presumption is confirmed	धारणा की पुष्टि की जाती है
Presumption is correct	धारणा ठीक है
Presumption of fact	तथ्य की उपधारणा
Presumption of law	विधि की उपधारणा
Presumptive pay	प्रकल्पित वेतन
Presupposed reason	पूर्वकल्पित कारण
Prevailing circumstances	विद्यमान परिस्थितियाँ

Prevailing conditions	विद्यमान दशाएँ
Prevention of crime	अपराध का निवारण
Prevention of harm	अपहानि का निवारण
Prevention of shortage	कमी को रोकना
Preventive detention	निवारक नजरबन्दी
Preventive measure	निवारक उपाय
Preventive service	निवारक सेवा
Prevent offences	अपराधों का निवारण करना
Previous and later references	पिछले और बाद के हवाले
Previous acquittal	पूर्व दोष मुक्ति
Previous application	पूर्वतन आवेदन
Previous approval	पूर्व अनुमोदन
Previous authority	पूर्व प्राधिकार
Previous conduct	पहले का आचरण
Previous consent	पूर्व सम्मति/सहमति
Previous occasion	पूर्व अवसर
Previous order	पूर्वतन आदेश
Previous papers of the case	कृपया पिछले कागज़ भेजें
Previous papers put up as desired	निर्देशानुसार पिछले कागज पेश हैं
Previous recommendation	पूर्व सिफारिश
Previous sanction	पूर्व मंजूरी
Previous sanction is necessary	पूर्व मंजूरी आवश्यक है
Previous service	पिछली सेवा
Previous statement	पूर्वतन कथन
Previous station	पिछला पद-स्थान
Previous year	पिछला/गत वर्ष
Price, at any	1. किसी भी हालत में 2. किसी भी मूल्य पर
Price control	मूल्य नियंत्रण
Priced publication	समूल्य प्रकाशन
Price list	मूल्य सूची
Prima facie	प्रथम दृष्टि में, प्रत्यक्षतः
Prima facie evidence	प्रथम दृष्ट्या साक्ष्य

Prima facie proof	प्रथम दृष्टि में सबूत
Primarily concerned with	प्रथमतः संबंधित
Primary education	प्राथमिक शिक्षा
Primary evidence	प्राथमिक साक्ष्य
Primary health centre	प्राथमिक स्वास्थ्य केन्द्र
Primary meaning	मुख्य अर्थ
Primary object	मुख्य/मूल उद्देश्य
Primary quality	उत्तम गुण
Primary rule	मुख्य नियम
Principal agent	प्रधान अभिकर्त्ता
Principal court	प्रधान न्यायालय
Principal employer	प्रधान नियोजक
Principal in person	स्वयं मालिक
Principal instrument	मूल लिख़त
Principal object	मुख्य उद्देश्य
Principal officer	प्रधान अधिकारी
Principal place	मुख्य स्थान
Principal seat	मुख्य स्थान
Principal secretary	प्रधान सचिव
Principles for guidance	मार्गदर्शन के सिद्धान्त
Principles, judicial	न्यायिक सिद्धान्त
Principles, legal	विधिक सिद्धान्त
Printed copy	मुद्रित प्रति
Printing and publication	मुद्रण तथा प्रकाशन
Printing and stationery	मुद्रण तथा लेखन सामग्री
Print order	मुद्रण/छपाई आदेश
Prior approval	पूर्व मंजूरी, पूर्व अनुमति
Prior interest	पूर्विक हित
Priority indent	अग्रता मांग-पत्र/इंडेंट
Priority list	अग्रता सूची
Priority marking	अग्रता/प्राथमिकता अंकन
Priority under the law	विधि के अधीन अग्रता
Prior liability	पूर्व दायित्व
Prior sanction	पूर्व मंजूरी

Privacy, intrude upon the	एकांतता का अतिक्रमण करना
Private carrier	निजी वाहन
Private defence, right of	प्राइवेट प्रतिरक्षण का अधिकार
Private enterprise	निजी कम्पनी
Private, in	एकांत में
Private member	गैर सरकारी सदस्य
Private party	प्राइवेट पक्षकार
Private practice	निजी व्यवसाय, प्रैक्टिस
Private premises	प्राइवेट परिसर
Private property	निजी सम्पत्ति
Private right	प्राइवेट अधिकार
Privileged communication	विशेषाधिकार-प्राप्त संसूचना
Privileged person	विशेषाधिकार-प्राप्त व्यक्ति
Privilege leave	रियायती छुट्टी
Privilege motion	विशेषाधिकार प्रस्ताव
Privileges committee	विशेषाधिकार समिति
Privy purse	प्रिवी/निजी पर्स
Privy to	का संसर्गी
Privy to the offence	अपराध से संसर्गित
Prize bond	इनामी बांड
Probable cause	संभावित कारण
Probable cause for believing	विश्वास करने के लिए
Probable consequence	अधिसंभाव्य परिणाम
Probable date of his departure	उसके प्रस्थान की संभावित तारीख
Probationary employee	परिवीक्षाधीन कर्मचारी
Probation of good conduct	सदाचरण की परिवीक्षा
Probation period	परिवीक्षा अवधि
Procedural due process of law	प्रक्रिया-संबंधी सम्यक् विधि व्यवस्था
Procedural matters	प्रक्रियात्मक मामला
Procedural rules	कार्यविधिक नियमावली
Procedure generally	साधारणतया प्रक्रिया
Procedure in general	साधारणतया प्रक्रिया
Procedure laid down	निर्धारित कार्यविधि/प्रक्रिया
Procedure or practice	कार्यवाही या प्रक्रिया

Procedure should be strictly adhered to	कार्य-विधि का कड़ाई से पालन होना चाहिए
Procedure to be adopted	अपनाई जाने वाली प्रक्रिया
Proceeding be stayed	कार्यवाही रोकी जाए
Proceedings of meetings	अधिवेशनों की कार्यवाही
Proceeds of fines	जुर्मानों के आगम
Proceeds of sale	विक्रय के आगम
Proceed, suit shall	वाद आगे चलेगा
Proceed to hear, shall	सुनने के लिए अग्रसर होगा
Proceed to investigate	अन्वेषण के लिए अग्रसर होना
Processing data	आँकड़े प्रक्रमण
Process of counterfeiting	कूटकरण की प्रक्रिया
Process of elimination	निरसन प्रक्रिया
Process of law	विधि-प्रक्रिया
Process the case for settlement	निपटारे के लिए फ़ाइल तैयार करें
Process, under colour of	कार्यवाही के नाम पर
Proclaimed offender	उद्घोषित अपराधी
Proclaimed person	उद्घोषित व्यक्ति
Proclaiming by beat of drum	डोंडी पिटवाकर उद्घोषित करना
Procuring a fit person	योग्य व्यक्ति को प्राप्त करना
Procuring property by fraud	कपट द्वारा संपत्ति प्राप्त करना
Produced as evidence	साक्ष्य के रूप में पेश करना
Produce of land	भूमि की उपज
Producer of programme	कार्यक्रम प्रस्तुत करना
Production capacity	उत्पादन क्षमता
Production of documents	दस्तावेजों को पेश करना
Production of evidence	साक्ष्य पेश करना
Production of produce	उपज को पेश करना
Productivity centre	उत्पादन केन्द्र
Productivity test rate	उत्पादकता परख दर
Professional adviser	वृत्तिक सलाहकार
Professional capacity	वृत्तिक हैसियत
Professional communication	वृत्तिक संसूचना
Professional nature	वृत्तिक स्वरूप

Professional service वृत्तिक सेवा
Proficiency test प्रवीणता परीक्षण
Profitable character लाभदायी स्वरूप
Profit and loss account लाभ-हानि लेखा
Profit, net शुद्ध लाभ
Profit sharing scheme लाभ विभाजन योजना
Profits in lieu of बदले में लाभ
Proforma account कच्चा लेखा
Programme of activities कियाकलापों का कार्यक्रम
Progress is slow प्रगति धीमी है
Progressive development उत्तरोत्तर विकास
Progressive economy प्रगतिशील अर्थव्यवस्था
Progressive total आनुक्रमिक/प्रगामी योग
Progress made in this respect may be reported इस संबंध में होने वाली प्रगति की सूचना दी जाए
Progress report प्रगति प्रतिवेदन
Prohibited area निषिद्ध क्षेत्र
Prohibited by law विधि द्वारा निषिद्ध/प्रतिषिद्ध
Prohibited place विधि द्वारा प्रतिषिद्ध स्थान
Prohibition programme नशाबंदी कार्यक्रम
Prohibitory order निषेधाज्ञा
Project report परियोजना रिपोर्ट
Prolonged default निलम्बित व्यतिक्रम
Prominent position प्रमुख स्थान
Promises, alternative अनुकल्पी वचन
Promises, breach of वचन भंग
Promises of public action लोक कार्यवाही का वचन
Promises of secrecy गुप्त रखने का वचन
Promises, set of वचन संवर्ग
Promises very well काफी होनहार लगते हैं
Promote feelings of enmity शत्रुता की संभावनाएँ प्रवर्तित करना
Promotional activities संवर्धनात्मक क्रियाकलाप
Promotion of public health लोक स्वास्थ्य का संप्रवर्तन
Promotion post पदोन्नति पद

Prompt action	शीघ्र कार्रवाई
Prompt in correspondence	पत्राचार में तत्पर
Prompt in disposal	निबटाव में तत्पर
Pronouncement, authoritative	प्रामाणिक निर्णय
Pronounce opinion	राय सुनाना
Pronouncing an order	आदेश सुनाना
Proof, conclusive	निश्चयात्मक सबूत
Proof, is lacking	प्रमाण/सबूत नहीं है
Proof of claim	दावे का सबूत
Proof of service	तामील का सबूत
Proof of signature	हस्ताक्षर का सबूत
Propaganda work	प्रचार कार्य
Proper accounts	उचित हिसाब/लेखे
Proper and usual enquiry	उचित और सामान्य रूप की जांच
Proper application	उचित उपयोजन
Proper authority	उपयुक्त प्राधिकारी
Proper case	समुचित मामला
Proper channel	उचित मार्ग
Proper custody	उचित अभिरक्षा
Proper footing, on	उचित आधार पर
Proper form	उचित फार्म/रूप
Proper functioning	उचित कार्यकरण
Proper guidance	उचित मार्ग दर्शन
Proper incentive	उचित प्रोत्साहन
Properly appointed	उचित तौर पर नियुक्त
Properly defined	उचित रूप में परिभाषित
Properly drawn up	समुचित रूप से तैयार किया गया
Properly incurred	उचित रूप से उपगत
Proper service, handed to	समुचित सेवा में सौंपा गया
Proper spacing	ठीक तरह से जगह छोड़ना
Property passing upon death	1. रिक्त सम्पत्ति 2. —के मरने के बाद किसी को प्राप्त होने वाली सम्पत्ति
Property return	संपत्ति विवरण

Property returned	संपत्ति लौटाई गई
Property, title in	संपत्ति में हक़
Proportional representation	आनुपातिक प्रतिनिधित्व
Proportionate cost	आनुपातिक लागत
Proportionate distribution	आनुपातिक वितरण
Proposal accepted	प्रस्ताव स्वीकार है
Proposal has been vetted and concurred by	—ने प्रस्ताव देख लिया है और उससे सहमत है
Proposal is in order	प्रस्ताव नियम संगत है
Proposal is self explanatory	प्रस्ताव अपने आप में स्पष्ट है
Proposal lacks justification	प्रस्ताव का औचित्य नहीं है
Proposal, required to be vetted by finance branch	प्रस्ताव पर वित्त शाखा की सहमति जरूरी है
Proposals, if any	प्रस्ताव, यदि कोई हो
Proposal to arrange direct purchase of material is agreed to	सामग्री की सीधी खरीद की व्यवस्था का प्रस्ताव स्वीकार है
Proposal was welcomed	प्रस्ताव का स्वागत किया गया
Proposed action	प्रस्तावित कार्रवाई
Proposed amalgamation	प्रस्तावित एकीकरण
Proposed settlement	1. प्रस्तावित बंदोबस्त 2. प्रस्तावित समझौता
Proposed tour programme	प्रस्तावित दौरा कार्यक्रम
Propose to pass an order	आदेश देने के लिए प्रस्ताव करना
Proprietory rights	स्वामित्व अधिकार, मालिकाना हक़
Propriety of order	आदेश का औचित्य
Pro-rata share	अनुपाततः, आनुपातिक, यथानुपात हिस्सा
Pros and cons	आगा-पीछा
Prosecution witness	अभियोजन गवाह
Prospect, election in	भावी निर्वाचन
Prospecting for	के लिए पूर्वेक्षण
Prospective candidate	भावी अभ्यर्थी
Protected area	संरक्षित क्षेत्र

Protected forest — संरक्षित वन
Protection given to minorities — अल्पसंख्यकों को दिया गया संरक्षण
Protection of action — कार्रवाई के लिए संरक्षण
Protection of title — हक़ का संरक्षण
Protect the interest — हित का संरक्षण
Protest note — विरोध-पत्र
Protest, under — अभि-आपत्तिपूर्वक
Proved misbehaviour — सिद्ध/साबित कदाचार
Proved, not — साबित नहीं हुआ
Prove of immediate help — बहुत बड़ा सहायक सिद्ध होना
Prove useful — उपयोगी सिद्ध होना
Provided always that — परन्तु सदा ही यह कि
Provided, as — यथा उपबंधित
Provided further that — परन्तु यह और कि
Provided that — परन्तु यह तब जब कि
Provided that nothing in this clause shall construed as — परन्तु इस खंड की किसी बात का यह अर्थ नहीं किया जाएगा कि
Provisional agenda — अनन्तिम कार्यसूची/एजेंडा
Provisional certificate — तात्कालिक प्रमाणपत्र
Provisional estimates — अनन्तिम प्राक्कलन/अनुमान
Provisional list — अस्थायी सूची
Provisional order — अस्थायी आदेश
Provisional receipt — कच्ची रसीद
Provisional recognition — अस्थायी मान्यता
Provision for exclusion — अपवर्जन के लिए उपबंध
Provision in budget — बजट में व्यवस्था
Provision of revenue — राजस्व का उपबंध
Provisions of the rule — नियम के उपबंध
Provisions shall apply mutatis mutandis to — उपबंध यथोचित परिवर्तन सहित—पर लागू होंगे
Provision to roster for all recruitment and promotion categories — सभी भर्ती और पदोन्नति वाली कोटियों के लिए रोस्टर व्यवस्था
Proviso to this rule — इस नियम का परन्तुक

Provocation, grave and sudden	गंभीर और अचानक प्रकोपन
Proximo	आगामी मास की
Psychological effect	मनोवैज्ञानिक प्रभाव
Public accounts	लोक लेखा
Public Accounts Committee	लोक लेखा समिति
Public action	लोक कार्रवाई
Public address	सार्वजनिक भाषण
Public announcement	सार्वजनिक घोषणा/एलान
Public auction	सार्वजनिक नीलामी
Public body	लोक निकाय
Public capacity	सार्वजनिक हैसियत
Public concern	सार्वजनिक संस्था
Public debt	लोक ऋण
Public demand	लोक/सार्वजनिक माँग
Public enters freely	लोग बेरोक-टोक आते हैं
Public expenditure	सरकारी खर्च
Public expense	सरकारी व्यय
Public finance	लोक वित्त
Public function	सार्वजनिक समारोह
Public fund	लोक निधि
Public, general	आम जनता
Public good	लोक-कल्याण
Public has access	जनता की पहुँच है
Public holiday	सार्वजनिक छुट्टी/अवकाश
Public interest	लोक/जन-हित
Public, make	लोक विदित करना
Public matter	लोक विषय
Public meeting	आम सभा
Public nature	लोक प्रकृति
Public notice	सार्वजनिक सूचना
Public notification	सार्वजनिक अधिसूचना
Public opinion	लोक मत, जनमत
Public policy	लोक-नीति
Public property	सार्वजनिक सम्पत्ति

Public relations	जन-सम्पर्क
Public right	लोक अधिकार
Public safety	लोक सुरक्षा
Public sector	सार्वजनिक-उद्योग क्षेत्र
Public servant	लोक सेवक
Public service	लोक सेवा
Public taste	लोक रुचि
Public undertaking	सरकारी उपक्रम
Public use	सार्वजनिक उपयोगिता
Public utility services	लोकोपयोगी सेवाएँ
Public works	लोक निर्माण
Published data	प्रकाशित आँकड़े
Published for general information	सर्वसाधारण की जानकारी के लिए प्रकाशित
Pull on well	अच्छा सम्बन्ध रखना
Pull up	डाँट-डपट करना, कहना-सुनना
Punctiliousness about rules & regulations	नियमों और विनियमों के बारे में नियमनिष्ठा
Punishable by law	विधि द्वारा दंडनीय
Punishable under section	धारा—के अधीन दण्डनीय
Punishment, inflict	दंड देना
Punitive tax	दण्डात्मक कर
Purchase committee	क्रय समिति
Purchase may be approved	खरीद अनुमोदित कीजिए
Purchase price	क्रय मूल्य
Purchasing power	क्रय-शक्ति
Purely temporary	बिल्कुल अस्थायी
Purporting to be done	किये जाने के लिए अभिप्रेत
Purporting to be made	का होना
Purporting to be written	लिखा हुआ
Purpose of journey	यात्रा का उद्देश्य
Put a draft reply accordingly	तदनुसार उत्तर का मसौदा पेश करें
Put into commission	चालू करें

Put the matter on proper footing	विषय को उचित आधार पर रखना
Put up connected papers	संबंधित कागजपत्र पेश कीजिए
Put up for orders please	आदेश के लिए प्रस्तुत है
Put up notes	टिप्पणी देना
Put up papers immediately	कागज तुरन्त पेश करें
Put up reference	सदर्भ प्रस्तुत करें
Put up requisition	माँग प्रस्तुत करें

Q

Quadruplicate, in	चार प्रतियों में
Qualification chart	अर्हता चार्ट
Qualifications desirable	वांछनीय योग्यताएँ
Qualifications educational	शैक्षणिक योग्यताएँ
Qualifications essential	अनिवार्य योग्यताएँ
Qualifications prescribed	विहित योग्यताएँ
Qualified acceptance	सशर्त स्वीकृति
Qualified candidate	योग्य/अर्हता प्राप्त उम्मीदवार
Qualified for re-appointment	पुनर्नियुक्ति के लिए योग्य/अर्हित
Qualified ownership	सीमित स्वामित्व
Qualified support	सापेक्ष आधार
Qualifying age	अर्हता आयु
Qualifying clause	विशेषक खण्ड
Qualifying date	अर्हता की तारीख
Qualifying examination	अर्हकारी परीक्षा
Qualifying marks	अर्हक अंक
Qualifying premium	अर्हक प्रीमियम
Qualifying service	विशिष्ट सेवा
Quality control	गुणवत्ता नियंत्रण
Quality marking	कोटि-अंकन

Quality, personal	वैयक्तिक गुण
Quality, satisfactory	कार्यगुण संतोषजनक
Quantity and quality checked by—	—ने मात्रा और प्रकार की जाँच की
Quantum of	की मात्रा
Quantum of remuneration	पारिश्रमिक की मात्रा
Quarantine leave	संगरोध छुट्टी
Quarterly instalment	त्रैमासिक/तिमाही किस्त
Quarterly report	तिमाही/त्रैमासिक रिपोर्ट
Quarterly return	तिमाही/त्रैमासिक विवरण
Quarterly statement	त्रैमासिक विवरण
Quash the proceeding	कार्यवाही रद्द करें
Quash the order issued	जारी किये गये आदेश को रद्द किया जाए
Quasi-judicial	अर्ध न्यायिक
Quasi-permanency	स्थायिवत्ता
Quasi-permanent	स्थायीवत्, अर्ध स्थायी
Querry has been raised	प्रश्न उठाया गया है
Questionable antecedents	संदिग्ध पूर्ववृत्त
Questionable conduct	संदेहात्मक आचरण
Questionable tactics	आपत्तिजनक चालें, संदिग्ध चालें
Question be now put	अब प्रश्न रखा जाए
Question does not arise	प्रश्न नहीं उठता
Question hour	प्रश्न-काल
Question, in	प्रश्नाधीन
Question in dispute	विवादग्रस्त प्रश्न
Question in issue	विवाद्य प्रश्न
Question mark	प्रश्न चिह्न
Question, matters in	प्रश्नगत विषय, विवाद्य मामले
Questionnaire has been framed	प्रश्नावली तैयार कर ली गई है
Questionnaire may kindly be returned duly filled	कृपया प्रश्नावली को विधिवत् भरकर लौटा दें
Question of fact	तथ्य संबंधी प्रश्न

Question of law	विधि का प्रश्न
Question of mixed law and fact	विधि और तथ्य मिश्रित प्रश्न
Question of procedure	प्रक्रिया सम्बन्धी प्रश्न
Question of propriety	औचित्य का प्रश्न
Question, out of the	असंगत, असंभव, विषयातीत अविचारणीय
Question raised by	—द्वारा उठाया गया प्रश्न
Questions and answers	प्रश्नोत्तर
Question shall be referred to—	प्रश्न—के पास भेजा जाएगा
Question, to	प्रश्नगत करना
Quick action is required	तत्काल कार्रवाई अपेक्षित है
Quick and peaceable possession	निर्बाध और शान्तिपूर्ण कब्जा
Quick as lightning	बिजली के समान तेज
Quick assets	शीघ्र विक्रेय परिसम्पत्ति
Quick disposal	तुरत निपटान
Quickness in disposal of cases	मामलों के निपटान में जल्दी
Quick yielding project	शीघ्र फलदायी योजना
Quick type of woker	शान्त प्रकृति के कार्यकर्त्ता
Quinquennial groups	पंचवर्षीय वर्ग
Quinquennial report	पंचवार्षिक रिपोर्ट/प्रतिवेदन
Quorum for meeting	अधिवेशन के लिए गणपूर्ति
Quorum is not present	कोरम नहीं हुआ है
Quota certificate	नियत परिमाण प्रमाणपत्र
Quotation list	भाव-सूची
Quotation of firm is reasonable	फ़र्म की दर उचित है
Quotations from	—से लिया उद्धरण
Quotations received	प्राप्त हुए भाव
Quoted below	नीचे उद्धृत
Quote reference	संदर्भ बताएँ

Quote the relevant portion	सम्बन्धित अंश को उद्धृत करें
Quoting reference	निर्देश देते हुए

R

Racial tension	जातीय तनाव
Radical change	आमूल परिवर्तन
Radical planning	आमूल परिवर्तनवादी योजना
Radical reform	आमूल सुधार
Radio adaptation	रेडियो रूपान्तरण
Radio message	रेडियो संदेश
Raids, border	सीमा छापे
Railway budget	रेल-बजट
Railway fare	रेल किराया
Railway receipt	रेल-रसीद/बिल्टी
Railway risk rate	रेल जोखिम रेट
Railway safety	रेल सुरक्षा
Railway warrant	रेल वारंट
Rain water	बरसात का पानी
Raise army	सेना जुटाना
Raised and maintained	बनाये गये और ठीक रखे गये
Raise defence	प्रतिवाद करना
Raised question	उठाया गया प्रश्न
Raised the plea	यह दलील पेश की
Raise loan	उधार लेना
Raise objection	आपत्ति उठाना/करना
Raise substantially the same issue	तत्वतः उसी प्रश्न को उठाना
Raise the amount	रकम जुटाना
Raising of loans	ऋण/उधार लेना
Raising public loans	लोक-ऋण लेना

Random fluctuations	यदा-कदा होने वाले उतार-चढ़ाव
Random sampling	नमूने की जाँच
Rank and file	1. साधारण सैनिक 2. जनसाधारण
Rank equally	एक समान होना
Rank not inferior	अनिम्न पंक्ति
Rash act	दुस्साहसपूर्ण कार्य
Rash distribution	आनुपातिक वितरण
Rateable property	करयोग्य सम्पत्ति
Rateably, contribute	अनुपाती अभिदाय करना
Rateably distributed	आनुपातिक रूप से वितरित
Rate card	रेट-कार्ड, दर-पत्र
Rate contract	रेट-कान्ट्रेक्ट, दर ठेका/संविदा
Rate in force	चालू/प्रचलित दर
Rate list	दर-सूची
Rate list, at the	—की दर से
Rate of exchange	विनिमय दर
Rate of interest	ब्याज दर
Rate schedule	दर अनुसूची
Rate structure	दर-संरचना
Rather lethargic	कुछ सुस्त
Ratification of special appointments	विशेष नियुक्तियों का अनुसमर्थन
Ratification of treaty	संधि का अनुसमर्थन
Ratio chart	अनुपात चार्ट
Ratio decidendi	निर्णय-आधार
Rational and coordinated development	युक्तिसंगत तथा समन्वित विकास
Rational answer	युक्तिसंगत उत्तर
Rational basis	युक्तिसंगत आधार
Rationalization of industry	उद्योगों का युक्तीकरण
Rational judgement	युक्तिसंगत निर्णय
Raw material	कच्चा माल
Reach an accord	एकमत होना

Reach of judicial review	न्यायिक पुनर्विलोकन की परिधि
Reactionary forces	प्रतिक्रियावादी ताकतें
Readily ascertainable	आसानी से अभिनिश्चित किया जा सकने वाला
Readily determined	सुगमता से अवधारित
Readily distinguishable	आसानी से पहचाना जाने योग्य
Readily saleable	आसानी से विक्रेय
Readily traceable	आसानी से पता चलाये जाने योग्य
Readiness and willingness to perform	पालन करने को तैयार और रजामंद
Readiness, to be in	तैयार रहना
Readmission of the appeal	अपील का पुनः ग्रहण किया जाना
Ready cash	नगदी रोकड़
Ready money	नकद धन
Ready reckoner	शीघ्र गणक
Ready reference	सुलभ संदर्भ/हवाला
Real ground	वास्तविक आधार
Real intention	वास्तविक अभिप्राय, असली मंशा
Realisable assets	वसूली योग्य आस्तियाँ
Realisable value	वसूली योग्य मूल्य
Realisation of bills	बिलों की वसूली
Real issue	वास्तविक मुद्दा/विवाद्यक
Real or exchangeable value	वास्तविक या विनिमेय मूल्य
Real owner	असली स्वामी
Real person	असली व्यक्ति
Real question	असली/वास्तविक प्रश्न
Real relation	वास्तविक संबंध
Real value	वास्तविक मूल्य
Reaping the benefit	लाभ उठाना
Reappointment order	पुनर्नियुक्ति आदेश
Reappropriation of funds	निधियों का पुनर्विनियोजन
Rearrange the papers	कागजों को फिर से तरतीब से जमाइए
Reasonable and proper	युक्तिसंगत और उचित
Reasonable apprehension	युक्तिसंगत आशंका

Reasonable belief	युक्तियुक्त विश्वास
Reasonable expenses	यथोचित/युक्तिसंगत व्यय
Reasonable ground of suspicion	संदेह का युक्तिसंगत आधार
Reasonable measure	समुचित उपाय
Reasonable notice	यथोचित सूचना
Reasonable opportunity	यथोचित अवसर
Reasonable remuneration	उचित परिश्रमिक
Reasonable time	उचित अवसर/समय
Reasonable wear and tear	उचित टूट-फूट
Reason for delay	देरी का कारण
Reason of age, by	आयु के कारण
Reason of any emergency, by	किसी आपात के कारण
Reason of, by	—के कारण से
Reason of inability	असमर्थता का कारण
Reason on which the order is based	वे कारण जिन पर यह आदेश आधारित है
Reasons which so far have been adduced	अब तक जो कारण बताये गये हैं
Reason to believe	विश्वास करने का कारण
Reason to suspect	संदेह करने का कारण
Reassessment of value	मूल्य का पुनर्निर्धारण
Rebut on inference	अनुमान का खंडन करना
Rebuttable presumption	खंडनीय धारणा
Rebutting evidence	खंडनकारी साक्ष्य
Recalculated rate	फिर से गणनाकर निकाली गई दर
Recall a case	मामला वापस मँगाना
Recall and re-examine	पुन: बुलाना और पुन: परीक्षण करना
Recall from leave	छुट्टी से वापस बुलाना
Recapitulation of facts	तथ्यों का सार-कथन
Receipt and issue section	प्राप्ति और निर्गम अनुभाग
Receipt book	रसीद बही
Receipt certificate	प्राप्ति प्रमाणपत्र
Receipted challan	रसीदी चालान

Receipt has been acknowledged	पावती भेज दी गई है
Receipt has been issued	रसीद दे दी गई
Receipt in acknowledgement	पावती रसीद
Receipt in a complaint, on	परिवाद/शिकायत प्राप्त करने पर
Receipt in consideration	प्रतिफल की प्राप्ति
Receipt, itemised	मदवार रसीद
Receipt of good	माल की प्राप्ति
Receipt of the order	आदेश की प्राप्ति
Receipt register	आवती रजिस्टर
Receipts and disbursement	प्राप्तियाँ और संवितरण
Receipts and recoveries	प्राप्तियाँ और वसूलियाँ
Receipt voucher	प्राप्ति वाउचर
Receivable in evidence	साक्ष्य में लिए जाने योग्य
Receiver has been appointed	रिसीवर नियुक्त कर दिया गया
Receive sentence	दण्डादेश पाना
Receiving centre	अभिग्रहण केन्द्र
Recent decision	हाल का निर्णय
Recent occurrence	हाल की घटना
Reception committee	स्वागत समिति
Recipient of benefits	लाभ पाने वाला
Reciprocal arrangement	पारस्परिक व्यवस्था
Reciprocal basis	पारस्परिक आधार
Reciprocal buying	दोतरफ़ा खरीददारी
Reciprocal promise	व्यतिकारी वचन
Reciprocal provision	व्यतिकारी उपबंध
Reciprocal treatment	पारस्परिक व्यवहार
Reckonable service	गिनी जाने योग्य सेवा
Reckoned as absence	अनुपस्थिति गिना जाना
Reclaiming land	भूमि को ठीक करना
Reclamation of land	भूमि उद्धार
Reclamation of waste land	बंजर भूमि उद्धार
Recognise an agreement in writing	लिखित करार को मान्यता देना

Recognition already granted will be withdrawn	पहले दी जा चुकी मान्यता वापस ले ली जाएगी
Recognized agent	मान्यता प्राप्त अभिकर्त्ता/एजेंट
Recognized, better	अधिक मान्यता
Recognized by law	विधि द्वारा मान्यता प्राप्त
Recognized holiday	मान्यता प्राप्त अवकाश दिन
Recommendations made by the committee	समिति द्वारा की गई सिफ़ारिशें
Recommendatory certificate	सिफ़ारशी प्रमाणपत्र
Recommendatory nature	सिफ़ारशी स्वरूप
Recommended for favourable consideration	अनुकूल विचार के लिए सिफ़ारिश की जाती है
Reconcile the accounts	लेखा ठीक कीजिए
Reconciliation of accounts	लेखा-समाधान
Reconciliation statement	समाधान विवरण
Reconsideration, on	पुनर्विचार करने पर
Reconstituted committee	पुनर्गठित समिति
Reconstruction of buildings	भवनों का पुनर्निर्माण
Record a finding	निष्कर्ष अभिलिखित करना
Record an order	आदेश अभिलिखित करना
Record book	रिकार्ड/अभिलेख पुस्तक
Recorded as certified	अभिलिखित कर लिया जाए कि प्रमाणित है
Recording of files	फ़ाइलों की रिकार्डबन्दी
Record in writing	लेखबद्ध करना
Record, maintain	अभिलेख करना
Record of evidence	साक्ष्य का अभिलेख
Record-of-rights	अधिकार-अभिलेख
Record of service	सेवा रिकार्ड
Record, proceeding	कार्यवाही का अभिलेख
Record room	अभिलेख-कक्ष, रिकार्ड रूम
Record shall show	1. अभिलेख दर्शित करेगा 2. अभिलेख में दर्शित होगा
Record the reasons in writing	कारणों को लेखबद्ध कीजिए

Recourse to, have	आश्रय लेना
Recover by suit	वाद द्वारा वसूल करना
Recover damages	नुकसानी वसूल करना
Recovery by instalments	किस्तों में वसूली
Recovery from pay	वेतन से वसूली
Recovery from the advances	अग्रिमों से वसूली
Recovery from the arrears	बकाया से वसूली
Recovery from the money	धन से वसूली
Recovery of debt reconciliation instalment	ऋण-समाधान किस्त की वसूली
Recovery of dues	देय राशियों की वसूली
Recovery of loss	नुकसान की वसूली
Recruiting, roll	भर्ती की तालिका
Recruitment, Direct	प्रत्यक्ष/सीधी भर्ती
Recruitment office	भर्ती दफ़्तर
Rectification of error	ग़लती की परिशुद्धि
Rectification of register	रजिस्टर का परिशोधन
Rectify the mistake	गलती सुधारिए
Recurring and non-recurring grants	आवर्ती और अनावर्ती अनुदान
Recurring charges	आवर्ती प्रभार
Recurring costs	आवर्ती खर्चे
Recurring deposits	आवर्ती निक्षेप
Recurring expenditure	आवर्ती व्यय
Recurring period	आवर्ती अवधि
Recurring right	आवर्ती अधिकार
Recusancy, in the case	अवज्ञा जारी रहने की दशा में
Redeem the goods	माल का मोचन करना
Redemption fund	विमोचन निधि
Redemption of a bond	बांड/बंधपत्र का मोचन
Redemption value	मोचन-मूल्य
Red hot priority demand	प्राथमिकता माँग
Redressal of grievances	शिकायतों का निवारण
Red tapism	लाल फीताशाही

Reduced in strength	शक्ति क्षीण हो गई
Reduced wages	घटी हुई मजदूरी
Reduce in rank	पदावनत करना
Reduce into writing	लेखबद्ध करना
Reduce the refund	प्रतिदाय में कमी करना
Reduce to a lower grade	निम्नतर श्रेणी में अवनत करना
Reduce to a minor offence	घटाकर छोटा अपराध करना
Reduce to writing	लेखबद्ध करना
Reduction in pay for inefficiency	कार्य-अक्षमता के कारण वेतन में कमी
Reduction in rank	पदावनति
Reduction in the price	कीमत में कमी
Reduction of staff	कर्मचारियों में कमी करना
Redundant staff	अनावश्यक कर्मचारीगण
Re-employed officer	पुनर्नियोजित अधिकारी
Re-examination	पुनः परीक्षा
Reference book	संदर्भ पुस्तिका
Reference books, of	संदर्भ/निर्देश पुस्तकें
Reference, cross	प्रति संदर्भ
Reference is invited to—	—को देखने का कष्ट करें
Reference, later	परवर्ती संदर्भ
Reference notes on pre-page	संदर्भ टिप्पणियां पिछले पृष्ठ पर
Reference, previous	पूर्व संदर्भ
Reference register	संदर्भ पंजी/रजिस्टर
Reference to	के प्रसंग में
Reference to, having	के बारे में
Reference to, in	के बारे में
Reference to your office letter No.	आपके कार्यालय पत्र सं०—के प्रसंग में
Reference, with	के प्रति निर्देश में
Reference your note on pre-page	पिछले पृष्ठ पर टिप्पणी के संदर्भ में
Refer endorsement	पृष्ठांकन के संदर्भ में
Referred to—	—को विचारार्थ भेजा गया

Referred to above	ऊपर निर्दिष्ट
Referred to as	—के नाम से निर्दिष्ट
Refer the matter—for orders	आदेश के लिए मामला—को भेजा जाए
Refer to my letter No.—	इस संबंध में मेरा पत्र क्रमांक—देखिए
Refixation of pay	वेतन का पुर्ननियतन
Refixing rent	किराया फिर से निश्चित करना
Reformation of criminals	अपराधियों का सुधार
Reformist zeal	सुधारवादी उत्साह
Refresher course	पुनश्चर्या पाठ्यक्रम
Refresh the memory	स्मृति को ताजा करना
Refund of advance	पेशगी/अग्रिम लौटाना
Refund of freight	भाड़े की वापसी
Refund of revenue	राजस्व का प्रतिदाय
Refund order	(धन) वापसी आदेश
Refund the excess amount	अतिरिक्त रकम वापस करना
Refusal, ground of	इन्कार का आधार
Refused application	अस्वीकृत आवेदन पत्र
Refused leave	अस्वीकृत की गई छुट्टी
Refuse to accept	मानने/स्वीकार करने से इन्कार करना
Refusing to accept	मानने/स्वीकार करने से इन्कार करना
efusing to allow	मंजूर करने से इन्कार करना
Refutation of charges	आरोपों का खंडन
Regarding letter under reference	संदर्भाधीन पत्र के बारे में
Regarding the captioned subject	उपर्युक्त विषय के संबंध में
Regardless of	की ओर ध्यान न देते हुए
Regards, as	के विषय में
Regard shall be had to	का ध्यान रखा जाएगा
Regard to, having	—को ध्यान में रखते हुए
Regional committee	प्रादेशिक समिति
Regional constituency	प्रादेशिक/क्षेत्रीय निर्वाचन क्षेत्र

Regional council	क्षेत्रीय परिषद्
Regional office	प्रादेशिक/क्षेत्रीय कार्यालय
Regional organisation	प्रादेशिक/क्षेत्रीय संगठन
Register a case	मामला दर्ज कीजिए
Registered acknowledgment due	रजिस्ट्री रसीदी डाक
Registered and insured	रजिस्ट्री और बीमाकृत
Registered instrument	रजिस्ट्रीकृत लिखत
Registered post	रजिस्ट्री डाक
Registering authority	रजिस्ट्री/पंजीकरण प्राधिकारी
Register of appeals	अपीलों का रजिस्टर
Register of births	जन्म रजिस्टर
Register of despatch	प्रेषण रजिस्टर
Register of persons entering gate	द्वार से आने वाले व्यक्तियों का रजिस्टर
Registrable document	रजिस्ट्री योग्य दस्तावेज
Registration card	पंजीकरण कार्ड
Registration certificate may be cancelled	पंजीकरण प्रमाणपत्र रद्द किया जाए
Registration fee	रजिस्ट्रीकरण फ़ीस
Registration of documents	दस्तावेजों का रजिस्ट्रीकरण
Regretted, the proposal cannot be agreed to	खेद है, प्रस्ताव स्वीकार नहीं किया जा सकता
Regular assessment	नियमित निर्धारण
Regular course of business	कार्य के नियमित क्रम में
Regular dealings	नियमित व्यवहार
Regular establishment	नियमित स्थापना
Regular interval	नियमित अन्तराल
Regularisation of excesses	अतिव्यय को नियमित करना
Regularly performed	नियमित रूप से संपादित किया गया
Regular occupation	नियमित उपजीविका
Regular practice	नियमित अभ्यास
Regular service should be taken into account	नियमित सेवा पर विचार करना चाहिए

Regulating the conditions of service	सेवा की शर्तों का विनियमन करना
Regulating the procedure	प्रक्रिया विनियमित करना
Regulation, as per	विनियमों के अनुसार
Regulations frames thereunder	उसके अधीन बनाये गये विनियम
Rehabilitation of displaced persons	विस्थापित व्यक्तियों का पुनर्वास
Rehearing of the suit	वाद की पुनः सुनवाई करना
Rehearsal of	—का पूर्वाभ्यास
Rehear the appeal	अपील को पुन: सुनना
Reimbursed, entitled to be	प्रतिपूर्ति पाने का हक़दार
Reimbursed, shall be	प्रतिपूर्ति की जाएगी
Reimbursement of medical charges	चिकित्सा खर्च की प्रतिपूर्ति
Reinstated in service	नौकरी बहाल की गई
Reissue of notice	सूचना को/का फिर से दिया जाना
Rejected evidence	अगृहीत साक्ष्य
Rejected objections	अस्वीकृत आक्षेप
Rejection memo	अस्वीकृत ज्ञापन
Reject the appeal	अपील नामंजूर करना
Rejoined the duties	फिर कार्य ग्रहण कर लिया है
Related to—	—के विषय में/से संबंधित
Relates to—	—से सम्बद्ध है
Relating to	संबंधी
Relating to the period in question	विवादास्पद अवधि के विषय में
Relative change	सापेक्ष परिवर्तन
Relative degree of responsibility	उत्तरदायित्व की आपेक्षिक मात्रा
Relative priorities	सापेक्ष अग्रताएं
Relative rank	आपेक्षिक रैंक
Relative seniority	सापेक्ष वरिष्ठता/ज्येष्टता
Relaxation of age limit	आयु सीमा में छूट
Relaxation of conditions	शर्तों का शिथिलीकरण

Relaxation of rules	नियमों में ढील, रियायत देना
Release date	छूटने/निर्मोचन तिथि
Released convict	छोड़ा गया सिद्ध दोष
Released on appeal	अपील करने पर छोड़ा गया
Released on bail	जमानत पर रिहा किया गया
Release from responsibility	उत्तरदायित्व से निर्मुक्त करना
Release of offenders on probation	अपराधियों को परिवीक्षा पर छोड़ देना
Release on bail	जमानत पर छोड़ा जाना
Release on probation	परिवीक्षा पर रिहा करना
Relevancy of facts	तथ्यों की सुसंगति
Relevancy of order	आदेश की सुसंगति
Relevancy of statement	कथन की सुसंगति
Relevancy of subject matter	विषय की सम्बद्धता
Relevant date	सुसंगत तारीख
Relevant extract	1. संबंधित सार 2. संबंधित उद्धरण
Relevant facts	सुसंगत तथ्य
Relevant material	सुसंगत सामग्री
Relevant orders are flagged	संगत आदेशों पर पर्ची लगा दी गई हैं
Relevant papers be put up	संगत कागज़ पत्र प्रस्तुत किए जाएँ
Relevant question	संबंधित प्रश्न
Relevant records are not available	सम्बद्ध रिकार्ड उपलब्ध नहीं है
Relevant time	समुचित समय
Relevant year	तत्संबंधी वर्ष
Reliable evidence	विश्वसनीय साक्ष्य
Reliable proof	विश्वसनीय प्रमाण
Reliable source	विश्वस्त सूत्र
Relief against forfeiture	समपरहण से राहत
Relief and rehabilitation	सहायता और पुनर्वास
Relief cannot be arranged	एवज़ी का प्रबन्ध नहीं हो सकता
Relief measures	सहायता उपाय
Relief of distress	कष्ट की राहत

Relief service	सहायता करना
Relief shall not be given	राहत नहीं दी जाएगी
Relief that may be claimed	अनुतोष जिसका दावा किया जा सकेगा
Relief train	सहायता गाड़ी
Relief work	सहायता/राहत कार्य
Relieved officer	भारमुक्त अधिकारी
Relieved of responsibility	उत्तरदायित्व से मुक्त करना
Relieving officer	भारग्राही अधिकारी
Relieving staff	भारग्राही कर्मचारी वर्ग
Religious belief	धार्मिक विश्वास
Religious or charitable foundation	धार्मिक या खैराती प्रतिष्ठान
Relinquish charge	कार्यभार छोड़ना
Relinquishing office, on	पदमुक्त होने पर
Relinquishment of charge	कार्यभार छोड़ना
Relinquishment of claim	दावा त्यागना
Relinquishment of possession	कब्जे का त्याग
Reluctant to do	करने को अनिच्छुक
Rely in the alternative	अनुकल्पतः निर्भर करना
Remainder of the period	शेष अवधि
Remainder of the term	कार्यकाल का शेष भाग
Remain due	शोध्य, देय
Remain in effect	प्रभावी होना
Remain in force	प्रवृत्त रहना, लागू/प्रभावी रहना
Remaining provisions	शेष उपबंध
Remain in full force, effect and virtue	पूर्णतः प्रवृत्त प्रभावी बलशील होना
Remanded to jail custody	जेल अभिरक्षा में लौटाया
Remand, order of	प्रतिप्रेषण आदेश
Remand the case	मामले का प्रतिप्रेषण करना, मामला लौटा दीजिए
Remarkable alertness	मार्के की चौकसी, विशिष्ट सतर्कता
Remarkable fact	उल्लेखनीय तथ्य/बात

Remarkable, it is	यह उल्लेखनीय है
Remarks column	अभ्युक्ति का खाना
Remarks of adverse nature	प्रतिकूल अभ्युक्तियाँ/कथन
Remedial measures	उपचारी उपाय
Remedy, eventual	अन्तिम उपचार
Remind after week is being issued	एक हफ्ते बाद याद दिलाएँ
Reminder may be sent	स्मरणपत्र/अनुस्मारक भेजा जाए
Reminder may please be issued	स्मरणपत्र भेजा जाए
Remission of rent	1. किराये की माफ़ी 2. लगान में छूट
Remit a sentence	दण्ड में कमी करना
Remittance charges	प्रेषण व्यय
Remittance register	प्रेषण रजिस्टर
Remit to the court	न्यायालय के पास भेजना
Remote advantage	परोक्ष फ़ायदा
Removal from office	पद से हटाया जाना
Removal from service	सेवा/नौकरी से हटाया जाना
Removal of doubts	शंकाओं का निवारण
Render an account	हिसाब देना, लेखा प्रस्तुत करना
Render defective account	गलत हिसाब देना
Render due accounts	सही हिसाब देना
Rendered services	की/दी गई सेवाएँ
Render in effective	प्रभावहीन बना देना
Render oneself liable to punishment	दण्ड का भागी बन जाना
Render proper accounts	उचित लेखा देना
Render useless	निरुपयोगी बनाना
Rendition of accounts	हिसाब देना
Renewable for the same period	उतनी ही कालावधि के लिए नवीकरणीय
Renewal certificate	नवीकरण प्रमाणपत्र
Renewal of demand	माँग का नवीकरण
Renewal of the lease	पट्टे का नवीकरण

Renewals and repairs	नवीकरण और मरम्मत
Renewed efforts	नये सिरे से कोशिशें
Renewed, this may be	इसका नवीकरण किया जाए
Renounce a claim	दावा छोड़ना
Rent free accommodation	निःशुल्क आवास
Reopen agreement	करार पुनर्जीवित करना
Reorganisation of office	कार्यालय का पुनर्गठन
Repair and maintenance	मरम्मत और अनुरक्षण
Repatriation of—	— का स्वदेश लौटना
Repayable on demand	माँग पर प्रतिसंदेय
Repayment of advances	उधार राशियों की अदायगी
Repeated warnings have had no effect upon him	बार-बार चेतावनी देने का उस पर कोई असर नहीं हुआ है
Repeat order	पुनरादेश, पुनः आदेश
Reply already sent vide my letter No.—	उत्तर भेजा जा चुका है, मेरा ता०— का पत्र देखें
Reply at once	तुरंत उत्तर दें
Reply is awaited from—	—के उत्तर की प्रतीक्षा है
Reply is under issue today	उत्तर आज भेजा जा रहा है
Reply may be sent as per draft put up	प्रस्तुत प्रारूप के अनुसार उत्तर भेज दिया जाए
Reply memo	जवाबी ज्ञापन
Reply not received inspite of repeated reminders	बार-बार स्मरण-पत्र भेजने पर भी उत्तर प्राप्त नहीं हुआ
Reply over due	उत्तर में बहुत देरी हो गई है
Reply post card	जवाबी पोस्टकार्ड
Reply specially on the evidence	साक्ष्य पर विशेषतया उत्तर देना
Reply to our communication at serial No. 8 has not been received	हमारे पत्र क्र० 8 का उत्तर अभी तक प्राप्त नहीं हुआ है
Reply was sent to the party accordingly	पार्टी को तदनुसार उत्तर भेज दिया गया था

Reply will be sent on the above lines	ऊपर लिखे अनुसार उत्तर दिया जाएगा
Report compliance immediately	अनुपालन का तुरंत सूचित करें
Report for duty	कर्त्तव्य पर उपस्थित होना
Report has not been scrutinized in your office	आपके दफ़्तर में रिपोर्ट की छानबीन नहीं की गयी है
Reporting authority	रिपोर्ट अधिकारी/प्राधिकारी
Report is awaited	रिपोर्ट की प्रतीक्षा
Report is being finalised	रिपोर्ट को अन्तिम रूप दिया जा रहा है
Report of survey	सर्वेक्षण की रिपोर्ट
Report submitted to—	1. —रिपोर्ट/प्रतिवेदन भेजा गया 2. —के समक्ष प्रतिवेदन प्रस्तुत किया/रखा गया
Report the fact	तथ्य की रिपोर्ट करना
Report under the hand	स्वहस्ताक्षरित रिपोर्ट
Representation in good faith	सद्भावपूर्वक अभ्यावेदन
Representation in writing	लिखित अभ्यावेदन
Representation of minorities	अल्पसंख्यकों का प्रतिनिधित्व
Representation received from—	—से प्राप्त अभ्यावेदन
Representations were false	अभ्यावेदन मिथ्या थे
Representative capacity	प्रतिनिधि की हैसियत
Representative in interest	हित-प्रतिनिधि
Representative, legal	विधिक प्रतिनिधि
Represent by him	वह प्रतिनिधित्व कर रहा है
Represent his views	अपने विचार व्यक्त करना
Reprimand for indifference	लापरवाही के लिए फटकारना
Reproach, beyond	निर्विवाद
Reproduced, prominently	प्रमुख रूप से उद्धृत किये हुए
Reproductive capacity	पुनरुत्पादन क्षमता, प्रजनन शक्ति
Reproductive debt	पुनरुत्पादक ऋण
Repugnant to the context	संदर्भ के विरुद्ध, प्रसंग के प्रतिकूल
Repute, of	ख्याति प्राप्त

Request, as per — अनुरोध के अनुसार
Request cannot be met with — प्रार्थना स्वीकार नहीं की जा सकती
Required information is being obtained from— — अपेक्षित जानकारी—-से मँगायी जा रही है
Required information is furnished herewith — अपेक्षित सूचना इसके साथ भेजी जा रही है
Required information may please be furnished — आवश्यक जानकारी अविलम्ब भेजी/दी जाए
Required papers are placed below — अपेक्षित कागज नीचे रखे हैं
Required to be ratified — अनुसमर्थन अपेक्षित है
Required, you are — आपसे अपेक्षा की जाती है
Requirement of the rules — नियमों के अनुसार अपेक्षा
Requirements, legal — विधिक अपेक्षाएं
Requirements of law — विधि की अपेक्षाएँ
Requiring no proof — सबूत की ज़रूरत नहीं
Requirs modification — आशोधन की आवश्यकता है
Requirs personal sanction of — —की वैयक्तिक मंजूरी अपेक्षित है
Requisite abilities — आवश्यक योग्यताएँ
Requisite act — अपेक्षित कार्य
Requisite files are placed below — अपेक्षित फ़ाइल नीचे रखी हैं
Requisite information — अपेक्षित जानकारी/सूचना
Requisite information has already been given — अपेक्षित जानकारी दी जा चुकी है
Requisite time for obtaining copy of the judgement — निर्णय की प्रतिलिपि प्राप्त करने के लिए अपेक्षित समय
Requisition form — माँग फ़ार्म
Requisition in writing — लिखित रूप में अपेक्षा
Requisition of land — भूमि का अधिग्रहण
Requisition slip — माँग-पर्ची
Resale notice — पुनः विक्रय की सूचना
Rescued from drowning — डूबने से बचाया
Rescue home — उद्धार गृह

Reservation charges	आरक्षण प्रभार
Reservation of posts	पदों का आरक्षण
Reservation of the seat	1. स्थान का आरक्षण 2. सीट का आरक्षण
Reserved accommodation	आरक्षित स्थान
Reserve fund	रिज़र्व निधि
Reserve judgement	निर्णय वाद में दिए जाने के लिए छोड़ना
Reserve police	रिज़र्व पुलिस
Reserves and surpluses	आरक्षितियाँ और अधिशेष
Reserve stock	आरक्षित माल/स्टाक
Residential premises	आवासिक परिसर
Residential quarter	आवासीय गृह/क्वार्टर
Resident in India	भारत में निवासी
Residual income	अवशिष्ट आय
Residuary power	अवशिष्ट अधिकार/शक्ति
Residuary powers of legislation	अवशिष्ट विधि-निर्माण शक्तियाँ
Resign his office	अपने पद का त्याग करना
Resolution published in the gazette	राजपत्र में प्रकाशित संकल्प
Respective claims	अपने-अपने दावे
Respective liabilities	अपने-अपने दायित्व
Respectively	क्रमानुसार
Respective meaning	क्रमशः अर्थ
Respective places	अपना-अपना स्थान
Respect of, in	—के संबंध में
Respect of terms	क्रमिक अवधियाँ
Respondent in the case	वाद में प्रतिवादी
Responsibility should be fixed	जिम्मेदारी ठहराई जाए
Responsible assignment	उत्तरदायित्वपूर्ण कार्यभार
Responsive to advice and instruction	परामर्श और अनुदेशों के प्रति ग्रहण-शील
Rest house	विश्राम गृह

Rest of the term of office	पदावधि का शेष भाग
Restoration of services	सेवाएँ फिर से चालू करना
Restraining order	अवरोधक आदेश
Restricted distribution	सीमित वितरण
Restricted interpretation	सीमित निर्वचन
Restricted leave	प्रतिबंधित छुट्टी/अवकाश
Rest with the court alone, should	केवल उस न्यायालय के ही हाथ में रहेगा
Resubmitted as desired	आदेशानुसार फिर प्रस्तुत है
Resubmitted with previous papers	पूर्व पत्रों/काग़जों के साथ पुनः प्रस्तुत
Resulting from	—से उत्पन्न
Result is not satisfactory	परिणाम संतोषजनक नहीं है
Result of reference to—is awaited	—को भेजे गये पत्र के परिणाम की प्रतीक्षा है
Resume duties	काम फिर संभाल लें
Resume of the case	मामले का सारवृत्त
Resume of the case is given in ensuing para below	मामले का सारवृत्त आगे के पैरा में दिया जा रहा है
Resume possession	फिर से कब्जा करना
Resume proceedings	कार्यवाही पुनः आरंभ कीजिए
Resumption of charge	कार्यभार पुनः संभाल लेना
Resumption of talks	फिर से वार्ता प्रारंभ करना
Retain lien	लियन/पुनर्ग्रहणाधिकार बनाये रखना
Retain possession	कब्जा रखे रहना
Retired from service	सेवा से निवृत्त होना
Retired officer	सेवानिवृत्त अधिकारी
Retirement benefits	निवृत्ति लाभ/फ़ायदे
Retirement from office	पद से निवृत्त होना
Retirement pension	निवृत्ति पेंशन
Retrenched personnel	छँटनी किये गये कर्मचारी
Retrospective effect	भूतलक्षी प्रभाव
Retrospective effect cannot be given to this sanction	इस मंजूरी को भूतलक्षी प्रभाव नहीं दिया जा सकता

Retrospective effect, with	पूर्वव्याप्ति सहित, भूतलक्षी प्रभाव से
Return and forfeiture of deposits	जमा रक़म की वापसी और जब्ती
Return due on—	1. विवरण तारीख—को देय 2. वापसी की नियत तारीख
Returned candidate	निर्वाचित अभ्यर्थी
Returned duly endorsed	उचित रीति से पृष्ठांकित करके लौटाया
Returned for further consideration	और विचार के लिए लौटाया गया
Returned for want of certificate of assumption of charge	कार्यभार ग्रहण करने का प्रमाणपत्र न होने के कारण लौटाया गया
Returned for want of payee's receipt	रुपया पाने वाले की रसीद न होने से वापस किया गया
Returned in original with the remarks that—	इसे मूल रूप में इस टिप्पणी के साथ लौटाया जाता है कि—
Returned with reply that—	इस उत्तर के साथ लौटाया गया कि—
Returned with the objection	इस आपत्ति के साथ लौटाया
Returning officer	निर्वाचन अधिकारी
Return in question is blank	संबंधित विवरण रिक्त है
Return of documents	दस्तावेजों की वापसी
Return of file may be awaited	फ़ाइल की वापसी की प्रतीक्षा की जाए
Return of income	आय की विवरणी
Return of post, by	लौटती डाक से
Return on investment	लगी पूंजी पर लाभ
Return thereto	तत्संबंधी विवरण
Revalidation of licence	लाइसेंस का पुनर्वैधीकरण
Revaluation of assets	परिसंपत्तियों का पुनर्मूल्यन
Revenue and capital expenditure	राजस्व और पूंजीगत खर्च
Revenue deficit	राजस्व घाटा
Revenue proceeding	राजस्व कार्यवाही
Revenue process	राजस्व आदेशिका

Revenue settlement	राजस्व बंदोबस्त
Reversed the order of the lower court	निचले न्यायालय का आदेश उलट दिया
Reversion to a lower post	निचले पद पर परावर्तन
Reverted to substantive post	मूल पद पर प्रत्यावर्तित
Review board	पुनरीक्षण मंडल
Review, keep under	पुर्नविलोकन करते रहना
Review of judgement	निर्णय का पुर्नविलोकन
Review of orders	आदेश का पुर्नविलोकन
Review-order	पुर्नविलोकन आदेश
Revised budget	पुनरीक्षित बजट
Revised draft is submitted herewith as desired	यथा अपेक्षित संशोधित मसौदा प्रस्तुत है
Revised draft memorandum is put up as desired by—	—की इच्छानुसार ज्ञापन का परिशोधित मसौदा प्रस्तुत है
Revised estimates	पुनरीक्षित अनुमान
Revised memo is put up as ordered	आदेशानुसार संशोधित ज्ञापन प्रस्तुत है
Revised pension rules	पुनरीक्षित पेंशन नियम
Revised return	संशोधित विवरणी
Revised tender	संशोधित टेंडर/निविदा
Revision may be undertaken	परिशोधन किया जाए
Revision necessary	परिशोधन जरूरी है
Revision of pay-scale	वेतनमान का पुनरीक्षण
Revive the case	मामले को फिर से उठाना
Revocation of guarantee	गारंटी का प्रतिसंहरण
Richly deserves promotion	पूर्णतया पदोन्नति का पात्र है
Right, as of	साधिकार
Right claimed in common	अधिकार के लिए सामान्यतः दावा
Right decision	ठीक विनिश्चय
Rightful claimant	सही दावेदार
Right in personam	व्यक्तिबंधी अधिकार
Right in rem	सर्वबंधी अधिकार
Right, legal	वैध अधिकार

Right of access	पहुँच का अधिकार
Right of action	कार्रवाई का अधिकार
Right of appeal	अपील का अधिकार
Right of audience	सुनवाई का अधिकार
Right of disposal	व्ययन का अधिकार
Right of examination	परीक्षा करने का अधिकार
Right of lien	धारणाधिकार
Right of objection	आक्षेप का अधिकार
Right of occupancy	अधिभोग का अधिकार
Right of ownership	स्वामित्व का अधिकार
Right of pre-emption	अग्र क्रयाधिकार
Right of priority	अग्रता का अधिकार
Right of property	संपत्ति का अधिकार
Right of re-entry	पुनः प्रवेश का अधिकार
Right of re-sale	पुनर्विक्रय का अधिकार
Right of self defence	आत्मरक्षा का अधिकार
Right, public	लोक अधिकार
Right to appeal	अपील करने का अधिकार
Right to assemble	एकत्र होने का अधिकार
Right to claim	दावा करने का अधिकार
Right to counsel	काउंसेल का अधिकार
Right to fair trial	उचित विचारण का अधिकार
Right to future maintenance	भावी भरणपोषण का अधिकार
Right to hold situation	ओहदे को धारण करने का अधिकार
Right to reassume power	शक्ति को पुनः ग्रहण करने का अधिकार
Right to renounce	त्याग करने का अधिकार
Right to share	अंश पाने का अधिकार
Right to vote	मतदान का अधिकार
Rigid bent of mind	अनम्य मनोवृत्ति
Rigidity in appearance	दृष्टिकोण की अनम्यता
Rigorous imprisonment	कठोर कारावास
Ripe and sound experience	परिपक्व और ठोस अनुभव
Ripe and sound of mind	परिपक्व और ठोस मस्तिष्क

Rise and fall	उत्थान-पतन
Rise equal to the occasion	समय का सामना करना
Rise in price	मँहगाई, मूल्यवृद्धि
Rising of court	न्यायालय का उठना
Rival claims	परस्पर-विरोधी दावे
Rival groups	विरोधी गुट
Road under repairs	सड़क की मरम्मत हो रही है
Robust common sense	प्रबल व्यवहार बुद्धि
Rotation, by	अनुक्रम से
Rough calculation	मोटा हिसाब
Rough copy	कच्ची प्रति
Rough draft	कच्चा मसौदा
Rough estimate of the expenditure involved	प्रत्याशित व्यय का मोटा अनुमान
Roughly speaking	मोटे तौर पर
Rough weather	खराब मौसम
Rounded off as one	एक मानकर गिन लिया गया
Round the clock	रात-दिन
Routine case	नेमी विषय
Routine clerk	नेमी लिपिक
Routine duties	नेमी कर्त्तव्य
Routine nature	नेमी ढंग का
Routine note	नेमी नोट
Routine test	नेमी परीक्षण
Routine type of	लकीर पर चलने वाला
Routine work	नित्य का काम, नेमी काम
Rule making power	नियम बनाने की शक्तियाँ
Rule of law	विधि सम्मत शासन
Rules and regulations	नियम और विनियम
Rules applicable to the case	इस मामले में लागू नियम
Rules framed under section No.—	धारा सं०—के अधीन बनाये गये नियम
Rules of business	कार्य संचालन नियमावली
Rules of general application	सब पर लागू होने वाले नियम

Rules of procedure	कार्यविधि नियम
Rules shall prevail	नियम अभिभावी होंगे
Rule was not enforced rigidly	नियम कड़ाई से लागू नहीं किया गया
Ruling from Govt. should be obtained	सरकार से व्यवस्था प्राप्त की जाए
Ruling party	शासक दल
Running cost	परिचालन लागत
Running repairs	छोटी मरम्मत
Running summary of facts	तथ्यों का क्रमिक सार
Run short of funds	निधियों का कम पड़ना
Rural area	ग्राम-क्षेत्र
Rural credit	ग्रामीण प्रत्यय
Rural development programme	ग्राम विकास कार्यक्रम
Rural economy	ग्राम्य अर्थ-व्यवस्था

S

Safe and secure custody	सुरक्षित और सुनिश्चित अभिरक्षा
Safe and sure, conduct back	सुरक्षित और सुनिश्चित रूप से वापस ले जाना
Safe conduct	सुरक्षित रूप से ले जाना
Safe custody	निरापद/सुरक्षित अभिरक्षा
Safe deposit	सुरक्षित निक्षेप
Safeguard, as a	सुरक्षा के रूप में
Safeguarding the interest	हितों की सुरक्षा
Safeguarding the property	सम्पत्ति की सुरक्षा
Safe keeping	सुरक्षा में रखना
Safe period	सुरक्षित काल
Safety and welfare	सुरक्षा और कल्याण
Safety appliance	सुरक्षा साधन
Safety device	सुरक्षा युक्ति

Safety of person	व्यक्ति (शरीर) की सुरक्षा
Said rule	उक्त नियम
Salaried class	वेतनभोगी वर्ग
Salaried employees	वेतनभोगी कर्मचारी
Salaried office	वैतनिक पद
Salaried staff	वैतनिक कर्मचारी
Salaries and allowances	वेतन और भत्ते
Saleable property	विक्रेय सम्पत्ति
Sale by auction	नीलाम द्वारा बिक्री
Sale by description	वर्णन के अनुसार विक्रय
Sale deed	विक्रय-विलेख, बैनामा
Sale of the attached property	कुर्क की गई सम्पत्ति की बिक्री
Sale proceeds	बिक्री की रक़म
Sale proclamation	विक्रय उद्घोषणा
Sales tax tribunal	विक्रय कर अधिकरण
Salient features	प्रमुख बातें
Salutary effect	अच्छा प्रभाव
Salvation army	मुक्ति सेना
Same amount of	उतना ही
Same character	वही हैसियत
Same consequences	वे ही परिणाम
Same facts, on	उन्हीं तथ्यों पर
Same manner, in the	उसी प्रकार
Same work	वैसा ही
Sample copy	नमूना-प्रति
Sample survey	नमूना सर्वेक्षण
Sanctioned as a special case	विशेष मामले के रूप में मंजूर किया
Sanctioned as proposed	प्रस्ताव के अनुसार संस्वीकृत/मंजूर
Sanctioned as suggested	सुझाव के अनुसार मंजूर
Sanctioned budget	स्वीकृत बजट
Sanction has become inoperative	मंजूरी निष्प्रभावी हो गयी है
Sanction has been accorded	मंजूरी दे दी गई है
Sanctioning authority	मंजूरी देने वाला प्राधिकारी

Sanction is hereby accorded to—	—को इसके द्वारा मंजूरी दी जाती है
Sanction may be accorded to—	—की कृपया मंजूरी दें
Sanction of the competent authority may be obtained	समर्थ प्राधिकारी की मंजूरी ली जाए
Sanitary arrangements	सफ़ाई इन्तज़ाम, स्वच्छता संबंधी व्यवस्था
Sanitation campaign	सफ़ाई अभियान
Satellite township	उपनगरी
Sat in the proceeding	कार्यवाही में उपस्थित रहा
Satisfaction, complete	पूर्ण तुष्टि
Satisfaction, objective	वस्तुपरक समाधान
Satisfaction of claim	दावे की तुष्टि
Satisfaction of court, to the	न्यायालय को समाधानप्रद रूप में
Satisfaction of the decree	डिक्री (डिगरी) की तुष्टि
Satisfaction, subjective	व्यक्तिपरक समाधान
Satisfactory, account	1. समाधानप्रद वृतान्त 2. समाधानप्रद लेखा
Satisfactory arrangement	समाधानप्रद इन्तजाम
Satisfactory inquiry	समाधानप्रद जाँच, संतोषजनक जाँच
Satisfactory proof	संतोषजनक प्रमाण
Satisfy the conditions	शर्तें पूरी करना
Satisfy the justice of the case, to	मामले में न्याय की तुष्टि के लिए
Save after consultation with	—से परामर्श किए बिना
Save as aforesaid	जैसा ऊपर कहा गया है उसके सिवाय
Save as expressly provided in	—में स्पष्ट रूप से यथा उपबंधित के सिवाय
Save as otherwise prescribed	जैसा अन्यथा विहित है उसे छोड़कर
Save as provided hereafter	इसके आगे यथा उपबंधित के सिवाय
Save in so far as	इसके अतिरिक्त
Save where	जहाँ—है वहाँ के सिवाय
Save with permission	अनुज्ञा के बिना

Saving all just exceptions	सब न्यायसंगत अपवादों को छोड़कर
Saving scheme	बचत योजना
Scale of charges	प्रभारों का मापमान
Scale of pay	वेतनमान
Scale of pay, revised	परिवर्तित वेतनमान
Scant attention	स्वल्प/कम ध्यान
Scarcity and relief	अभाव और सहायता
Scarcity areas	अभावग्रस्त क्षेत्र
Scarcity of resources	साधनों की कमी
Scare currency	दुर्लभ मुद्रा
Scavenging tax	सफ़ाई-कर
Scheduled area	नियत/अनुसूचित क्षेत्र
Scheduled arrival	आगमन का नियत समय
Scheduled banks	अनुसूचित बैंक
Scheduled castes	अनुसूचित जातियाँ
Scheduled time	नियत समय
Scheduled tribes	अनुसूचित जनजातियाँ
Schedule of charges	प्रभारों की अनुसूची
Schedule of rates	दर-सूची
Scheme of arrangements	प्रबंध-योजना
Scheme of management	प्रबंध की स्कीम
Scholar of repute	ख्यातिप्राप्त विद्वान
Scholarship scheme	छात्रवृत्ति योजना
School session	शिक्षा-सत्र
Scientific approach	वैज्ञानिक दृष्टिकोण
Scientific knowledge	वैज्ञानिक ज्ञान
Scoop news	सबसे पहले दिया गया महत्त्वपूर्ण समाचार
Scope, considerable	पर्याप्त संभावना
Scope of audit	संपरीक्षा/लेखा-परीक्षा की परिधि
Scope of authority, beyond the	प्राधिकार के विस्तार के परे
Scope of authority, within	प्राधिकार के विस्तार के भीतर
Scope of grant	अनुदान की सीमा

Scope of the inquiry	जाँच की परिधि
Score out	काटना
Screen from punishment	दण्ड से बचाना
Screening committee	छानबीन समिति
Scrutiny and checking	छानबीन और जाँच
Scrutiny is over	छानबीन समाप्त है
Sealed, common	सामान्य मुद्रा
Sealed cover	मुहरबन्द लिफाफा
Sealed tender	मुहरबन्द टेंडर/निविदा
Sealing is required	मुद्रा लगाना अपेक्षित है
Seal of the cover	मुद्रा जो लिफाफे पर लगी हो
Search and seizure	तलाशी और जब्ती
Search, general	आम तलाशी
Searching inspection	पैनी दृष्टि से किए गए निरीक्षण
Search warrant	तलाशी वारंट
Seasonal character	समय विशेष
Seasonal job	मौसमी धंधा
Seasoned officer	परिपक्व अधिकारी
Seating arrangements	बैठने की व्यवस्था
Seat, principal	प्रधान स्थान
Seats, allotted	आबंटित स्थान
Secondary education	माध्यमिक शिक्षा
Secondary evidence	गौण साक्ष्य
Second instrument	दूसरी लिखत
Second proviso	दूसरा परन्तुक
Secretariat service	सचिवालय सेवा
Secret ballot	गुप्त मतदान
Secret cover	गुप्त लिफ़ाफा
Secret instructions	गुप्त अनुदेश/हिदायतें
Secret, most	अति गुप्त
Secret process	गुप्त प्रक्रिया
Secret, top	परम गुप्त
Section has no comment to offer	अनुभाग को इस पर कोई टिप्पणी नहीं करनी

Section may please see	अनुभाग कृपया देख ले
Sector, private	प्राइवेट सेक्टर
Sector, public	पब्लिक सेक्टर
Secular state	धर्म निरपेक्ष राज्य
Secured debt	प्रतिभूत ऋण
Secured high rank	ऊँची श्रेणी प्राप्त की
Secured loans	प्रतिभूत कर्ज़
Securing compliance	अनुपालन सुनिश्चित करना
Securing possession	कब्जा लेना
Securing the objects	उद्देश्यों को प्राप्त करना
Security arrangement	सुरक्षा-व्यवस्था
Security bond	प्रतिभूति बंधपत्र
Security council	सुरक्षा परिषद्
Security deposit	जमानत, प्रतिभूति जमा
Security for appearance	हाजिरी के लिए प्रतिभूति
Security for good behaviour	सदाचार के लिए प्रतिभूति
Security guard	सुरक्षा गारद
Security measures	सुरक्षा उपाय
Security of public peace	लोक शांति की सुरक्षा
Seemingly correct	वाह्य रूप से ठीक
See my note in the linked file	संलग्न फाइल में मेरी टिप्पणी देखिए
Seen and passed on to—	देख लिया और—को भेज दिया
Seen and returned	देख लिया और—को भेज दिया
Seen and spoken	देख लिया और बात कर ली
Seen, file	देखा, फ़ाइल करें
Seen, thanks	देखा, धन्यवाद
Seen with papers	संबंधित काग़ज लेकर मिलें
Sees ahead	दूरदर्शी है
Seizure memo	जब्ती पत्र
Seizure of goods	माल की जब्ती
Select committee	प्रवर समिति
Select grade	प्रवर श्रेणी
Selection committee	चयन समिति

Selection of sites	स्थल चयन
Selection post	चयन-पद, प्रवरण पद
Self-contained draft	स्वतःपूर्ण मसौदा/प्रारूप
Self-contained note	स्वतःपूर्ण टिप्पणी/नोट
Self-contained note may please put up	कृपया स्वतःपूर्ण टिप्पणी/नोट प्रस्तुत कीजिए
Self-contradictory	स्वयं विरोधी
Self-defence	आत्म रक्षा
Self-explanatory note	स्वतः स्पष्ट टिप्पणी/नोट
Self-financing-scheme	स्वयं वित्त योजना
Self-reliance	आत्मनिर्भरता
Self-reliant	स्वावलम्बी
Self-service	स्वयं सेवा
Self-sufficient	आत्मनिर्भर
Semi-autonomous	अर्द्ध-स्वायत्त
Semi-final	अन्तिम से ठीक पूर्व
Semi-nomadic population	अर्धयायावर जनसंख्या
Semi-permanent	अर्द्ध स्थायी
Semi-skilled worker	अर्द्धकुशल कामगार
Semi-technical	अर्द्ध तकनीकी
Senior administrative grade	वरिष्ठ प्रशासन ग्रेड
Senior branch	वरिष्ठ शाखा
Senior grade	वरिष्ठ/वरीय ग्रेड
Seniority list	वरिष्ठता/ज्येष्ठता/वरीयता सूची
Seniority of service	सेवा में ज्येष्ठता
Seniority tempered by merit	वरिष्ठता प्रधान योग्यता गौण
Seniormost officer	वरिष्ठतम अधिकारी
Senior officer	ज्येष्ठ अधिकारी
Senior scale of pay	ज्येष्ठ वेतनमान
Senior time-scale	ज्येष्ठ/वरिष्ठ समयमान
Sense of duty	कर्त्तव्य भावना
Sense of guilt	दोष/अपराध भावना
Sense of humour	हास्य बोध
Sense of proportion	अनुपात बोध

Sense of punctuality	समय निष्ठता
Sense of purpose	उद्देश्य निष्ठता
Sense of urgency	आवश्यकता के महत्त्व की समझ
Sentenced to gallows	फाँसी का दण्ड दिया गया
Sentenced to undergo rigorous imprisonment for—	—के लिए सश्रम करावास भेजने के दण्ड से दण्डित
Sentence to death	मृत्यु-दंड
Sentence to fine	जुर्माने का दंड देना
Sent herewith as directed	आदेशानुसार साथ में भेजा जा रहा है
Sent to prison	जेल भेज दिया गया
Separate inquiry	पृथक् जाँच
Separately and distinctly	पृथक्तः और सुभिन्नत:
Separately dealt with	अलग से विचार किया गया
Separate notification is necessary	पृथक् अधिसूचना की आवश्यकता है
Separate possession	पृथक् कब्जा
Separate revenue	पृथक् आगम (व राजस्व)
Sequence of events	घटनाक्रम
Serial list	क्रम-सूची
Serially numbered	क्रमांकित
Serial number	क्रम संख्या, क्रमांक
Series of acts	कार्यों का क्रम
Series of occurrences	घटनाओं का सिलसिला
Serious accident	भारी/गंभीर दुर्घटना
Serious allegation	गंभीर आरोप
Serious complications	गंभीर उलझनें
Serious damage	गंभीर क्षति
Serious disorder	गंभीर अव्यवस्था
Serious inconvenience	घोर असुविधा
Serious interference	गंभीर बाधा
Serious misconduct	घोर अवचार
Serious offence	गंभीर अपराध
Serious repercussions	गंभीर प्रतिक्रिया
Serious thought	गंभीर विचार

Serve and return	1. तामील करने के बाद लौटाइए 2. तामील करना/देना और लौटाना
Serve a notice	सूचना तामील करना
Serve term of imprisonment	कारावास की अवधि काटना
Serviceable general stores	सेवायोग्य साधारण सामान
Serviceable material	काम का माल
Service book	सेवा-पुस्तिका
Service charges	सेवा-प्रभार
Service conditions	सेवा की शर्तें
Service contract	सेवा-संविदा
Service envelope	सरकारी लिफाफा
Service instructions	विभागीय अनुदेश
Service of process	आदेशिका की तामील
Service of the summon	सम्मन की तामील
Service paid article	दत्त शुल्क सरकारी वस्तु
Service personnel	फौजी/सरकारी कर्मचारी
Service rendered	की गई सेवा
Service roll	सेवावृत्त
Service rules	सेवानियम
Service sheet	सेवापत्रक
Services lent to—Department	सेवाएँ—विभाग को सौंपी गयी
Service, subordinate	अधीनस्थ सेवाएँ
Service verification	सेवा सत्यापन
Servicing of debts	ऋण शोधन कार्य
Session of parliament	संसद का सत्र
Set a drift	खोलकर छोड़ देना
Set apart	पृथक् करना/रखना
Set apart the sum	धनराशि अलग रखना
Set aside	अलग रखना
Set aside the dismissal	खारिजी आपस्त करना
Set aside the orders of the lower court	निचले न्यायालय के आदेश को रद्द करना
Set at liberty	युक्त किया जाना

Set back	1. धक्का, हानि 2. रुकावट, बाधा
Set down for hearing	सुनवाई के लिए रखा जाना
Set forth	देना, बताना
Set forth in schedule	अनुसूची में वर्णित/दिया गया
Set in	आरंभ होना
Set of promises	वचनों का संवर्ग
Set out	दिए गए उपवर्णित
Set over	उपरिस्थापित
Setting a scheme	स्कीम स्थिर रखना/करना
Setting forth such other particulars	ऐसी अन्य विशिष्टियाँ उपवर्णित करना
Setting forth the grounds	आधारों को बताते हुए
Setting off one item against another	एक मद को दूसरी में से मुजरा करना
Setting out opinions	राय उल्लिखित करते हुए
Setting out the whole	सम्पूर्णतः उपवर्णित करते हुए
Setting up	स्थापना, स्थापित करना
Setting up a title	हक़ जताना
Settled account	तयशुदा हिसाब
Settled land	व्यवस्थापित भूमि
Settledown to work	काम में जम जाना
Settlement case	बंदोवस्त मामला
Settlement instructions	बंदोबस्त-संबंधी हिदायतें
Settlement of a dispute	झगड़े का निपटारा
Settlement of claims	दावों का तय करना
Settlement of issues	विवाद्यकों का स्थिरीकरण
Settlement officer	बन्दोबस्त अधिकारी
Settlement operations	बन्दोबस्त-कार्य
Settlement period	निपटान की अवधि
Settlement rate	निपटान की दर
Settle the account	हिसाब चुकता करना
Set up	स्थापित करना
Set up a committee	समिति गठित करना

Several distinct grounds	कई सुभिन्न आधार
Several liabilities	पृथक्-पृथक् दायित्व
Severally and jointly	अलग-अलग और मिलकर
Severe action	कठोर कार्रवाई
Severe disciplinary action will be taken	अनुशासन की कड़ी कार्रवाई की जाएगी
Severed, to be	पृथक् किया जाना
Severe loss of life	अत्यधिक जनहानि
Severe punishment	गुरुतर दण्ड
Severer in kind	कठोरतम किस्म का
Shake his credit	उसकी विश्वसनीयता को धक्का पहुँचाना
Shake the credit	विश्वसनीयता को धक्का पहुंचाना
Shall affect	प्रभाव डालेगा
Shall aid with his advice	अपनी सलाह देकर साहाय्य देगा
Shall also be laid on the table of Parliament	संसद के पटल पर रखा जाएगा
Shall be adjusted	समायोजित की जाएगी
Shall be aggregated	संकलित कर ली जाएगी
Shall be a good discharge	उन्मोचित हो जाएगा
Shall be applicable	उपयोज्य होगी
Shall be assessed	निर्धारित किया जाएगा
Shall be at all times open to inspection	सब समयों पर निरीक्षण के लिए खुली रहेगी
Shall be at liberty to explain	स्पष्टीकरण करने के लिए स्वतन्त्र होगा
Shall be binding upon	पर आबद्धकर होगा
Shall be bound to attend	हाजिर होने के लिए आबद्ध होगा
Shall be bound to state	कथन करने के लिए आबद्ध होंगे
Shall be calculated	संगणना की जाएगी
Shall be carried forward	अग्रनीत की जाएगी
Shall be carried into effect	कार्यान्वित किया जाएगा
Shall be chargeable	प्रभार्य होंगी
Shall be considered	विचार किया जाएगा

Shall be construed accordingly	तदनुसार उसका अर्थ किया जाएगा
Shall be convened	बुलाए जाएंगे
Shall be credited	जमा किए जाएँगे
Shall be deemed	समझा जाएगा
Shall be deemed to be included	सम्मिलित समझा जाएगा
Shall be deemed to be valid service	विधिमान्य तामील समझी जाएगी
Shall be deemed to have the meaning	— के वे ही अर्थ समझे जाएँगे
Shall be deemed to mean	से अभिप्रेत समझा जाएगा
Shall be equal in number	संख्या में बराबर होंगे
Shall be forwarded	भेजा जाएगा, अग्रेषित की जाएगी
Shall be free from	—से मुक्त रहेगा
Shall be guided by principles	सिद्धांतों से मार्गदर्शित होगा
Shall be inserted	अन्तः स्थापित किया जाएगा
Shall be issued as soon as conveniently may be	सुविधापूर्वक जितनी शीघ्र निकाली जा सके निकाली जाएगी
Shall be lawful	वैध होगा
Shall be liable to account for	के लिए उत्तरदायी होगा
Shall be liable to pay	देना पड़ेगा
Shall be made available	उपलब्ध की जाएगी
Shall be maintained	बनाए रखा जाएगा
Shall be omitted from the list	सूची में से छोड़ दिया जाएगा
Shall be on probation	परिवीक्षा पर रहेगा
Shall be open to inspection	निरीक्षण के लिए खुली रहेगी
Shall be personally liable	व्यक्तिगत तौर पर दायी होगा
Shall be prevented	निवारित रखा जाएगा
Shall be read over	पढ़कर सुनाया जाएगा
Shall be receivable in evidence	साक्ष्य में लिए जाने योग्य होगा
Shall be recorded	अभिलिखित की जाएगी
Shall be regarded	समझे जाएँगे
Shall be renewable	नवीकरण किया जा सकेगा
Shall be satisfied	संतुष्ट होंगे

Shall be subject to inspection	निरीक्षण किया जा सकेगा
Shall be substituted	प्रतिस्थापित किए जाएँगे
Shall be sworn	शपथ दिलाई जाएगी
Shall be taken down	लिखा जाएगा
Shall be treated as confidential	गोपनीय मानी जाएगी
Shall be void	शून्य होगा
Shall being the case before—	उस मामले को—के समक्ष लाएगा
Shall cease to be a member	सदस्य नहीं रहेगा
Shall cease to have effect	प्रभावहीन हो जाएगा
Shall cease to hold office	पद धारण करना समाप्त हो जाएगा
Shall come into force	प्रवृत्त होगा
Shall continue to apply	को लागू होगा
Shall direct the policy	नीति के संबंध में निर्देश देंगे
Shall form part of	का भाग होगा
Shall give effect to	कार्यान्वित कराएगा
Shall have effect	प्रभावी होगा
Shall have force and effect	प्रवृत्त और प्रभावी होगा
Shall have the force of law	विधि का बल रखेगा
Shall have the same effect	का वही प्रभाव होगा
Shall hold good	प्रभावी हो जाएगा
Shall immediately due	तुरन्त संदेय होगा
Shall maintain proper accounts	उचित हिसाब रखेगा/गी
Shall not apply to any place	किसी स्थान को लागू न होगा
Shall not be called in question on any ground	किसी भी आधार पर आपत्ति नहीं उठाई जाएगी
Shall not be compelled	बाध्य नहीं किया जाएगा
Shall not intervene	हस्तक्षेप नहीं करेगा
Shall operate as	का प्रभाव रखेगी
Shall otherwise act	कोई अन्य कार्य करेगा
Shall prejudice the determination	अवधारण पर प्रतिकूल प्रभाव डालेगा
Shall proceed to hear the complaint	परिवाद सुनने के लिए अग्रसर होगा

Shall record the reason of his inability	अपनी असमर्थता का कारण लिखेगा
Shall serve a notice of demand	माँग की सूचना की तामील कराएगा
Shall stand amended	संशोधित हो जाएगा
Shall stand vacated	समाप्त हो जाएगा
Share paid up	समादत्त शेयर पूंजी
Share profits, to	लाभों में हिस्सा पाना
Shares divided into	में विभाजित हिस्से
Shifting charges	स्थानांतरण प्रभार
Shift system	पारी-पद्धति
Shortages written off	बट्टे-खाते में डाली हुई घटती
Short cut method	सुगम रीति
Shortest route	सबसे छोटा मार्ग
Short fall	कमी
Shortly stating	थोड़े में कथन करते हुए
Short notice	अल्पावधि सूचना
Short notice question	अल्प सूचना प्रश्न
Short of details	बिना कोई ब्यौरे दिए, संक्षेप में
Short particulars	संक्षिप्त विशिष्टियाँ
Short supply	प्रदाय में कमी
Short tempered	तुनुक मिजाज
Short term course	अल्पावधि पाठ्यक्रम
Short term loan	अल्पावधि उधार/कर्ज
Short time employment	अल्पकालिक रोजगार
Should be discontinued	बंद कर दी जाए
Should be given top priority	परम अग्रता दी जाए
at once, action Should be taken	फौरन कार्रवाई शुरू की जाए
Show cause	कारण बताओ
Show cause notice	कारण बताओ सूचना
Show cause why serious action should not be taken against him	कृपया बताइए कि उसके खिलाफ़ कड़ी कार्रवाई क्यों न की जाए
Shown as above	जैसा कि ऊपर दिखाया गया है

Show of force	बल-प्रदर्शन
Show of hands, on a	हाथ उठाकर
Sick leave	बीमारी की छुट्टी
Side by side	साथ-साथ
Sifting of evidence	साक्ष्य का सूक्ष्म परीक्षण
Sight, after	दर्शन के बाद
Sight, at	दर्शन पर, देखने पर
Sign a receipt therefor	उसके लिए रसीद हस्ताक्षरित करना
Signature, authenticating	अधिप्रमाणन अधिकार
Signature, good	मान्य हस्ताक्षर
Signature of receipt	रसीद पर हस्ताक्षर
Signature pad	हस्ताक्षर-पैड
Sign documents	दस्तावेज़ों पर हस्ताक्षर
Signed, sealed and delivered	हस्ताक्षर और मुहरबन्द करके दिया गया
Signify approval	अनुमोदन संज्ञापित करना
Signify assent	अनुमति संज्ञापित करना
Signify willingness	रजामन्दी संज्ञापित करना
Signing and verification	हस्ताक्षरण तथा सत्यापन
Signing in blank	रिक्त स्थान को छोड़कर हस्ताक्षर करना
Silent worker	शांत कार्यकर्त्ता
Silver jubilee	रजत जयंती
Similar association	समरूप संगम
Similar case	वैसा ही/समान मामला
Similar payment	वैसा ही संदाय
Simple imprisonment	सादा कारावास
Simple interest	साधारण ब्याज
Simple minded	सरल स्वभाव का, सीधा-सादा
Simplification of rules	नियमों का सरलीकरण
Simultaneous action	एक ही समय कार्रवाई
Simultaneous agreement in writing	लिखित में समसामयिक करार
Simultaneous execution	एक साथ निष्पादन

Since inception	आरंभ से
Sincerely, yours	आपका
Sincerity is transparent	सच्चाई सुस्पष्ट है
Sincerity of purpose	उद्देश्य के प्रति सच्चाई
Since then	तब से
Sine die	अनिश्चित काल के लिए
Sine qua non	अनिवार्य शर्त
Single act	एक कार्य
Single compensation	एकल प्रतिकर
Single consideration	एकल प्रतिफल
Single journey ticket	इकतरफा यात्रा टिकट
Single member constituency	एक सदस्यीय निर्वाचन क्षेत्र
Single person	एक ही व्यक्ति
Single point	एक बिन्दु
Single tender	एकल टेंडर
Single ticket	एक तरफ़ा टिकट
Single transferable vote	एकल संक्रमणीय मत
Single unit	एक इकाई
Singly or taken together	अकेले या साथ मिलकर
Sinking fund	निक्षेप निधि
Sit down strike	बैठो रहो हड़ताल
Sit-in-strike	हाजिर हड़ताल
Sitting member	आसीन सदस्य, वर्त्तमान सदस्य
Sitting over the papers	कागज दबाकर बैठना
Situation, responsible	उत्तरदायित्वपूर्ण औहदा
Skilled work	कौशलपूर्ण काम
Slightly affected	थोड़ा-सा/किंचित प्रभावित
Slip, accidental	आकस्मिक भूल
Slip of pen	लेखन-त्रुटि
Slow but sure forted	सुस्त किन्तु सुदृढ़
Small cause court	लघुवाद न्यायालय
Small savings scheme	अल्प बचत योजना
Small scale industry	लघु उद्योग
So and so	अमुक

So appearing in evidence	इस प्रकार साक्ष्य में दर्शित होने पर
So as to ensure	ताकि यह सुनिश्चित किया जा सके
So as to have retrospective effect	कि उसका भूतलक्षी प्रभाव हो
So as to readily accessible	कि उन तक आसानी से पहुंच हो सके
Soberising influence of age	आयु सुलभ गांभीर्य
So called	तथाकथित
Sociability fair	कुछ मिलन सार
Social activities	सामाजिक क्रियाकलाप
Social adjustment	सामाजिक सभंजन
Social boycott	सामाजिक बहिष्कार
Social condition	सामाजिक दशाएं
Social customs	सामाजिक रूढ़ियाँ
Social disparity	सामाजिक विषमता
Social evil	सामाजिक बुराई
Social institution	सामाजिक संस्था
Socialistic pattern	समाजवादी ढाँचा
Social justice	सामाजिक न्याय
Social order	सामाजिक व्यवस्था
Social responsibility	सामाजिक दायित्व
Social security and welfare	सामाजिक सुरक्षा और कल्याण
Social service	सामाजिक-सेवा
Social welfare	समाज कल्याण
Social worker	सामाजिक कार्य-कर्त्ता
So far	अभी तक
So far as	जहाँ तक
So far as consistent with the provisions of—	जहाँ तक वह—के उपबंधों से संयत हों
So far as may be	जहाँ तक हो सके
So far as possible	यथा संभव
So far as practicable	यथासाध्य
So far as they are applicable	जहाँ तक वे लागू हो सकते हैं
Soft currency area	सुलभ मुद्रा क्षेत्र
So however	किन्तु इस प्रकार कि

Soil conservation	भूमि संरक्षण
Soil erosion	मिट्टी का कटाव
Soil testing	मिट्टी परीक्षण
Sold by auction	नीलाम द्वारा बेचा गया
Sole and regular employment	अनन्यतः और नियमित रूप से नियोजित
Sole arbitrator	एकमात्र मध्यस्थ
Sole arbitrator in the reference	निर्देश में एकमात्र मध्यस्थ
Sole benefit of persons	व्यक्तियों का ही फ़ायदा
Solely of money	एकमात्र धन के रूप में
Solely or jointly	अकेले ही या संयुक्त रूप से
Solely or mainly	केवल या मुख्य रूप से
Solely responsible	अकेले ही उत्तरदायी
Solemn affirmation	सत्यनिष्ठा से प्रतिज्ञान
Solemnly affirm	सत्यनिष्ठा से प्रतिज्ञा करता हूँ
Sole office	एकमात्र कार्यालय
Sole purpose	एकमात्र प्रयोजन
Soliciting the vote	वोट/मत की याचना करना
Solitary case	अकेला मामला
Solitary confinement	एकान्त कारावास
So long as	जब तक कि
Somewhat indifferent	कुछ उदासीन
Somewhat shy	कुछ संकोची
So often as	जब-जब—तब-तब
Soon after the receipt	प्राप्त होते ही, मिलते ही
Sound and capable officer	ठोस और समर्थ अधिकारी
Sound and reasonable	सरकार और युक्तियुक्त
Sound and thorough	ठोस और पक्का
Sound memory	स्वस्थ स्मृति
Sound mind	स्वस्थ चित्त
Sound on paper	कागजी काम में ठोस
Sound practice	ठीक चलन
Sound proposals	ठोस प्रस्ताव

Sound understanding	स्वस्थ बोध
Source, deduction	स्रोत पर कटौती
Source of income	आय का स्रोत
Source of law	विधि के स्रोत
Sovereign authority	प्रभुता सम्पन्न प्राधिकारी
Sovereign power	प्रभुत्व सम्पन्न शक्ति
Sovereignty and integrity	प्रभुता और अखंडता
Spade work	प्रारम्भिक कार्य
Spare copy	अतिरिक्त प्रति
Spare time	अतिरिक्त/खाली समय
Speaking order	कारण देते हुए आदेश
Speak please	कृपया बात करें
Speak well of	प्रशंसा करना
Speak with papers to-day	कागज लेकर आज ही बात करें
Special advance	विशेष अग्रिम
Special allowance	विशेष भत्ता
Special branch	विशेष शाखा
Special care	विशेष सावधानी
Special case	विशेष मामला
Special cause	विशेष कारण
Special conditions	विशेष शर्तें
Special deferred annuity	विशेष आस्थगित वार्षिकी
Special direction	विशेष निदेश
Special enactment	विशेष अधिनियमिति
Special feature	विशेष लक्षण/बात
Special form of procedure	प्रक्रिया का विशेष रूप
Specialist service	विशेषज्ञ सेवा
Special jurisdiction or powers	विशेष अधिकारिता या शक्ति
Special knowledge and experience	विशेष जानकारी और अनुभव
Special law	विशेष विधि
Special leave to appeal	अपील करने की विशेष अनुमति
Specially empowered	विशेष रूप से सशक्त किया गया
Special means of knowledge	जानकारी के विशेष साधन

Special measure	विशेष उपाय
Special messenger	विशेष संदेशवाहक
Special order	विशेष आदेश
Special pay	विशेष वेतन
Special proceedings	विशेष कार्यवाहियाँ
Special provision	विशेष उपबन्ध
Special reasons to be recorded in writing	विशेष कारण जो लेखबद्ध किए जाएँ
Special resolution	विशेष संकल्प/प्रस्ताव
Special secretary	विशेष सचिव
Special session	विशेष अधिवेशन/सत्र
Specification, according to	विर्निदेश के अनुसार
Specific charges	खास आरोप
Specific denial	स्पष्ट खंडन
Specific fact	विनिर्दिष्ट तथ्य
Specific instances	खास उदाहरण
Specific proposals	विशिष्ट प्रस्ताव
Specific purpose	विशिष्ट प्रयोजन
Specific reason	विशिष्ट कारण
Specific reasons may be given	निश्चित कारण दिए जाएँ
Specific recommendation	निश्चित सिफारिश
Specified date	निर्दिष्ट तारीख
Specified in the certificate	प्रमाण-पत्र में उल्लिखित
Specifying the time, without	समय निर्दिष्ट किए बिना
Specimen signature of Shri—are given below	श्री—के नमूने के हस्ताक्षर नीचे दिये गए हैं
Speed, all convenient	सुविधानुसार पूर्ण शीघ्रता
Speed limit	गति सीमा
Speedy remedy	शीघ्र उपचार
Speedy trial	शीघ्र विचारण
Sphere of duty	कार्यक्षेत्र
Spill over schemes	आगे लायी गई योजनाएँ
Spirit of the rule	नियम की भावना
Splendid piece of work	शानदार कार्य

Split duty	विभाजित कर्त्तव्य काल
Spontaneous action	स्वतः स्फूर्त कार्रवाई
Spot inspection	स्थल निरीक्षण
Spot delivery contract	हाजिर सौदा संविदा
Spot price	हाजिर कीमत
Spread over	विस्तृत
Spurious document	नकली दस्तावेज
Squaring up	1. ठीक-ठीक करना 2. ठीक-ठीक बनाना
Stabilization of prices	कीमतों में स्थिरता लाना
Stable government	स्थिर सरकार
Stable price	स्थिर कीमत
Staff are being instructed to adhere to instructions rigidly	कर्मचारियों से कहा जा रहा है कि हिदायतों का सख्ती से पालन करें
Staff at fault may be taken up as per rules	दोषी कर्मचारियों पर नियमानुसार कार्रवाई की जाए
Staff instructions	कर्मचारियों को हिदायतें
Staff, ministerial	लिपिकवर्गीय कर्मचारी
Staff on duty	कार्य पर उपस्थित कर्मचारी
Staff strength is not adequate	कर्मचारियों की संख्या पर्याप्त नहीं है
Staff strength needs to be augmented	कर्मचारियों की संख्या बढ़ाने की आवश्यकता है
Staff training	कर्मचारी प्रशिक्षण
Staff will be considered for compensatory off	कर्मचारियों को एवजी छुट्टी दी जाएगी
Stage of inquiry	जाँच का प्रक्रम
Stage of trial	विचारण का प्रक्रम
Standard benefit	मानक प्रसुविधा
Standard form	मानक प्ररूप
Standard heads	मानक शीर्ष
Standardisation committee	मानकीकरण समिति
Standard of decency	शिष्टता का स्तर
Standard of instruction	शिक्षण का स्तरमान

Standard of living	जीवन-स्तर
Standard of quality	विशिष्टता का स्तर
Standard rate	मानक दर
Standard rent	मानक किराया
Stand committed	वचनबद्ध होना
Stand for	1. प्रतीक होना 2. समर्थन करना 3. के लिए
Standing commission	स्थायी आयोग
Standing committee	स्थायी समिति
Standing guard file	स्थायी गार्ड फ़ाइल
Standing instructions	स्थायी अनुदेश
Standing order	स्थायी आदेश
Stand-point	दृष्टिकोण
Stands so declared	ऐसी घोषणा विद्यमान है
Stand still agreement	यथास्थिति समझौता
Stand together, can not	एक साथ नहीं रह सकते
Starred question	तारांकित प्रश्न
Start with	आरंभ करना
Start with, to	प्रारंभ में, शुरू में
State a case	मामले का कथन करना
State enterprise	राजकीय उद्यम
State Government are pleased to sanction—	राज्य शासन—मंजूरी देता है
State Govt. observe that—	राज्य शासन का मत है कि—
State Govt. regret that—	राज्य सरकार को खेद है कि—
State, I am directed to	मुझे यह कहने का निदेश हुआ है
State its finding	अपना निष्कर्ष देना
State legislature	राज्य विधान मंडल
State list	राज्य सूची
Statement given by the accused	अभियुक्त द्वारा दिया गया बयान
Statement has been recorded	कथन/बयान लिख लिया गया है
Statement in concise form	संक्षिप्त कथन

Statement is attached	विवरण/बयान संलग्न है
Statement is enclosed	विवरण/बयान संलग्न है
Statement of account	लेखा-विवरण
Statement of allegations	आरोपों का विवरण
Statement of facts	तथ्यों का विवरण
Statement of material facts	तात्त्विक तथ्यों का कथन
Statement of outstanding cases	बकाया मामलों का विवरण
Statement of solemn affirmation	सत्यनिष्ठापूर्ण प्रतिज्ञान से कथन
Statement of the case	मामले का कथन/विवरण
Statement of the grounds	आधारों का कथन
Statement of the reasons	कारणों का विवरण/कथन
Statements are quite contradictory	विवरण/बयान परस्पर विरोधी हैं
State of affairs	कार्य-कलाप
State of emergency	संकटकालीन/आपात स्थिति
State of health	स्वास्थ्य की दशा
State of uncertainty	अनिश्चय की स्थिति
State Public Service Commission	राज्य लोकसेवा आयोग
State shall take steps	राज्य कार्रवाई करेगा
State versus—	राज्य बनाम—
Stating shortly	संक्षिप्त/थोड़े में कथन करते हुए
Stationery and printing	लेखन सामग्री तथा मुद्रण
Station of posting	तैनाती का स्थान
Statistical analysis	सांख्यिकी विश्लेषण
Statistical data	सांख्यिकी सामग्री
Statistical information	सांख्यिकी सूचना
Statistics of growth and yield	वृद्धि और उपज के आँकड़े
Status and standard	प्रतिष्ठा और स्तर
Status of members	सदस्यों की प्रास्थिति
Status quo	यथापूर्व स्थिति
Statute book	कानून पुस्तक
Statutory body	कानूनी निकाय

Statutory declaration	कानूनी घोषणा
Statutory orders	कानूनी आदेश
Statutory power	सांविधिक/कानूनी शक्ति
Statutory report	कानून द्वारा अपेक्षित रिपोर्ट
Statutory requirement	सांविधिक आवश्यकता/अपेक्षा
Statutory rights	सांविधिक अधिकार
Stay of execution	निष्पादन का रोका जाना
Stay of proceedings	कार्यवाही स्थगित रखना/रोकना
Stay order	स्थगन आदेन
Stay the recovery	वसूली रोक रखना
Steady decline	लगातार कमी
Steering committee	विषय-निर्वाचन समिति
Step-in-aid	सहायक उपाय/कदम
Steps have already been taken	कदम पहले ही उठाए जा चुके हैं
Steps may be taken	उपाय किए जाएँ/कदम उठाए जाएँ
Stereotyped reply	बंधा-बंधाया
Still needs experience	अभी और अनुभव की आवश्यकता है
Stipulated date	नियत तारीख
Stipulated date, future	अनुबद्ध भावी तारीख
Stipulation, according to	शर्त के अनुसार
Stipulation as to time	समय के बारे में अनुबंध
Stock register	स्टाक रजिस्टर
Stock verification	स्टाक सत्यापन
Stood up	साहस दिखलाया
Stoppage at efficiency bar	दक्षतारोध पर रुकना
Stoppage in transit	अभिवहन में रोकना
Stoppage of increment	वेतनवृद्धि रोकना
Stop press	छपते-छपते
Store room	स्टोर रूम, भंडार कक्ष
Straight and popular	खरा और लोकप्रिय
Straight dealings	खरा व्यवहार
Straightness of conduct	आचरण में खरा
Strained relations	मनोमालिन्य
Street, public	सार्वजनिक सड़क

Strength and weakness	सामर्थ्य और कमजोरी
Strengthening of administration	प्रशासन का सुदृढ़ीकरण
Strength of total staff	सम्पूर्ण कर्मचारिवृन्द की संख्या
Strenuous work	कष्टसाध्य कार्य
Stress of weather	मौसमजन्य कठिनाई
Strict control	कड़ा नियंत्रण
Strict custody	कड़ी अभिरक्षा
Strict discipline	कड़ा अनुशासन
Strictest standard, by the	कड़े से कड़े मानदंड के अनुसार
Strict in his dealing	व्यवहार में कड़े
Strictly adhere to	ठीक-ठीक पालन करना
Strictly justifiable by law	विधि के अनुसार सर्वथा अनुमत
Strictly prohibited	सर्वथा निषिद्ध
Strictly speaking	यथार्थ रूप में, वस्तुतः
Strike, complete	पूर्ण हड़ताल
Strike, go slow	धीरे काम हड़ताल
Strike, lightening	तत्काल हड़ताल
Strike off	काट दिया जाना
Strike off the name	नाम काट देना
Strike out	काट देना
Strike, partial	आंशिक हड़ताल
Strike pay	हड़ताल का वेतन
Strike, pen down	कलम रोको हड़ताल
Strike period	हड़ताल-अवधि
Strike, relay hunger	रिले भूख हड़ताल
Strike, work to rule	नियमानुसार कार्य हड़ताल
Stringency in the money market	मुद्रा बाजार में तंगी
Stringent qualification	कड़ी शर्तें
Strive hard	जीतोड़ प्रयास करना
Strive one's best	भरसक प्रयत्न करना
Strongly recommended	जोरदार सिफारिश की जाती है
Strong opposition	तीव्र विरोध

Strong points	विशेष गुण
Strong position	मजबूत स्थिति
Strong with his subordinates	अधीनस्थों के प्रति कड़ा
Structural alteration	संरचनात्मक परिवर्तन
Structural changes	संरचनात्मक परिवर्तन/बदलाव
Structure, basic	आधारिक संरचना
Structure of taxation	कराधान-संरचना
Students' activity	छात्र-क्रियाकलाप
Students' agitation	छात्र-आन्दोलन
Study, interdisciplinary	अन्तरविषयक अध्ययन
Study leave	अध्ययनार्थ छुट्टी
Stunted growth	अवरुद्ध विकास
Sub-clause	उपखंड
Sub-committee	उपसमिति
Sub-contract	उपसंविदा/उपठेका
Sub-division	उपखंड
Subduced officer	निष्प्रभ अधिकारी
Sub-head of account	लेखा उप-शीर्ष
Subject in dispute	विवादग्रस्त विषय
Subject is still under reference	विषय पर अभी पत्रव्यवहार हो रहा है
Subject is treated as closed	यह विषय समाप्त समझा जाए
Subject matter of a suit	वाद की विषयवस्तु
Subject noted above	उपर्युक्त विषय
Subject of dispute	विवादग्रस्त विषय
Subject of inquiry	जाँच का विषय
Subject to	—के अधीन, के अध्यधीन
Subject to a condition	शर्त के अधीन
Subject to agreement	करार के अधीन
Subject to appeal	अपील की जा सकेगी
Subject to approval	अनुमोदन मिलने पर
Subject to approval of	बशर्ते—का अनुमोदन मिलने पर
Subject to audit	लेखा परीक्षा के अधीन
Subject to conditions	शर्तों के अधीन
Subject to confirmation	पुष्टि होने पर

Subject to imprisonment	कारावास से दण्डनीय
Subject to jurisdiction	क्षेत्राधिकार होने पर
Subject to mortgage	बंधन के अधीन
Subject to privilege	विशेषाधिकार के अधीन
Subject to scrutiny	जाँच के अधीन
Subject to, shall be	—के अधीन किया जाएगा
Subject to such special conditions	ऐसी विशेष शर्तों के अधीन रहते हुए
Subject to the approval of	—द्वारा अनुमोदित होने पर
Subject to the condition of—	—के पालन करने पर
Subject to the previous approval of the govt.	सरकार के पूर्व अनुमोदन के अधीन
Subject to the provisions of any law	किसी विधि के उपबंधों के अधीन
Subject to the provisions of this act	इस अधिनियम के उपबंधों के अधीन
Subject to the rules	नियमों के अधीन रहते हुए
Subject to the terms thereof	उसमें दी गई शर्तों के अधीन
Subject to this act	इस अधिनियम के अधीन
Subject to time and circumstances permitting	यदि उस समय और परिस्थितियों में ऐसा करना संभव हो तो
Subject to unnecessary pain or suffering	अनावश्यक पीड़ा या यातना पहुँचाना
Subject to unnecessary restraint	अनावश्यक रूप से अवरुद्ध करना
Subject to verification	सत्यापित हो जाने की शर्त पर
Sub-lease	उपपट्टा
Sub-letting	उपकिरायेदारी
Submerged area	डूबा हुआ क्षेत्र
Submission, it is my	मेरा यह निवेदन है
Submission of papers	कागज पेश करना
Submission on—	—को भेजना/प्रस्तुत करना
Submission regarding—	—के विषय में निवेदन
Submission to the custody	अभिरक्षा में समर्पित होना
Submission to the order	आदेश मानना

Submit before issue	भेजने से पहले प्रस्तुत
Submitted for approval	अनुमोदन के लिए प्रस्तुत
Submitted for consideration	विचार के लिए प्रस्तुत
Submitted for favour of sympathetic consideration	सहानुभूतिपूर्ण विचार के लिए प्रस्तुत
Submitted for information	सूचना के लिए प्रस्तुत
Submitted for orders/perusal	आदेश/अवलोकन के लिए प्रस्तुत
Submitted the required list	माँगी गई सूची प्रस्तुत
Submitted with previous papers	पूर्व-पत्रों के साथ प्रस्तुत
Submitted with reference—	—के संदर्भ के अनुसार प्रस्तुत
Submit the case	मामले को भेज देना/प्रस्तुत करना
Submit the relevant papers	संबंधित कागजों को प्रस्तुत किया जाए
Submit to test	परीक्षण कराना
Subordinate agency	अधीनस्थ एजेंसी
Subordinate, immediate	सीधे अधीन
Subordinate in rank	रैंक में अधीनस्थ
Subordinate office	अधीनस्थ कार्यालय
Subordinate officer	अधीनस्थ अधिकारी
Subordinate service	अधीनस्थ सेवा
Sub-paragraph	उप-पैरा
Sub-rule	उप-नियम
Subscribe to	1. ग्राहक बनना 2. समर्थन करना, सहमत होना
Sub-section	उपधारा
Subsequent act	पश्चात्‌वर्ती अधिनियम
Subsequent action	अनुवर्ती कार्रवाई
Subsequent addition	बाद की अभिवृद्धि
Subsequent conduct	पश्चात्‌वर्ती आचरण
Subsequent grant	पाश्चिक अनुदान
Subsequent proceedings become void	बाद की कार्यवाहियाँ (शून्य) रद्द हो जाती है
Subsequent sitting	बाद की बैठक
Subsidiary employment	उपजीविका

Subsidiary register — सहायक रजिस्टर
Subsidiary work — समनुषंगी काम
Subsidy scheme — सहायकी स्कीम
Subsistence allowance — जीवन-निर्वाह गुजारा भत्ता
Subsistence grant — जीवन-निर्वाह अनुदान
Subsoil water — भूमिगत जल
Substance of statement — कथनों का सार
Substance of the order — आदेश का सार
Substantial cause — सारवान हेतुक
Substantial damage — भारी हानि
Substantial evidence — महत्त्वपूर्ण साक्ष्य
Substantial ground of claim — दावे का सारभूत आधार
Substantial injustice — बहुत अन्याय
Substantially identical — काफ़ी एक-सा, बहुत मिलता-जुलना
Substantial part — पर्याप्त भाग
Substantial question of law — सारवान विधि प्रश्न
Substantiate by the evidence — साक्ष्य द्वारा सिद्ध करना
Substantiate the charges — आरोपों की पुष्टि कीजिए
Substantive appointment — मूल नियुक्ति/पद
Substantive ground of claim — दावे का सारभूत आधार
Substantive pay — मूल-पद का वेतन
Substantive post — मूल-पद
Substituted order — प्रतिस्थापित आदेश
Substituted rule — प्रतिस्थापित नियम
Substitute is not available — एवजी उपलब्ध नहीं है
Substitute may be appointed as an interim arrangement — अन्तरिम व्यवस्था के रूप में एवजी नियुक्त किया जाए
Substitute the following for— — 1. निम्नलिखित प्रतिस्थापित किया जाए
2. —के स्थान पर निम्नलिखित रखिए
Substitute will be required — एवजी की आवश्यकता होगी
Substitution for, in — के स्थान पर/में
Substitution of, in — के स्थान पर/में

Substitution, order of	प्रतिस्थापन आदेश
Subtle sense of humour	सूक्ष्म हास्यबोध
Subversive activities	तोड़फोड़ की कार्रवाई
Succeeding paragraph	आगे का पैरा
Succeeding year	अगला वर्ष
Successful defence	सफलतापूर्वक प्रतिरक्षा
Successful efforts	सफल प्रयास
Successful organiser	सफल आयोजक
Succession, perpetual	शाश्वत उत्तराधिकार
Successive claims	बाद में किए जाने वाले दावे
Successive phases, in	क्रमिक चरणों में
Successive stages	सीढ़ी-दर-सीढ़ी
Successor-in-office	पद का उत्तराधिकारी
Successor interest	हित उत्तराधिकारी
Successor in title	हक़ का उत्तराधिकारी
Such action as may be deemed necessary	ऐसी कार्रवाई जो आवश्यक समझी जाए
Such and such	अमुक अमुक
Such as/that	यथा, जैसे
Such delay should be avoided	इस प्रकार की देरी नहीं होनी चाहिए
Such orders as may be necessary	ऐसे आदेश, जो आवश्यक प्रतीत हों
Sue in the court	अदालत में मुकदमा चलाना
Suffer from sense of frustration	कुंठाग्रस्त होना
Suffering, pain and	पीड़ा और यातना
Sufficient cause	पर्याप्त कारण
Sufficient experience	पर्याप्त अनुभव
Sufficient ground	पर्याप्त आधार
Sufficient notice has not been given	पर्याप्त नोटिस नहीं दिया गया है
Sufficient proof is not forthcoming	पर्याप्त प्रमाण नहीं मिल रहा है
Sufficient to identify	पहचान के लिए पर्याप्त

Suggestion in brief — संक्षेप में सुझाव
Suggestion may be accepted — सुझाव मान लिया जाए
Sui juris — विधि की दृष्टि से सक्षम
Suitable action may be taken — उचित कार्रवाई की जाए
Suitable provision — 1. उपयुक्त व्यवस्था
2. उपयुक्त उपबन्ध
Suitable reply may be given — समुचित उत्तर भेज दिया जाए
Suited for field work — क्षेत्र-कार्य के लिए उपयुक्त
Suit in question — प्रश्नगत वाद
Suit of civil nature — सिविल प्रकृति का वाद
Sum and substance — संक्षेप और सार
Summarily dealt with — सरसरी/संक्षिप्त तौर पर निपटाया हुआ
Summarily reject — सरसरी रूप में अस्वीकार करना
Summarised statement — संक्षिप्त विवरण
Summary conviction — संक्षिप्त दोषसिद्धि
Summary disposal — सरसरी तौर पर निबटारा
Summary of the case — मामले का संक्षिप्त विवरण
Summary procedure — संक्षिप्त प्रक्रिया
Summary rejection of appeal — अपील का संक्षेपतः खारिज होना
Summary trial — संक्षिप्त विचारण
Summary way, try in a — संक्षेपत: विचारण करना
Summit, at — शिखरस्थ
Summon a meeting — बैठक बुलाना
Summoned witnesses — बुलाए गए गवाह
Summon is granted — सम्मन अनुदत्त कर दिया गया
Summons received back — सम्मन वापस मिला
Sum payable — देय राशि
Sundry charges — फुटकर प्रभार
Suo moto — स्वप्रेरणा से
Superannuation age — अधिवर्षिता आयु
Superannuation allowance — अधिवर्षिता भत्ता
Superannuation benefit — अधिवर्षिता प्रसुविधा
Superannuation gratuity — अधिवर्षिता उपदान
Superior ability — उच्चतर योग्यता

Superior authority	वरिष्ठ प्राधिकारी
Superior in rank	रैंक में वरिष्ठ
Superior service	उच्च सेवा
Superior to	से बढ़िया, से उच्च
Supernumerary post	अधिसंख्य पद
Supersession of, in	—का के अधिक्रमण करते हुए
Supertime scale post	अतिकालमान पद
Supervision, under him	उसके पर्यवेक्षण में
Supervisory instincts	पर्यवेक्षण वृत्ति
Supervisory staff	पर्यवेक्षी कर्मचारी
Supervisory work	पर्यवेक्षण कार्य
Supplemental proceedings	अनुपूरक कार्यवाहियाँ
Supplementary agenda	अनुपूरक कार्यसूची
Supplementary award	अनुपूरक अधिनिर्णय
Supplementary budget	अनुपूरक बजट
Supplementary demand	अनुपूरक माँग
Supplementary grant	अनुपूरक अनुदान
Supplementary question	पूरक प्रश्न
Supplementary rule	अनुपूरक नियम
Supplies and disposals	पूर्ति और निपटान
Supply department	पूर्ति विभाग
Supply does not conform to the approved sample	सप्लाई अनुमोदित नमूने के अनुरूप नहीं है
Support has been sought	समर्थन माँगा गया है
Supporting document	सहायक दस्तावेज
Supporting voucher	समर्थक वाउचर
Support of, in	—के समर्थन में, —का समर्थन करते हुए
Support price	समर्थन मूल्य
Supposed to be	जिसके बारे में यह अनुमान है
Supposition, upon	अनुमान पर
Suppression of civil liberties	नागरिक स्वतन्त्रता का दमन
Suppression of material fact	तथ्य को छिपाना
Supreme authority	सर्वोच्च अधिकारी

Supreme court	**उच्चतम न्यायालय**
Surcharge on—	—पर अधिभार
Surety bond	प्रतिभूत बंधपत्र
Surface inspection	ऊपरी निरीक्षण
Surplus area	आधिक्य क्षेत्र
Surplus budget	बचत का बजट
Surplus production	अतिरिक्त उत्पादन
Surplus staff	फालतू कर्मचारी
Surprise check	अचानक जाँच
Surprise visit	आकस्मिक जाँच
Surrender himself for trial	अपने विचारण के लिए प्रस्तुत करना
Surrender of grants	अनुदानों का समर्पण
Surrender value	अभ्यर्पण मूल्य
Surreptitious inspection	प्रछन्न निरीक्षण
Survey report	सर्वेक्षण रिपोर्ट
Survey report is under study	सर्वेक्षण रिपोर्ट विचाराधीन है
Suspected character	संदिग्ध प्रकृति
Suspended credit	निलंबित जमा
Suspended from service	सेवा से निलंबित किया गया
Suspend pending enquiry	जाँच के दौरान निलंबित करना
Suspense account	उचंत लेखा
Suspense and reminder diary	निलंबित मामलों और स्मरणपत्रों की डायरी
Suspense, to keep in	अनिश्चय की दशा में रखना
Suspension of licence	लाइसेंस का निलंबित किया जाना
Suspension order issued	निलंबन आदेश जारी किया गया
Suspicious attention	अविरत ध्यान
Suspicious characters	संदेहात्मक परिस्थितियाँ
Sustained loss	उठायी गई हानि
Swearing-in-ceremony	शपथ-समारोह
Symbol of unity	एकता का प्रतीक
Sympathetic consideration, for	सहानुभूतिपूर्ण विचार के लिए
Synopsis of the case	मामले का सार
Systematic basis	व्यवस्थित आधार

Systematic basis, on	व्यवस्थित आधार पर
Systematic compilation	व्यवस्थित संकलन
System of keeping record	अभिलेख/रिकार्ड रखने की पद्धति
System of law	विधि पद्धति
System of proportional representation	अनुपाती प्रतिनिधित्व पद्धति
System of working	कार्य-पद्धति

T

Table of contents	विषय-सूची
Table of the house	सदन का पटल
Table of the legislature	विधानमंडल-पटल
Tabular form	सारणीबद्ध रूप
Tabular statement	सारणीबद्ध विवरण
Tabulated statement	सारणीबद्ध विवरण
Tabulation of information received	प्राप्त सूचना को सारणीबद्ध करना
Tacit consent	मौन स्वीकृति
Tackle the complex problem	जटिल समस्याओं को सुलझाना
Tag these papers	इन कागजों को नत्थी करें
Take advantage of	—का फायदा उठाना
Take all reasonable steps	सभी युक्तियुक्त कदम उठाइए
Take away	हटा ले जाना
Take benefit directly	सीधा फायदा लेना
Take big strides towards progress	तेजी से उन्नति की ओर अग्रसर होना
Take care of	—की ध्यान रखना, —का ध्यान रखना
Take charge of persons confined	परिसद्ध व्यक्तियों को अपनी सुपुर्दगी में लेना

Take cognizance of	पर ध्यान देना
Take correction in good spirit	सद्भावना से ग्रहण करना
Take effect	प्रभावी होना
Take exception	आपत्ति उठाना
Take for granted	मान लेना, मानकर चलना
Take hold of	ग्रहण करना
Take interest	रुचि लेना
Take into account	हिसाब में लेना
Take judicial notice	न्यायिक अवेक्षा करना
Take levels of land	भूमि का तलमापन करना
Take measures for	के लिए उपाय करना
Take no action	कोई कार्रवाई न की जाए
Take notice	ध्यान में रखना
Take oath	शपथ ग्रहण करना
Take off the file	फाइल से निकाल दिया जाए
Take over	ले लेना, कार्यभार संभालना
Take over charge	कार्यभार ग्रहण करना
Take over the management	प्रबंध ग्रहण करना
Take pains	परिश्रम करना
Take part in	में भाग लेना
Take place	घटित होना
Take possession of	का कब्जा लेना
Take quick decision	शीघ्र निर्णय लेना
Take round and report	जाकर देखिए और रिपोर्ट दीजिए
Take steps	1. कदम उठाना 2. कार्रवाई करना
Take stock of the situation	स्थिति का जायजा लेना
Take such measures	ऐसे उपाय करना
Take the chair	अध्यक्ष होना
Take trial	विचारण करना
Take under control	नियंत्रण में लेना
Take up	ले लेना, हाथ में लेना
Tamper with	गड़बड़ करना
Tangible assets	मूर्त परिसम्पत्ति

Tangible results	मूर्त परिणाम
Target of production	उत्पादन लक्ष्य
Task force	कृतिक बल
Task work allowance	उजरती भत्ता
Taste, public	लोक रुचि
Tax assessment	कर-निर्धारण
Tax clearance certificate	कर-समाशोधन प्रमाणपत्र
Tax evasion	कर-चोरी
Tax exemption	कर से छूट
Tax, liable to	कर योग्य
Tax relief	कर में राहत
Tax, revenue	राजस्व कर
Tax structure	कर-संरचना
Team spirit	एक भाव
Technical advice	तकनीकी सलाह
Technical assistance	तकनीकी सहायता
Technical data	तकनीकी आधार सामग्री/डाटा
Technical information	तकनीकी जानकारी
Technical know how	तकनीकी व्यवहार ज्ञान
Technical nature, evidence of highly	अत्यन्त तकनीकी प्रकृति का साक्ष्य
Technical work	तकनीकी कार्य
Telegraphic address	तार का पता
Teleprinter message	दूर-मुद्रक संदेश
Temperamental traits	स्वभावगत लक्षण
Temperately worded	संयत शब्दों में
Temporal nature	ऐहिक प्रकृति का
Temporarily incapable	अस्थायी रूप से असमर्थ
Temporarily settled areas	अस्थायी रूप से बसे हुए क्षेत्र
Temporary advance	अस्थायी अग्रिम
Temporary appointment	अस्थायी नियुक्ति
Temporary connection	अस्थायी संयोजन
Temporary diversion	अस्थायी पथान्तर
Temporary injunction	अस्थायी व्यादेश

Temporary lease	अस्थायी पट्टा
Temporary loan	अस्थायी ऋण/उधार
Temporary permit	अस्थायी अनुज्ञापन/परमिट
Temporary posts may be converted into permanent	अस्थायी पदों को स्थायी में बदल दिया जाए
Temporary, purely	बिल्कुल अस्थायी
Temporary service	अस्थायी सेवा
Tenancy right	कृषक अधिकार
Tender a pardon	क्षमा प्रदान करना
Tendered rates	दिये गये भाव
Tender money	टेंडर की रकम
Tender notice	टेंडर नोटिस/सूचना
Tender proof	सबूत देना
Tender sample	टेंडर का नमूना
Tenders have been invited	टेंडर मँगाए गए हैं
Tend to cause obstruction	बाधा पहुंचाने की प्रवृत्ति रखना
Tend to prejudice	प्रतिकूल प्रभाव डालने वाली
Tentative draft	अस्थायी मसौदा
Tentative plan	अस्थायी योजना
Tenure basis, appointment on	सेवावृत्ति के आधार पर नियुक्ति
Tenure of appointment	नियुक्ति अवधि
Tenure of land	पट्टेधारी
Tenure of office	पदावधि
Tenure of service	सेवा की अवधि
Tenure of years, for a	निश्चित अवधि के लिए
Tenure post	सावधिक पद
Terminable annuity	समाप्य वार्षिकी
Terminable at one month's notice	एक महीने के नोटिस पर समाप्य
Terminable benefits	सेवान्त प्रसुविधाएँ
Terminable lease	समापनीय पट्टा
Terminal leave	सेवान्त छुट्टी
Terminal tax	सीमा कर
Terminate the appointment	नियुक्ति समाप्त करना

Terminated by dismissal	पदच्युति द्वारा समाप्त
Termination notice	समाप्ति-सूचना
Termination notice issued	(पद) समाप्ति की सूचना जारी की गई
Termination of lien	धारणाधिकार का पर्यवसान
Termination of post	पद की समाप्ति
Termination of service	सेवा-समाप्ति
Termination of time	समय का पर्यवसान
Terminus a quo	आरंभ स्थल
Term of contract	संविदा का निबंधन
Term of office	पदावधि, कार्यकाल
Term of years	वर्षों की अवधि
Terms and conditions	निबंधन और शर्तें
Terms of agreement	करार के निबंधन
Terms of contract	संविदा के निबंधन
Terms of reference	सौंपे गए काम, विचारार्थ विषय
Terms of service	सेवा की शर्तें
Territorial army	प्रादेशिक सेना
Territorial jurisdiction	क्षेत्रीय अधिकारिता
Testamentary disposition	वसीयती निपटारा
Test audit	नमूना लेखा परीक्षा
Test certificate	जाँच प्रमाणपत्र
Test charges	जाँच ख़र्च
Testing report	जाँच रिपोर्ट
Test relief work	प्रायोगिक सहायता कार्य
Text, authoritative	प्राधिकृत पाठ
Text of the correspondence	पत्र-व्यवहार का पाठ
Text, original	मूल पाठ
Thank you for your suggestion	आपके सुझाव के लिए धन्यवाद
That is (i.e.)	अर्थात्
That is to say	अर्थात्
The bill is under fire	विधेयक की कड़ी आलोचना की गई
The case is under submission	मामला पेशी में है

The draft may be amended accordingly	मसौदे को तदनुसार संशोधित कर लिया जाए
The facts stands as follows	तथ्य इस प्रकार है
The file in question is placed below	अपेक्षित फ़ाइल नीचे रखी है
The issue is being examined	मामले की फिर से जाँच की जाए
The matter is under consideration	मामला विचाराधीन है
The mistake is much regretted	भूल के लिए बहुत खेद है
Then and there	वहीं का वहीं, तुकाल वहीं
Then existing	तत्समय विद्यमान
Then in force	तत्समय प्रवृत्त
The orders contained in—	—में दिए गए आदेश
Theory and practice	सिद्धान्त और व्यवहार
The papers are sent herewith	कागज इसके साथ प्रेषित हैं
The proposal is quite in order	यह प्रस्ताव बिल्कुल ठीक है
The proposal is self explanatory	प्रस्ताव स्वतः स्पष्ट है
Thereabout	लगभग, आसपास, वहीं-कहीं
Thereafter	तदनंतर, तत्पश्चात्
Thereby	उससे/उसके द्वारा
Therefor	उसके लिए
Therein	उसमें
There is enough evidence	पर्याप्त साक्ष्य उपलब्ध है
There is no bar	कोई रुकावट नहीं है
There is no cause to modify orders already passed	जो आदेश पहले दिया जा चुका है उसमें आशोधन का कोई कारण नहीं है
There is no distinction	कोई विभेद/भिन्नता नहीं है
There is no obligation for	के लिए कोई बाध्यता नहीं है
There is no point in pursuing the case further	मामले में आगे कार्रवाई का कोई तुक नहीं
There is no record to show that	यह प्रमाणित करने के लिए कोई रिकार्ड नहीं

The relevant file is not readily available	संबंधित फ़ाइल संप्रति उपलब्ध नहीं
The required papers are placed below	अपेक्षित कागजपत्र नीचे रखे हैं
There under	1. उसके अधीन 2. उसके नीचे की
Thereupon	ऐसा होने पर
Therewith	उसके साथ
The scheme has also been extended	योजना—पर भी लागू की गई है
These papers may be shown to—for information	ये कागज़ सूचना के लिए—का दिखा दिए जाएँ
These views are endorsed	इन विचारों का समर्थन किया जाता है
The validity of—	—की वैधता
The year under review	आलोच्य वर्ष
Think fit	उपयुक्त समझना
Thin majority	स्वल्प बहुमत
Third party	तृतीय पक्ष
This being in first offence he may be dealt with leniently	यह उसका पहला अपराध है, इसलिए कार्रवाई करते समय मुलायमियत बरती जाए
This can be allowed	इसकी अनुमति नहीं दी जा सकती
This case relates to—	यह मामला—से संबंध रखता है
This does not concern this office	इसका इस कार्यालय से कोई संबंध नहीं
This has already been replied to	इसका उत्तर दिया जा चुका है
This has crossed our letter at serial No.—	इसके यहाँ प्राप्त होने से पहले ही क्रम सं०—का हमारा पत्र भेजा जा चुका है
This has reference to—	—के संदर्भ में है
This has the approval of—	इसे—का अनुमोदन प्राप्त है
This is a general complaint	यह एक आम शिकायत है
This is as per your verbal instructions	यह आपके मौखिक आदेशानुसार है

This is entirely within the competence of—	यह पूर्ण रूप से—के अधिकार में है
This is in accordance with the extent rules	यह वर्त्तमान नियमों के अनुकूल है
This is not admissible under the rules	नियमों के अधीन यह स्वीकार्य नहीं है
This is receiving attention	इस पर ध्यान दिया जा रहा है
This is to bring your kind notice	यह आपका ध्यान दिलाने के लिए है
This is to certify	प्रमाणित किया जाता है
This is to inform that	सूचना दी जाती है कि
This is within your power	यह आपके अधिकार में है
This is within your power of sanction	इसकी मंजूरी देना आपके अधिकार में है
This matter has been finalised	इस मामले को अन्तिम रूप दिया जा चुका है
This may be passed on to—	इसे—को भेजा जाए
This may be pursued	इस पर निगाह रखी जाए
This may please be acknowledged	कृपया इसकी पावती भेजें
This may please be approved	कृपया इसका अनुमोदन करें
This may please be regularised	कृपया इसे विनियमित किया जाए
This may please be suitably amended	कृपया इसमें उपयुक्त संशोधन किया जाए
This may please be treated as urgent	कृपया इस पर तुरंत कार्रवाई करें
This mistake should not be repeated	यह गलती फिर न दोहराई जाए
This office has no information in this respect	इस कार्यालय को इस संबंध में कोई सूचना नहीं है
This office letter will be treated as cancelled	इस कार्यालय का पत्र रद्द समझा जाए
This para may be dropped	यह पैरा निकाल दिया जाए

This requires administrative approval	इसके लिए प्रशासनिक अनुमादन अपेक्षित हैं
This requires sanction	इसके लिए मंजूरी अपेक्षित है
This requires your personal attention	इसमें व्यक्तिगत ध्यान अपेक्षित है
This should be approved by competent authority	इसका अनुमोदन समर्थ प्राधिकारी द्वारा होना चाहिए
This violates the rules	इससे नियमों का उल्लंघन होता है
This will take effect from—	यह --से लागू होगा
Thoroughfare	आम रास्ता
Thorough going	सम्यक् रूप से काम करने वाला
Thorough going officer	सम्यक् रूप से काम करने वाला अधिकारी
Thoroughly competent	पूर्णतया सक्षम
Thoroughly reliable	पूर्णतया विश्वसनीय
Thoroughly satisfied	पूर्णतया संतुष्ट
Thought and vision	चिंतन और दृष्टि
Threat to peace	शांति के लिए ख़तरा
Through excitement	उत्तेजना के कारण
Through inadvertance	असावधानी से
Throughout	सब ओर, सर्वत्र
Throughout the territory	क्षेत्र में सर्वत्र
Through oversight	भूल से
Through proper channel	उचित माध्यम/मार्ग से
Through the court	न्यायालय की मार्फत
Throw light upon	पर प्रकाश डालना
Till after the warrant is executed	वारंट/अधिपत्र निष्पादित होने के बाद तक
Till further orders	अगले आदेशों तक
Till such time as	जब तक—तब तक
Time-barred	कालातीत, काल बाधित
Timed programme	समयबद्ध कार्यक्रम
Time fixed	नियत समय
Time limit	समय-सीमा

Time limited, by law	विधि द्वारा परिसीमित समय
Timely action	समय पर कार्रवाई
Timely completion	समय पर पूरा करना
Timely compliance may be ensured	समय पर पालन सुनिश्चित कर लिया जाए
Timely intimation	समय पर सूचना
Time of payment	संदाय का समय
Time scale of pay	काल वेतनमान, वेतन का समयमान
Time schedule	समय अनुसूची
Time schedule may be adhered to	समय-सूची का पालन किया जाए
Time to time, from	समय-समय पर
Time wages	अमानी
Time without specifying	समय विनिर्दिष्ट किए बिना
Title adverse to the title of someone	किसी व्यक्ति के हक़ के प्रतिकूल हक़
Title deed	हक़ विलेख
Title, official	पदाभिधान
Title of honour	मान की उपाधि
To adhere	पालन करना
To a great extent	काफ़ी सीमा तक
To a large extent	काफ़ी सीमा तक
To approach	संपर्क करना
To assume management	प्रबंध हाथ में लेना
To attend to	देखरेख करना
To avoid	अवहेलना करना
To be dealt with severely	सख़्ती से कार्रवाई करना
To be defended	बचाव करना
To be eligible	पात्र होना
To be heard in public	सार्वजनिक रूप से सुनवाई के लिए
To be held responsible	उत्तरदायी माना जाना
To be incumbent upon	आवश्यक/लाजिमी होना
To be in practice	व्यवहार में
To be levied	वसूल किये जाने वाले

To be paid	संदेय, देय
To be readily accessible	तुरंत पहुँच होना
To be returned in original	मूल प्रति लौटाई जानी है
To bring to your kind notice	आपके ध्यान में लाने के लिए
To come to contact	संपर्क में आना
To compound offences	अपराधों का निपटारा करना
To concert the offence with	अपराध की मिलकर योजना बनाना
To confer rights	अधिकार प्रदान करना
To connive at	जानकर उपेक्षा करना
To convince	संतुष्ट करना
To cross the efficiency bar	दक्षतारोध पार करना
To deal exclusively—	केवल—लेनदेन करना
To deal with the case	मामले में कार्रवाई करना
To depend upon—	—पर निर्भर करना
To deprive of	से वंचित करना
To designate	नामित करना
To discuss at length	विस्तार से चर्चा करना
To enable	कर सकना
To ensure	सुनिश्चित करना
To establish	स्थापित करना
To evoke against	—के विरुद्ध भड़काना
To examine	जाँच करना
To execute	निष्पादन करना
To exercise jurisdiction not vested in it	निहित न किए गए क्षेत्राधिकार का प्रयोग न करना
To exercise option	विकल्प का प्रयोग करना
To expedite	शीघ्रता करना
To express the concern	—पर चिन्ता व्यक्त करना
To fill the office	पद को भरने के लिए
To find out	पता लगाना
To fix up	निश्चित करना
Together with—	—के साथ
To give effect to	—को प्रभावी करना
To go through	—को देखना/पढ़ना

To have recourse to—	1. —की शरण लेना 2. —की सहायता प्राप्त करना
To identify	पहचानना, पहचानने के लिए
To impose	लागू करना
To interpret	व्याख्या करना
To introduce	शुरू करना
Token cut	सांकेतिक कटौती
Token grant	सांकेतिक अनुदान
Token money	प्रतीक मुद्रा
Token strike	सांकेतिक हड़ताल
To launch a scheme	योजना प्रारंभ करना
Toll house	पथकर/टोल घर
To make adequate provision	पर्याप्त व्यवस्था करना
To monitor	आसूचना प्रसारण
Took the initiative	सूत्रपात किया
Too late	अत्यधिक विलम्ब
Tool down strike	औजार रोक हड़ताल
To operate simultaneously	एक साथ चलाना
To pass a resolution	प्रस्ताव पारित करना
To pay damages	नुकसान की भरपाई करना
Top class	उच्चतम श्रेणी
Top most	सर्वोच्च
Top priority	सर्वाधिक प्राथमिकता
Top secret	परम गुप्त
To question	प्रश्नगत करना
To receive evidence	साक्ष्य लेना
To reconcile	समाधान करना
To reduce	घटा देना
To release on a bond a person arrested	गिरफ़्तार व्यक्ति को बंधपत्र पर रिहा करना
To replace	बदलना
To shelter a criminal	अपराधी को शरण देना
To snatch by force	बलपूर्वक छीनना
To speed up disposal	व्यवस्था में शीघ्रता करना

To such an extent	उस सीमा तक, इस विस्तार तक
To take advantage of	—का लाभ प्राप्त करना
To take early steps	शीघ्र कदम उठाना
To take initiative	पहल करना, सूत्रपात करना
To take over	पदभार ग्रहण करना
To take possession	कब्जा करना
To take steps	कार्रवाई करना
Total brought forward	आगे लाया गया जोड़
Total carried over	आगे ले जाया गया जोड़
Total emoluments	कुल परिलब्धियाँ
Total loss-income	कुल हानि-लाभ
Total man hours	कुल कार्य घंटे
Total pay	कुल वेतन
Total period	कुल अवधि
Total revenue	कुल राजस्व
Total strength	कुल संख्या
To that effect	इस उद्देश्य का/से, उस प्रभाव का, उस भाव तक
To that extent	उस विस्तार तक
To the best of ability	पूरी योग्यता से
To the best of his belief	उसके सर्वोत्तर विश्वास के अनुसार
To the best of his judgement	अपनी सर्वोत्तम विवेक बुद्धि
To the best of my knowledge and belief	मेरी सर्वोत्तम जानकारी तथा विश्वास के अनुसार
To the contrary	इसके विपरीत, इसके प्रतिकूल
To the contrary of	—के विपरीत
To the effect that	इस आशय का कि
To the exclusion of	—को छोड़कर, —को निकालकर
To the extent of	उस विस्तार तक, —की मात्रा/सीमा तक
To the following effect	नीचे दिए आशय का, निम्नलिखित आशय का
To the fullest extent possible	संभवनीय पूर्णतम मात्रा में

To the point	विषयानुकूल, सुसंगत, समीचीन, संदर्भाधीन विषय तक
To the prejudice of	पर प्रतिकूल प्रभाव डालने के लिए
To the satisfaction of	—के समाधान/संतोष पर्यन्त
Touching the matters	विषयों से संबंधित
To undermine the security	सुरक्षा को कमजोर बनाना
Tour advance	यात्रा अग्रिम
Tour diary	दौरा डायरी
Tour programme	दौरा कार्यक्रम
Tour report	दौरा रिपोर्ट
Town planning	नगर आयोजन
To write off	बट्टेखाते डालना
Trace out the previous papers	पहले के कागजों का पता लगाइए
Traditional practice	परम्परागत रिवाज
Training centre	प्रशिक्षण केन्द्र
Tranquility, public	लोक प्रशांति
Transaction of business	कारबार का संचालन
Transfer, absolutely	पूर्णरूप से अन्तरण
Transfer adjustment	अन्तरण समायोजन
Transfer, conditional	सशर्त अन्तरण
Transfer confirm	अन्तरण पुष्टि करना
Transfer debit	अन्तरण नामे
Transfer entry	अन्तरण प्रविष्टि/इन्दराज
Transfer list	स्थानान्तरण सूची
Transfer memorandum	अन्तरण ज्ञापन
Transfer of assignment	दूसरे को काम सौंपना
Transfer of case	मामले का अन्तरण
Transfer of ownership	स्वामित्व का अन्तरण
Transfer of the services	सेवाओं का अन्तरण
Transfer order	स्थानान्तरण आदेश
Transfer order issued	स्थानान्तरण आदेश जारी किया गया
Transfer order withdrawn	स्थानान्तरण आदेश वापस ले लिया गया
Transit duty	पारवहन शुल्क

Transitional period	संक्रमण काल
Transitional provision	संक्रमणकालीन उपबंध
Transit office	पारगमन कार्यालय
Transit pass	रवन्ना
Transliterated into	—में लिप्यंतरण किया
Transmitting station	प्रसारण केन्द्र
Transportation for life	आजीवन निर्वासन
Travelling allowance	यात्रा भत्ता
Travelling expenses	यात्रा व्यय
Treasury accounts	कोषागार लेखे
Treasury benches	सरकारी बेंचें, मंत्रिवर्ग
Treasury voucher	खजाना वाउचर
Treat cordially	सौहार्दपूर्ण व्यवहार करना
Treated alike	एक सा समझा गया
Treated unfairly	अनुचित व्यवहार किया गया
Treating, bribery by	सत्कार के रूप में रिश्वत
Treatment of a subject	विषय-प्रतिपादन
Trespass, house	गृह अतिचार
Trial balance	कच्चा चिट्ठा
Trial cannot be had	विचारण नहीं हो सकेगा
Trial de novo	नये सिरे से न्याय-जाँच
Trial, on a	विचारण में
Trial, on his	अपने विचारण में
Trial period	परीक्षण अवधि
Trial, subsequent	पश्चात्वर्ती विचारण
Tribal areas	आदिवासी क्षेत्र
Tribal welfare	आदिवासी कल्याण
Tribute land	खिराजी भूमि
Triennial report	त्रैवार्षिक रिपोर्ट/प्रतिवेदन
Trifling amendment	नगण्य संशोधन
Tripartite agreement	त्रिपक्षीय करार
Triplicate, in	तीन प्रतियों में
Triplicate of a bill	बिल की तीसरी प्रति

True account	1. सच्चा लेखा 2. सही वृतान्त
True allegiance	सत्य निष्ठा
True and correct view	सच्चा और ठीक रूप
True and faithful account	सही और यथार्थ लेखा
True copy	सही/सत्य प्रतिलिपि
True interpretation	ठीक भाषान्तर
True statement	सत्य कथन
True value	ठीक/सही मूल्य
Truly yours	भवदीय, आपका
Trunk call	ट्रंक काल
Trust, breach of	न्यास भंग
Trust funds	न्यास निधि
Trust, in	1. न्यास के रूप में 2. विश्वास में
Trust worthy hand	विश्वसनीय व्यक्ति
Truthfully, interpret	ठीक-ठीक भाषान्तर करना
Try in a summary way	संक्षेपतः विचार करना
Try summarily	संक्षिप्त विचारण करना
Try to stand by	टिके रहने की कोशिश करना
Tubewell irrigation	नल-कूप सिंचाई
Turbulent agitation	उपद्रवकारी आन्दोलन
Turning point	परिवर्तन, मोड़
Turnover	कुल बिक्री
Twice a month	महीने में दो बार
Twofold action	दुतरफा कार्रवाई
Typed letter is put up	टाइप प्रति प्रस्तुत है
Type script	टाइप प्रति
Typical instance	विशिष्ट उदाहरण
Typographical error	मुद्रण त्रुटि

U

Ugly situation	खराब परिस्थिति
Ulterior motive	गुप्त/अप्रत्यक्ष अभिप्राय
Ultimate aim	अन्तिम लक्ष्य
Ultimate control	अन्तिम नियन्त्रण
Ultimate cost	अन्तिम लागत
Ultimate goal	अन्तिम लक्ष्य
Ulimately this has to be done	अन्ततः यह करना ही होगा
Ultimate objective	अन्तिम उद्देश्य
Ultimate responsibility	अन्तिम दायित्व
Ultimo	गत मास का
Ultra vires	अधिकार से बाहर
Unable to do	करने में असमर्थ
Unadjusted account	असमायोजित खाता
Unadjusted balance	असमायोजित शेष
Unalterable decision	अपरिवर्त्य निर्णय
Unanimous decision	सर्वसम्मत निर्णय
Unassuming	सीधा, सरल
Unauthorised absence	अनधिकृत अनुपस्थिति
Unauthorised action	अनधिकृत कार्रवाई
Unauthorised action has been regularised	अनधिकृत कार्रवाई का नियमन कर दिया गया है
Unauthorised expenditure	अनधिकृत व्यय
Unauthorised hours	अनधिकृत समय
Unauthorised interference	अनधिकृत/अप्राधिकृत हस्तक्षेप
Unauthorised occupation	अनधिकृत दखल/कब्जा
Unauthorised persons	अनधिकृत व्यक्ति
Unavailed leave	न ली गई छुट्टी
Unavoidable cause	अपरिहार्य कारण
Unavoidable circumstances	अपरिहार्य परिस्थितियाँ
Unavoidable delay	अपरिहार्य विलम्ब
Unaware, I am	मैं अनभिज्ञ हूँ

Unbalanced budget	असंतुलित बजट
Unbecoming his position	उसके पद की दृष्टि से अशोभनीय
Unbiased opinion	निष्पक्ष राय
Uncalled for	1. अकारण, अनुचित 2. अनाहूत, अनपेक्षित
Uncalled liability	अनाहूत दायित्व
Unceasing efforts	अनवरत प्रयास
Uncertain future extent	अनिश्चित भावी घटना
Unclaimed property	लावारिस सम्पत्ति
Unclassified categories	अवर्गीकृत श्रेणियाँ
Unclassified posts	अवर्गीकृत पद
Unconditionally/subject to conditions	बिना किसी शर्त के
Unconditional surrender	बिना शर्त समर्पण
Unconfirmed report	अपुष्ट समाचार
Unconscious state	अचेतन अवस्था
Unconstitutional and void	असंवैधानिक और शून्य
Uncontested election	निर्विरोध चुनाव/निर्वाचन
Uncovered demand	अपूरित माँग
Undated cheque returned	बेतारीखी चेक लौटाया जाता है
Undeliverable article	अवितरणीय वस्तु
Under advice to us	हमें सूचित करते हुए
Under a grant	अनुदान के अधीन
Under a mistake	भूल के कारण
Under any circumstances	किसी भी दशा में
Under assessment	अवनिर्धारण
Under bond	बंध पत्राधीन
Under central control	केन्द्र के नियंत्रणाधीन
Under charge	1. अवप्रभार 2. कम किराया/शुल्क देना
Under consideration	विचाराधीन
Under developed countries	अल्पविकसित देश
Under developed economy	अल्पविकसित अर्थव्यवस्था
Under duress	दबाव में आकर

Under-estimate	1. कम कूतना 2. कम अनुमान
Undergo a change	परिवर्तन होना
Undergo a sentence of imprisonment	क़ैद की सजा भुगतना
Undergoing training	प्रशिक्षणाधीन
Under grants	अनुदान के अधीन
Underground	भूमिगत
Underhand dealing	कपट व्यवहार
Under his hand and seal	उसके हस्ताक्षर और मुद्रा सहित
Under his patronage	उसके संरक्षण में
Under his signature	उसके हस्ताक्षर में
Under intimation to this office	इस कार्यालय को सूचना देते हुए
Underlying idea	अन्तर्निहित विचार
Undermentioned	निम्नलिखित, नीचे वर्णित
Undermine the administration	प्रशासन को कमजोर बनाना
Under my authority	मेरे प्राधिकार से
Under my occupation	मेरे कब्जे में
Under my hand	मेरे हस्ताक्षर से
Under one's hand	अपने हस्ताक्षर से
Under orders of transfer	स्थानान्तरण के आदेश हो चुके हैं
Under process	प्रक्रिया में
Under production	कम उत्पादन
Under protest	आपत्ति के साथ
Under reference	प्रसंगाधीन, निर्देशाधीन
Under review	समीक्षाधीन
Under rules	नियमों के अधीन
Undersigned is directed to—	निम्न हस्ताक्षरी को निदेश हुआ है
Under such circumstances	ऐसी परिस्थिति में
Under suspension	निलंबित
Undertaking given	दिया गया वचन
Undertaking in writing	लिखित वचनबंध
Undertaking should be obtained	वचन लिया जाना चाहिए

Under the auspices of	—के तत्त्वावधान में
Under the authority of any law	किसी विधि के प्राधिकार के अधीन
Under the circumstances	इन परिस्थितियों में
Under the control of	के नियंत्रण के अधीन
Under the rules thereunder	तदधीन नियमों के अन्तर्गत
Under the same title	उसी हक़ के अधीन
Under the supervision of	1. —की निगरानी में 2. —के पर्यवेक्षण में
Under training	प्रशिक्षाधीन
Under treatment	उपचाराधीन
Under-trial	विचाराधीन
Undervaluation of property	सम्पत्ति का कम मूल्यांकन
Undervaluation should not be restored to	अवमूल्यन नहीं किया जाना चाहिए
Under various heads of accounts	विभिन्न लेखा शीर्षों के अधीन
Undesirable action	अवांछनीय कार्रवाई
Undesirable comments	अवांछनीय टिप्पणियाँ
Undesirable persons	अवांछनीय व्यक्ति
Undetermined value	अनिर्धारित मूल्य
Undignified behaviour	अभद्र व्यवहार
Undisbursed balance	अवितरित रक़म
Undue advantage	अनुचित लाभ
Undue delay	अनावश्यक विलंब
Undue favour	अनुचित पक्षपात
Undue hardship	अनुचित कष्ट
Undue influence	अनुचित प्रभाव
Undue interference	अनुचित हस्तक्षेप
Undue pressure	अनुचित दबाव
Unduly long period	असाधारण लम्बी अवधि
Undutiful act	कर्त्तव्यविरुद्ध कार्य
Uneconomic cultivation	घाटे की खेती
Uneconomic holding	अलाभकर जोत

Unemployment problem बेरोजगारी की समस्या
Unexpected delay अप्रत्याशित विलंब
Unexpired portion असमाप्त भाग
Unfair treatment अनुचित बर्ताव
Unfavourable balance प्रतिकूल बैलेंस
Unfavourable circumstances प्रतिकूल परिस्थितियों
Unfit for human consumption मानव उपभोग के अयोग्य
Unforeseen charges अदृष्ट प्रभार
Unforeseen circumstances अप्रत्याशित परिस्थितियाँ
Unforeseen developments अदृष्ट घटनाएँ
Unforeseen future contingency अकल्पित भावी परिस्थिति
Ungentlemanly behaviour अभद्र आचरण
Unhampered action अबाध कार्रवाई
Unified scales एकीकृत वेतनमान
Uniform increase समान वृद्धि
Uniformity in procedure प्रक्रिया में एकरूपता
Uniformly applicable समान रूप से लागू
Uniform procedure एक सी प्रक्रिया
Uniform process एक समान प्रक्रिया
Uniform satisfactory एक सा सन्तोषजनक
Unilateral action एकतरफ़ा कार्रवाई
Uninterrupted use अबाध उपयोग
Union list संघ-सूची
Union Public Service Commission संघ लोकसेवा आयोग
Union Territories संघ शासित क्षेत्र
Unit of appropriation विनियोजन इकाई
Universal demand सर्वव्यापी माँग
Unlawful assembly ग़ैरकानूनी जमाव
Unlawful purpose विधिविरुद्ध प्रयोजन
Unless otherwise agreed जब तक अन्यथा करार न हो
Unless otherwise provided जब तक अन्यथा उपबंधित न हो
Unless sooner dissolved यदि पहले ही विघटित न कर दी जाए

Unless the context otherwise requires	जब तक प्रसंग से अन्यथा अपेक्षित न हो
Unlimited power	असीम अधिकार/शक्ति
Unnecessary delay	अनावश्यक विलंब
Unnecessary stigma	अनावश्यक लाँछन
Unofficial letter	गैर सरकारी पत्र
Unpaid tax	अदत्त कर
Unparliamentary word	असंसदीय शब्द
Unproductive labour	अनुत्पादक श्रम
Unprotected land	असंरक्षित भूमि
Unqualified apology	बिना शर्त क्षमा याचना
Unquestionable right	निर्विवाद अधिकार
Unrealisable sum	अप्राप्य राशि
Unreasonable delay	अनुचित विलम्ब
Unrecognized body	अमान्य निकाय
Unrestricted interpretation	अनियंत्रित निर्वचन
Unsatisfactory answer	असमाधानप्रद उत्तर
Unsound mind	विकृत चित्त
Unspent balance	अव्ययित बिना खर्च हुआ शेष
Unstable administration	अस्थिर प्रशासन
Unstarred question	अतारांकित प्रश्न
Unsuitable to our requirement	हमारी आवश्यकता के उपयुक्त नहीं
Untenable argument	असमर्थनीय तर्क
Until further orders	आगामी आदेशों तक, अगले आदेश तक
Until otherwise provided for—	जब तक—अन्य उपबन्ध न हो
Until provision in that behalf is made	जब तक इसके लिए उपबन्ध न किया जाए
Until the contrary is proved	जब तक विपरीत सिद्ध न हो जाए
Untiring efforts	अथक् प्रयास
Untoward incident	अप्रिय घटना
Unusual delay	असाधारण विलंब
Unusual matter	असामान्य मामला
Unwritten agreement	अलिखित करार
Upgraded post	उच्चीकृत पद

Upgrading of posts	पदों का ग्रेड बढ़ाना
Uphold the dignity of—	—की मर्यादा बनाये रखना
Uphold the lower authority's decision	नीचे के प्राधिकारी के निर्णय की पुष्टि करना
Upkeep of building	इमारत का रखरखाव
Upon oath	शपथ पर
Upon supposition	अनुमान पर
Upper age limit	ऊपरी वय-सीमा
Upper Division Clerk	उच्च श्रेणी लिपिक
Upto and including	तक तथा सहित
Up-to-date	आज तक का, अद्यतन
Up to the mark	निर्धारित स्तर तक
Up to the standard	स्तरीय, मानकीय
Upward limit	ऊपरी सीमा
Urban area	नगरीय क्षेत्र
Urgent action is required	तुरंत कार्रवाई अपेक्षित है
Urgent attention may be given	कृपया शीघ्र ध्यान दें
Urgent call	1. अर्जेंट (जरूरी) काल 2. तुरन्त बुलावा
Urgently required	अविलम्ब अपेक्षित
Urgent official duty	अति आवश्यक पदीय कर्त्तव्य
Urgent slip	आवश्यक पर्ची
Useful colleague	उपयोगी सहकर्मी
Useful hint	लाभकारी संकेत
Use of force	बल प्रयोग
Use, right of	उपयोग का अधिकार
Use utmost endeavour	अधिकतम प्रयास करना
Usual action	सामान्य कार्रवाई
Usual course of action	कार्रवाई/घटनाओं का सामान्य अनुक्रम
Usually this is done	प्रायः यह किया जाता है
Usual rules would be applicable in his case	उनके मामले में सामान्य नियम लागू होंगे
Usual way	सामान्य रीति
Utilization certificate	उपयोग प्रमाणपत्र

Utilization of funds	निधियों का उपयोग
Utmost care	अधिकतम सावधानी
Utmost endeavour	अधिकतम प्रयास
Utmost secrecy	परम गोपनीयता

V

Vacancy in office	पद खाली होना
Vacant post	रिक्त पद
Vacate the office	पद रिक्त करना
Vacate the office as such	उस हैसियत का पद रिक्त करना
Vacate the order	आदेश रद्द करना
Vacation of appointment	पद रिक्त होना
Vacation of seats	स्थानों का रिक्त होना
Vacation pay	अवकाश वेतन
Vague objections	अस्पष्ट आपत्तियाँ
Valid and effectual	विधिमान्य और प्रभावी
Valid argument	मान्य तर्क/दलील
Validate the title	हक़ को विधिमान्य बनाना
Validation of document	दस्तावेजों/प्रलेखों का वैधीकरण
Valid charge	विधिमान्य आरोप
Valid discharge	विधिमान्य उन्मोचन
Validity date	विधिमान्यता तारीख
Validity of an agreement	करार की विधि मान्यता
Validly made	विधिमान्यतः बनाए गए
Valid reasons	वैध कारण
Valid transfer	वैध अन्तरण
Valid vote	वैध मत
valuable consideration	बहुमूल्य प्रतिफल
Valuable contribution	बहुमूल्य योगदान
Valuation constant	मूल्यांकन स्थिरांक

Valuation date	मूल्यांकन की तारीख
Valuation statement	मूल्यांकन विवरण
Value, for	मूल्यार्थ
Value of benefit	फ़ायदे का मूल्य
Value of consideration	प्रतिफल का मूल्य
Value, rights for	मूल्य देकर अधिकार
Variance, at	मतभेद
Variation in figures	आँकड़ों में, संख्याओं में अन्तर
Variation in figures is due to	घटबढ़ का कारण यह है कि
Variety of subjects	विषयों की विविधता
Various charges	विविध आरोप
Various classes	विभिन्न वर्ग
Various posts	विभिन्न पद
Vast scale, of	बड़े पैमाने पर
Venue of meeting	बैठक का स्थान
Verbal agreement	मौखिक करार
Verbal orders	मौखिक आदेश
Verbal statement	मौखिक कथन
Verbatim report	शब्दशः रिपोर्ट
Verification is required from	— से सत्यापन अपेक्षित है
Verification note	सत्यापन नोट
Verification of accounts	लेखा सत्यापन
Verification of antecedents	पूर्ववृत्त का सत्यापन
Verification of cash balance	रोकड़ शेष का सत्यापन
Verification of service	सेवा का सत्यापन
Verification of stores	माल का सत्यापन
Verification sheet	सत्यापन पत्रक
Verified and found correct	सत्यापन/पड़ताल की और ठीक पाया
Verified claim	सत्यापित दावा
Verified copy	सत्यापित प्रति
Verify the accuracy	शुद्धता को सत्यापित करना
Very Important Person (V.I P.)	अति विशिष्ट व्यक्ति
Vested interest	निहित हित/स्वार्थ

Vesting of management	प्रबंध में निहित करना
Vesting order	निहित करने वाला आदेश
Veto power	वीटो, निषेधाधिकार
Vexations search	त्रासदायक तलाशी
Vexed question	जटिल प्रश्न
Via-media	मध्य मार्ग
Vice-Chairman	उप सभापति
Vice-President	1. उपराष्ट्रपति 2. उपाध्यक्ष, उप सभापति
Vice-versa	विपर्यय से, इसका उल्टा
Vicious circle	दुश्चक्र
Victimise, to	सताना, तंग करना
Vide endorsement above	उपर्युक्त पृष्ठांकन देखिए
Vide file attached	संलग्न फ़ाइल देखिए
Vine folio flagged	पर्ची लगा पृष्ठ देखिए
Vide letter No.—	पत्र संख्या — देखिए
Vide linked case	सम्बद्ध फाइल देखिए
Vide note on the order sheet	आदेश-पत्र की टिप्पणी के अनुसार
View, consistent	स्थिर विचार
View of, in	को देखते हुए
View the place	स्थान का अवलोकन करना
View to, with a	की दृष्टि से/में
Vigilance section	सतर्कता अनुभाग
Vigilant control	सतर्क नियंत्रण
Vigorous campaign	जोरदार अभियान
Vigorous efforts	जोरदार प्रयत्न
Village community	ग्राम समुदाय
Village level worker	ग्राम स्तर कार्यकर्त्ता, ग्राम सेवक
Violate condition	शर्त का अतिक्रमण करना
Violation of law	कानून का उल्लंघन
Violent mob	हिंसा पर उतारू भीड़
Virtue of office, by	पद के आधार पर
Virulent epidemic	घातक महामारी
Vis-a-vis	की तुलना में, के मुकाबले

Visible representation	दृश्य रूपण
Visiting hours	मिलने का समय
Visitor's book	1. दर्शक पंजी 2. आगंतुक पंजी
Visitor's gallery	दर्शक वीथी
Visit remark	निरीक्षण टिप्पणी
Visual inspection	प्रत्यक्ष निरीक्षण
Visual publicity	दृश्य प्रचार
Vital question	महत्त्वपूर्ण प्रश्न
Vital service	अत्यावश्यक सेवा
Vital statistics	1. जन्म-मरण के आँकड़े 2. जीवन-संबंधी आँकड़े
Vital to the needs of the economy of the country	देश की अर्थव्यवस्था की आवश्यकताओं के लिए महत्त्वपूर्ण
Vivid account	विशद विवरण/वृतान्त
Void agreement	शून्य करार
Void and of no effect	शून्य और प्रभावहीन
Void contract	शून्य ठेका/संविदा
Void for uncertainty	अनिश्चितता के कारण शून्य
Voluntarily and in good faith	स्वेच्छया और सद्भावपूर्वक
Voluntarily causing grievous hurt	स्वेच्छापूर्वक गंभीर चोट पहुँचाना
Voluntarily executed	स्वेच्छापूर्वक निष्पादित
Voluntary contribution	स्वैच्छिक अंशदान
Voluntary effort	स्वैच्छिक प्रयास
Voluntary retirement	स्वेच्छा से सेवा-निवृत्ति
Voluntary surrender	स्वेच्छा से अभ्यर्पण
Voluntary transfer	स्वेच्छा से अन्तरण
Volunteer corps	स्वयंसेवक दल
Volunteered to for go	स्वच्छेया छोड़ दिया है
Votable expenditure	मतदेय व्यय
Vote by proxy	परोक्षी द्वारा मतदान
Vote by secret ballot	गुप्त मतपत्र द्वारा मतदान
Vote of censure	निंदा-प्रस्ताव

Vote of confidence	विश्वास-प्रस्ताव
Vote on account	लेखानुदान पर स्वीकृति
Votes cast	डाले गए मत
Votes polled	दिए गए मत
Voting by post	डाक द्वारा मतदान
Voting power	मतदान शक्ति
Voting right	मताधिकार

W

Waiting list	प्रतीक्षा सूची
Waiting list is prepared	प्रतीक्षा सूची बनायी जाती है
Waiting list may be renewed	प्रतीक्षा सूची को नवीकृत किया जाए
Waiting period	प्रतीक्षा कालावधि
Waived his rights	(उसने) अपने अधिकार छोड़ दिए
Waived, may be	छूट दी जाए
Waive the recovery	वसूली छोड़ देना
Waive the restrictions	पाबन्दियाँ हटाना
Waive the right	अधिकार का अधित्यजन करना
Waiving of maximum age limit	अधिकतम आयु सीमा में छूट देना
Wandering at large	स्वच्छंद विचरण
Wandering tribes	घुमन्तू जनजातियाँ
Want of capacity	क्षमता का अभाव
Want of due precaution	सम्यक् पूर्वावधानी का अभाव
Want of execution	निष्पादन न किया जाना
Want of form	प्ररूप का अभाव
Want of funds	निधि का अभाव
Want of jurisdiction	अधिकारिकता का अभाव
Want of propor caution	उचित सावधानी का अभाव
Want of skills	कौशल का अभाव
Want of title	हक़ का अभाव

Warehouse receipt	मालगोदाम रसीद
Warehousing charges	मालगोदाम प्रभार
Warned to be careful in future	भविष्य में सावधान रहने की चेतावनी दी गई
Warning is given	चेतावनी दी जाती है
Warrant of arrest	गिरफ़्तारी का वारंट
Warrant of attachment of movable property	चल सम्पत्ति की कुर्की का वारंट
Warrant of committal	सुपुर्दगी का वारंट
Warrant officer	वारंट आफ़िसर
Warrant of precedence	अग्रता अधिपत्र
War time economy	युद्धकालीन अधिशेष
Waste land	बंजर भूमि
Watch and ward	1. पहरा और निगरानी 2. सुरक्षा प्रहरी
Watched, progress may be	प्रगति पर निगरानी रखी जाए
Watching of progress	प्रगति पर नजर रखना
Watch the activities	गतिविधियों पर निगरानी रखें
Watch word	संकेत-शब्द
Water dispute	जल विवाद
Water pollution	जल-प्रदूषण
Water supply	जलप्रदाय
Water works	जलप्रदाय केन्द्र, जलपूर्ति गृह
Way bill	रवन्ना, मार्गपत्रक
Way of penalty, by	शास्ति स्वरूप
Ways and means committee	अर्थोपाय समिति
We agree as a very special case	इसे बहुत विशेष मामला मानकर सहमत है
We agree with 'A' above	हम ऊपर 'क' से सहमत हैं
Weaker sections of the society	समाज के कमजोर वर्ग
Wear and tear	टूट-फूट
We are not concerned with it	इसके हमसे संबंध नहीं है
We are not concerned with this	इसका हमसे कोई संबंध नहीं है

We are pleased to inform you	हम आपको सहर्ष सूचित करते हैं
Weeding of records	अभिलेखों की छँटाई
Weekly arrear statement	साप्ताहिक बकाया विवरण, बकाया काम का साप्ताहिक विवरण
Weekly digest	साप्ताहिक सारसंग्रह
Weekly report	साप्ताहिक प्रतिवेदन
Weekly return	साप्ताहिक विवरणी
We further comments	हमें आगे कुछ नहीं कहना है
We have no remarks to offer	हमें कोई टिप्पणी नहीं करनी है
We have carefully considered your request	हमने आपके अनुरोध पर सावधानी से विचार किया है
Welfare fund	कल्याण निधि
Welfare of labour	श्रम-कल्याण
Welfare of people	लोक-कल्याण
Welfare of worker	कर्मकारों का कल्याण
Welfare state	कल्याणकारी राज्य
Well balanced	सुसंतुलित
Well behaved	सुशील
Well discussed	विवेचनापूर्ण
Well equipped	सुसज्जित
Well founded	सुआधारित
Well informed	अच्छे जानकार
Well in time	काफ़ी समय पहले
Well known	विख्यात
Well meaning	सदाशय
Well mentally	मानसिक गुणों से सम्पन्न
Well planned	सुनियोजित
Well read	सुपठित
We need not pursue the matter further	हमें इस विषय पर और कोई कार्रवाई करने की आवश्यकता नहीं है
We propose the following course of action	हम निम्नलिखित प्रकार की कार्रवाई का प्रस्ताव करते हैं
We regret	हमें खेद है
We shall be glad	हमें प्रसन्नता होगी

What delays	देरी क्यों हो रही है ?
Whatever may be the circumstances	परिस्थितियाँ कुछ भी हों
What is the position	क्या स्थिति है ?
When called upon	अपेक्षा किये जाने पर
Whenever it is considered necessary	जब कभी यह आवश्यक समझा जाए
Whenever it is found necessary	जब कभी यह आवश्यक समझा जाए
When occasion arises	जब अवसर आए
When required	जब अपेक्षित हो
Whereabouts	ठिकाना, पता
Whereas	यतः
Whereas it was his duty to attend	जबकि उपस्थित होना उसका कर्त्तव्य था
Whereby	जिसके द्वारा
Where necessary	जहाँ आवश्यक हो
Wherever applicable	जहाँ भी लागू हो
Wherever appropriate	जहाँ भी उपयुक्त हो
Wherever found	जहाँ कहीं मिले
Whether incorporated or not	चाहे निगमित हो या न हो
Whether of law or fact	चाहे विधिसंबंधी हो चाहे तथ्यसंबंधी
Whichever is earlier	जो भी पहले हो
Whichever is longer	जो भी अधिक लंबी हो
Which must happen	जो अश्वयंभावी है
Which will have the effect	जिसका प्रभाव होगा
While in transit	अभिवहन के दौरान
While trying a suit	विचारण करते समय
White paper	श्वेतपत्र
Whoever does it	जो भी इसे करे
Whole, as a	कुल मिलाकर, समग्ररूप से
Whole of India	सम्पूर्ण भारत
Whole of the remaining interest	संपूर्ण अवशिष्ट हित

Whole or any part of the proceeding	पूरी कार्रवाई या उसका कोई भाग
Whole-time employee	पूर्णकालिक कर्मचारी
Whole-time occupation	पूर्णकालिक व्यवसाय
Whole time servant	पूर्णकालिक सेवक
Wholly absorbed	पूर्ण दत्तचित्त
Wholly and exclusively	पूर्णतः तथा अनन्यतः
Wholly dependent	पूर्णतः आश्रित
Wholly loyal	पूर्णतः निष्ठावान
Wholly or in part	पूर्णतः अथवा अंशतः
Wholly responsible	पूर्णतः उत्तरदायी
Wide discontent	विस्तृत ज्ञान
Widely read	बहुपठित
Wild cat strike	तत्काल हड़ताल
Wilful absence from duty	जानबूझकर कर्त्तव्य से अनुपस्थिति
Wilful act	जानबूझकर किया गया कार्य
Wilful concealment of a material fact	तात्त्विक तथ्य जानबूझकर छिपाना
Wilful contempt	जानबूझकर किया गया अवमान
Wilful disobedience	जानबूझकर की गई अवज्ञा
Wilful disregard	जानबूझकर अवहेलना करना
Wilful falsehood	जानबूझकर मिथ्याकथन
Wilfully absent	जानबूझकर अनुपस्थित रहना
Wilful negligence	जानबूझकर की गई उपेक्षा
Will apply to all	सब पर लागू होगा
Will be advised	सूचित किया जाएगा
Will be attended to—	—पर ध्यान दिया जाएगा
Will be dealt with severely	कठोरता से काम लिया जाएगा
Will be declared disqualified	अनर्हत घोषित कर दिया जाएगा
Will be discussed	विचार-विमर्श किया जाएगा
Will be reckoned	गणना की जाएगी
Will be replied accordingly	तदनुसार उत्तर भेजा जाएगा
Will be spared by	—तक भारयुक्त कर दिया जाएगा
Willing worker	खुशी से काम करने वाला

Will, rational	तर्कसंगत इच्छाशक्ति
Will remain unaffected	अप्रभावित रहेगा
Will render the defaulter liable for punishment	गलती करने वाले को दण्ड का भागी बना देगा
Will you please refer to—	कृपया—के बारे में देखें
Will you please state	कृपया बताएँ
Winding up	परिसमाप्त करना
Wind up the affairs	कार्यकलापों का परिसमापन
Wire is put up for signature	हस्ताक्षर के लिए तार प्रस्तुत है
Wireless message	बेतार संदेश
Wireless station	बेतार केन्द्र
With all convenient despatch	सुविधानुसार शीघ्रता से
Will all reasonable despatch	युक्तियुक्त शीघ्रता से
With a view of	—की दृष्टि से
With a view to	—की दृष्टि से
With certainty	निश्चयपूर्वक
With costs	खर्च/व्यय सहित
With decency	शिष्टतापूर्वक
With details	ब्यौरेवार
With dignity	गरिमा के साथ
With diverse circumstances	विभिन्न परिस्थितियों सहित
Withdrawal from treaty	संधि से अलग होना
Withdrawal of candidature	अभ्यर्थिता वापस लेना
Withdrawal of complaint	परिवाद को वापस लेना
Withdrawal of recognition	मान्यता वापस लेना
Withdrawn amount	निकाली गई रकम
Withdrawn the approval	अनुमोदन वापस लेना
With due deligence	सम्यक् तत्परता से
With due regard to—	—का सम्यक्/यथोचित ध्यान रखते हुए
With effect from	—से, —से प्रभावी
With firm determination	दृढ़ संकल्प के साथ
With full particulars	पूरे विवरण के साथ
With great vigour	बड़े उत्साह से

With hard labour	कठिन परिश्रम से
With his own hand	स्वयं अपने साथ से
Withhold assent	अनुमति रोकना/न देना
Withhold consent	सहमति न देना
Withholding of increment	वेतनवृद्धि रोकना
Withhold payment	संदाय रोकना
Withhold refund	प्रतिदाय रोकना
With immediate effect	तत्काल, तत्काल प्रभाव से
Within reasonable time	यथोचित समय के भीतर
Within stipulated period	नियत अवधि के भीतर
With intent to annoy	तंग करने के अभिप्राय से
Within the jurisdiction of	के क्षेत्राधिकार में
Within the local limits	स्थानीय सीमाओं में
Within the limited period of time	सीमित अवधि में
Within the meaning of—	के अर्थ में/के भीतर
Within the purview	क्षेत्र के भीतर
Within the scope	के प्राधिकार में
With more promptness	अधिक मुस्तैदी से
Without affecting the substance	सार पर प्रभाव डाले बिना
Without any further reference	बिना किसी और निर्देश के
Without any hesitation	बिना हिचकिचाहट के
Without any restriction	बिना किसी रोक के
Without assigning any reason	बिना कोई कारण बताये
Without authority	बिना प्राधिकार के
Without being informed	अवगत कराए बिना
Without charge	प्रभार बिना
Without consent	सम्मति के बिना
Without consideration	1. प्रतिफल के बिना 2. बिना विचार किए
Without delay	अविलम्ब
Without detriment	को हानि पहुँचाए बिना
Without deviation	विचलन बिना

Without discrimination	बिना भेदभाव के
Without distinction	बिना भेदभाव के
Without due care	सम्यक् सतर्कता के बिना
Without due cause	यथोचित कारण के बिना
Without fail	निश्चित रूप से
Without fear or favour	भय या पक्षपात के बिना
Without further delay	और अधिक विलम्ब किए बिना
Without further proof	अतिरिक्त सबूत के बिना
Without good and sufficient reasons	अच्छे और पर्याप्त कारणों के बिना
Without hinderance	बेरोकटोक
Without jurisdiction	अधिकारिता के बिना
Without notice	सूचना के बिना
Without payment of	को चुकाए बिना
Without permission	अनुज्ञा के बिना
Without permission to prefix and suffix	पहले और बाद में जोड़ने की अनुमति के विना
Without prejudice to	—पर प्रतिकूल प्रभाव डाले बिना
Without provocation	बिना उत्तेजना के
Without recording reasons	बिना कारण अभिलिखित किए
Without recourse to	दायित्व रहित, का सहारा लिए बिना
Without reference to	1. —के निर्देश के बिना 2. से पूछे बिना, को बिना बताए
Without risk	जोखिम के बिना
Without specifying time	समय विनिर्दिष्ट किए बिना
Without sufficient excuse	पर्याप्त प्रतिहेतु के बिना
Without the condemnation	कंडम/जन्तनिर्जीत किए बिना
Without ticket	बिना टिकट
With reasonable accuracy	युक्तियुक्त निश्चितता से
With reference to	—के संदर्भ में, —के संबंध में —के प्रसंग में, —के सिलसिले में
With regards	सादर
With regard to	—के बारे में, —के संबंध में
With respect to	की बाबत, के बारे में

With retrospective effect	पूर्वव्याप्ति सहित, भूतलक्षी प्रभाव से
With strong hand	सख्ती से
With the approval of	—के अनुमोदन से
With the compliments of	—द्वारा सादर/साभिवादन
With the concurrence of	की सहमति से
With the connivance of	की मौन सहमति से
With the like power	वैसी ही शक्ति रहते हुए
With the previous consent of	की पूर्व सहमति से
With the remark that	की अभ्युक्ति के साथ कि
With the result that	के फलस्वरूप
With this end in view	इस उद्देश्य को ध्यान में रखते हुए
Witness in attendance	हाजिर साक्षी
Witness produced	गवाह पेश किए गए
Word of mouth	मौखिक रूप में
Words and figures	शब्द और अंक
Workable and sound	व्यावहारिक और ठीक
Workable knowledge	कामचलाऊ ज्ञान
Work charged	कार्य प्रभारित
Work cheerfully	प्रसन्नतापूर्वक काम करना
Workers' movement	कामगार आन्दोलन
Workers' participation	कामगरों की सहभागिता
Work, execute the	कार्य निष्पादित करना
Work indefatigably	अथक् काम करना
Working arrangement	कामचलाऊ प्रबंध
Working balance	कामचलाऊ अतिशेष
Working capital	कार्यशील पूंजी
Working class	श्रमिक वर्ग
Working committee	कार्य समिति
Working condition	काम की परिस्थितियाँ
Working day	कार्य-दिवस
Working expenses	कार्यसंचालन व्यय
Working hours	कार्य समय
Working knowledge	कार्यसाधक ज्ञान
Working order, in	चालू हालत में

Working plan	कार्य आयोजना
Working results	कार्य-परिणाम
Work in progress	1. काम चालू है 2. चालू काम
Work is to be done in phases	काम कई चरणों में किया जाता है
Work load	कार्यभार
Work, manual	शारीरिक काम
Work of national importance	राष्ट्रीय महत्त्व का काम
Work order	कार्य आदेश
Workout cost	लागत निकालना
Works for public purpose	लोकप्रयोजनों के लिए संकर्म
Worksheet	कार्यपत्रक
Works of public utility	लोकोपयोगी कार्य
Works outlay	निर्माण लागत
Work to rule strike	नियमानुसार काम हड़ताल
Work with determination	दृढ़ संकल्प के साथ काम करना
Write off an account	किसी लेखे को बट्टेखाते डालना
Write off the irrecoverable amount	वसूल न होने पर रक़म को बट्टेखाते डाला जाए
Writing, in	लिखित रूप में
Writ of attachment	कुर्की आदेश/रिट
Writ of execution	निष्पादन रिट
Writ of habeas corpus	बंदी प्रत्यक्षीकरण रिट
Writ of mandamus	परमादेश रिट
Writ of quo warranto	अधिकार पृच्छा रिट
Written argument	लिखित तर्क
Written authority	लिखित प्राधिकार
Written instruction	लिखित अनुदेश
Written instrument	लिखित पत्र
Written off	बट्टेखाते डालना
Written order	लिखित आदेश
Wrong delivery	गलत परिदान
Wrong doer	दोषकर्ता
Wrongful act	अनुचित कार्य

Wrongful confinement	सदोष परिरोध
Wrongful dismissal	सदोष पदच्युति
Wrongful gain	सदोष अभिलाभ
Wrongfully conceal	सदोष छिपाना
Wrongfully deferred	गलत तौर पर आस्थगित
Wrongfully dismissed	सदोष पदच्युत
Wrongful restrain	सदोष अवरोध
Wrong impression	ग़लत धारणा
Wrong information	गलत जानकारी
Wrongly decided	गलत निर्णय हुआ
Wrongly rejected	ग़लत तौर पर नामंज़ूर

Y

Yard stick	मानदंड
Year book	शब्दकोष
Year ending on—	—को समाप्त होने वाले वर्ष
Years, for a term of	निश्चित अवधि के लिए
Year to year	वर्ष-प्रति-वर्ष
Year under report	रिपोर्ट गत वर्ष
Yellow dog contract	हड़ताल न करने का अनुबंध
Yield income	आय प्राप्त होना
Yield table	उपज सारणी
Yield to pressure	दवाब में पड़ना
You are called upon to show cause	आपसे कारण बताने की अपेक्षा की जाती है
You are hereby informed	आपको सूचित किया जाता है
You are suspended from duty	आप कार्य से निलंबित किए जाते हैं

You can meet him by appointment	आप उनसे समय लेकर मिल सकते हैं
You may like to discuss	संभवतः आप विचार-विमर्श करना चाहें
Your attention is drawn	आपका ध्यान आकर्षित किया जाता है
Your attention is invited to para—	आपका ध्यान पैरा — की ओर दिलाया जाता है
Your Excellency	महामहिम
Your further remarks on the subject awaited	ऊपर दिए गए विषय पर आगे आपके विचारों की प्रतीक्षा है
Your honour	श्रीमान
Your presumption to correct	आपकी धारणा ठीक है
Your reply should reach this office by—	आपका उत्तर—तारीख तक इस कार्यालय में पहुँच जाना चाहिए
Your representation is untenable	आपका अभ्यावेदन मान्य नहीं है
Your request cannot acceded to	आपकी प्रार्थना स्वीकार नहीं की जा सकती
Yours faithfully	भवदीय
Yours obediently	आपका आज्ञाकारी
Yours sincerely	आपका
Yours truly	आपका
Youth conference	युवक सम्मेलन
Youth welfare activities	युवक कल्याण क्रियाकलाप
You will appreciate	आप इससे सहमत होंगे

Z

Zeal and jest	उत्साह और उमंग
Zero hour	शून्यकाल
Zonal Council	क्षेत्रीय परिषद्, आंचलिक परिषद्
Zonal Manager	क्षेत्रीय/आंचलिक मैनेजर
Zonal office	क्षेत्रीय/आंचलिक कार्यालय

□□□